HÈRACLES, FILL DE DÉU.

d'Enric Peres i Sunyer

Il·lustració de la portada

Carles Roman Pinar

Col·lecció Tastets de Poesia Narrativa, 3

2022

HERACLES, FILL DE DÉU
d'Enric Peres i Sunyer

PORTADA I IL·LUSTRACIÓ:
Carles Roman Pinar

EDITAT A LULU
2022.4

Col·lecció TASTETS DE POESIA NARRATIVA, núm. 3

Núm. de Dipòsit Legal:
DL GI 1772-2022
ISBN: 978-84-09-47401-1

© de la curació: Enric Peres i Sunyer
© d'aquesta edició: Ed. Enric Peres i Sunyer, 2022
© de la imatge de coberta: © Carles roman Pinar.
Col·lecció Tastets de Poesia Narrativa, 3

Tots els drets reservats.
Queda rigorosament vetada, sense l'autorització escrita dels titulars del copyright, sota les sancions previstes per les lleis, la reproducció o la transmissió total o parcial d'aquesta obra per qualsevol mitjà o procediment, la incorporació sense llicència a qualsevol suport digital o electrònic, la seva recuperació i també la distribució d'exemplars o el préstec.

CANT PRIMER
La nit més llarga

Tot començà amb una enrevessada venjança:
un cop ja mort Alceu, els fills de Pterelet
van clamar a Electrió, germà d'aquell, el regne,
del Peloponès, del seu avi, segons ells.
5   Electrió no els el va cedir la qual cosa
inicià una guerra on hi perdé els seus fills.
Llavors cercà un guerrer que li donés ajuda;
trià Amfitrió, el nebot, brindant regne a més
de la seva única i amada filla Alcmena;
10 fent-li prometre respectar-la fins haver
vençut els fills de Pterelet que l'amoinaven,
i allunyar-ne l'amenaça completament.
Però encetant els preparatius de la batalla,
recollint el ramat, una vaca embogí
15 i Amfitrió li llençà una ferrenya clava,
amb tan mala fortuna que va rebotar
al cap d'Electrió i el matà sens volença.
Bon pretext fou pel germà del difunt rei mort
que es coronà, expulsant l'occidor involuntari.
20 Amfitrió i Alcmena a Tebes van fer cap
on l'eximirien i ella li recordaria
el compliment del promès fins venjar els germans.
Amfitrió aconseguí l'ajut dels tebans
i anà a lluitar.
                    Zeus exigia respecte
25 però els homes d'ell en solien rebre poc.
Li agradaven totes les dones humanes;
saltava del llit d'Hera, la seva, sovint.
Es va entossudir de nou jugar-se el prestigi
i aquest cop d'Alcmena quedà encaterinat.
30 Ja havia engendrat Perseu, l'avi de la noia,
amb Dànae, filla d'Acrisi, doncs Perseu
va tenir el pare d'ella, Electrió amb Andròmeda,

el qual amb Anaxo a Alcmena van dar a llum.
Per tant el fruit d'aquesta hauria, en totes bandes,
35 la petja de Zeus: era gran entre els més grans.
Un fruit que no es concebé per desig eròtic
sinó pel desig de procrear un ésser gran,
un garant davant del perill pels déus i els homes
un bon defensor d'uns i altres per l'avenir.
40 No com altres cops, no exercí la violència,
ni seduí Alcmena amb cap màgic encant,
no; fingí prendre d'Amfitrió l'aparença.
Quan aquest, ja hem dit, batallava amb l'enemic
es va presentar a Alcmena amb l'aspecte del cònjuge
45 i fruí d'ella procreant amb tots els sentits;
a fi que la tasca no tingués cap defecte,
tal cura emprà que allargàaquella sola nit
de manera que durés com tres nits seguides.
Closes ja, arribà el veritable i marxà el fals
50 i aquell trobà indiferència en la seva dona,
i desgana en haver de dar afecte al marit,
al punt de rebre un rebec rebuig, la qual cosa
va fer que Amfitrió cerqués savi consell
en Tirèsies, l'endeví, qui de seguida
55 en va desfer l'entrellat i notificà,
d'una forma clara, dura i sense fisures,
l'estat de gravidesa en Alcmena de Zeus;
més per despit que no pas per desig eròtic
Amfitrió va voler exercir de marit
60 i ella així va quedar doblement fecundada:
amb Hèracles de Zeus, que va rebre el nom,
primer, d'Alcides, retent honor al seu avi
patern; després amb Ificles d'Amfitrió;
i amb tot, amb els dos fills creixent-li a la panxa,
65 la ira del marit no va minvar amb aquest fet;
li hagués dictat la mort cremada a la pira
purificadora, quan encara els llençols
del tàlem matrimonial no eren ni tebis.
Però prou! Abans que cap altra nova de mi rebis,

70   primer mirem al cel.

A l'Olimp, llar dels déus,
la residència divina debatia,
via Zeus, pare de tots, l'engendrament
que havia consumat en aquella terrestre
d'una forma minuciosa i vergonyant;
75   se'n vantava tot cofoi davant mateix d'Hera
qui rere un tèrbol esguard covava al magí
plans que no es perdia l'escrutadora Atena.
Hera va deixar que el seu espòs s'esplaiés
el qual, enmig de l'eufòria en què es trobava,
80   va dir barbaritats que la van ferir molt:
"Heus aquí, fills meus, un jorn de gran recordança.
La fi d'eixes tres nits que tant em demaneu
els obscurs motius pels quals han estat possibles.
Sapigueu que ha estat temps fosc en el qual he omplert
85   *el ventre d'una mortal on ha d'engrandir-se*
la meva sement immortal, d'on sorgirà
aquell que regnarà per damunt dels Persèides,
la més il·lustre nissaga d'entre els argius."
Hera, la dels braços blancs, dibuixà un somriure
90   agredolç quan va sentir aquests mots superbs.
Atena, la d'ulls de xibeca, a les ninetes
li veié guspires brillants quan escoltà
les seves paraules, tant fiblants de pronúncia:
"No crec que això sigui possible, marit meu.
95   *Tots sabem, i jo més, el teu ànim voluble.*
Ara promets quelcom, després queda en no res.
La fiabilitat de la teva paraula,
per molt que l'expressis tronant i vehement,
és passatgera com una nit rampelluda.
100   *Com pretens que et veiem l'anunci com a ver."*
La ira del pare dels déus fou formidable
i marcà els seus mots com qui la necessitat
fa alçar la veu creient que així la raó assegura.
"Doncs sí, dona. Tingueu-ho per ben confirmat,

105	puix el meu cor ho dicta: la llavor d'Alcmena
	fructificarà de manera que el seu fruit
	obtindrà les regnes de tot el seu reialme."
	De fet hem d'apuntar que aquest futur reial
	va ser indicat per Ate, sempre disposada
110	a desviar la voluntat imprudentment
	dels celestials. Zeus seguí, instat per ella:
	"I per corroborar-ho mano que tothom
	l'anomeni Hèracles, de forma espontània;
	aquest és el meu voler per glorificar
115	l'amor que tinc per la meva soferta esposa."
	Atena va prémer tan fortament els punys,
	sentint aquells mots atzarosos del seu pare
	sabent que un dolor igual, com sentia als palmells,
	dolia al cor d'Hera, i de més mala manera.
120	No entenia com Zeus causava aquell mal
	a la seva dona sens senyal d'adonar-se'n.
	Mentre ella penjava als mascles mil penjaments
	Hera parlà, intentant tapar tota la ràbia
	que en sentir titllar "Glòria d'"Hera" a aquell nen
125	terrer, fruit de la infidelitat del seu home,
	li coïa en les entranyes profundament:
	"Menteixes, com sempre. I sino és així, va, jura-ho!
	Jura solemne que damunt dels seus veïns
	regnarà el primer infant de la seva família,
130	fruit directe de la teva pròpia sang."
	Zeus jurà ben prest, desesperant Atena
	per com el seu pare no havia vist l'ordit
	teixit per Hera, la qual, mentre ressonaven
	els juraments divins ja marxà de l'Olimp
135	fent peu, rabent, a casa del rei de Micenes,
	aquell altre fill d'Andromeda i de Perseu.
	Estènel es deia el plançó de la parella
	que regnava amb Nicipe, la seva muller,
	i Hera es presentà i avançà el còmput de mesos
140	per fer néixer llur fill en set, ni més ni menys,
	mentre retardava a la vegada el d'Alcmena;

així molt abans que Hèracles va néixer Euristeu,
setmesó, i obtingué, per l'acord, el reialme
i que fins manaria en vida al nostre heroi.
145 Tot plegat aixafà els plans de Zeus el Crònida;
i val a dir que no s'ho prengué gaire bé.
Un jurament diví és promesa sagrada
i el complí però la seva frustració,
quan Hera li notificà la deseixida
150 dels seus plans, fou sorollosament concloent.
Prengué Ate, per la refulgent cabellera,
i li recordà la secreta missió
comanada d'afavorir en tot Alcmena,
per tal que el seu part s'acordés al pla diví
155 i posar el seu candidat davant del reialme,
i com a primer d'aquella preuada estirp.
Ate es veié perduda amb la ira del Crònida
que va créixer en sentir Hera amb mots feridors:
"*Zeus, fulminador. He de donar-te una nova:*
160 *ja és nat el noble infant que regnarà als argius:*
Euristeu, fill d'Estènel, brot teu pels Persèides.
No gaire digne de regnar-los, val a dir."
Atena tancà els ulls d'òliba per no veure
allò que li venia a Ate, d'ànim funest.
165 Zeus la capgirà amb fermà mà i va expulsar-la
de les brillants estances divines del cel.
Des de llavors escampa les seves funestes
avinences entre els humans que té a l'abast.
Ai d'aquell que escolti el seu recargolat tast!
170 Durà infausta la vida.

                              Mentrestant a la terra
els mortals rebien com sempre més dolor:
la mare d'Hèracles temia atraure el greuge
amb ira de la deessa dels braços blancs.
Oh, sí, Alcmena parí primer el primogènit
175 lluny de palau, temorenca del gran furor
que pressentia desplegaria el seu home,

imbuït per Hera sempre i en tot moment.
Parí un fill dels dos que tenia dins la panxa,
sabent que el de Zeus voldria ser el primer,
180 i el deixà a recer, amb l'ai al cor, en una balma
d'un camp que es diu Camp d'Hèracles, des de llavors.
I tornà a palau, a infantar, ara amb ajuda,
el segon nat confiant que, en veure'l, el cor
entendriria Amfitrió per fer acollença
185 del primer de tots dos, allí fora exposat.
Mentre el segon infantament es produïa
Atena s'empescà una jugada amb gran risc;
va entabanar a Hera amb un pretext ple d'innocència:
passejar plegades per aquell susdit Camp;
190 i dos cops impertinent mostrà la criatura
a la deessa dels braços blancs, tot apel·lant
amb aquella cura que embolica la calma,
la poca tendresa que en sabia capaç,
persuadint-la que un infant de tal bellesa
195 devia obtenir com a favor el seu pit
per tal que no morís de gana o defallença.
Hera, cosa estranya en ella, s'hi va avenir
i oferí de grat la seva fèrtil mamella,
després de prendre en braços el robust infant.
200 Hèracles àvidament va fer una xuclada
però ensems va prémer amb tal força el pit diví
que Hera no va poder resistir la fiblada
i amb dolor apartà la criatura de cop
agafant-la al vol Atena, d'ulls de xibeca,
205 la qual encara obtingué una gota de llet
gotejant per la galta de la criatura
i la va introduir a la boca del nen,
sabent que aquell nèctar el vitalitzaria
en la seva essència poderosament,
210 per ser d'una substància pura i divina.
Després, d'amagatotis, portà aquell infant
fins la seva mare, assegurant-li amb força
que el risc provinent del seu pare Amfitrió

215   li seria vençut dins del cor per l'afecte;
      a més de tenir la criatura el favor
      de les més importants instàncies divines.
      Atena sabia omplir de seguretat
      als missatges que donava en qualsevol forma,
      aquell cop una vella dida de palau.
220   Alcmena, mare d'Hèracles, va relaxar-se
      i apaivagà els neguits almenys per un breu temps.
      Fins que Hera doblà el despit vers la criatura
      i una nit envià al seu bressol dues serps
      perquè li traguessin la vida amb llurs metzines.
225   Els rèptils lliscaren per la cambra seguint
      un fil de claror de lluna brillant i groga
      fins enfilar-se subtilment dalt del bressol.
      Allí llurs freds ulls lluents clissaren la víctima
      la qual els rebé amb un ample i fulgent somrís;
230   una rialla plena d'innocent tendresa
      que els dava la benvinguda per jugar amb ell.
      Però les serps, enlloc de jocs, duien matança
      gravada en la seva comesa nocturnal.
      Amb un moviment imperceptible a la vista
235   es varen afuar vers aquell tendre coll,
      rabent, com el séc d'un llamp al cel de tempesta;
      però no van poder assolir el seu objectiu
      el nen les prengué al vol amb les seves manetes
      i amb una força formidable per l'edat
240   les ofegà accidentalment, sense voler-ho;
      així ho traslluí el seu esguard decebut
      per la brevetat del seu joc i avinentesa.
      En aquell moment la seva mare creient,
      per llur tarannà de certa harmonia,
245   ben acabada l'hora en que els seus dos infants
      dormien l'usual becàina rutinària
      entrà a la cambra amb les serventes habituals
      i totes van veure Íficles dormint encara,
      xupant-se el ditet de pur desfici innocent,
250   i horroritzades el seu germà que engrapava

les dues serps, joguinejant, fent petarrells
cosa que van prendre com sinistre alegria.
Llurs crits van alertar els guardians de palau;
fins i tot Amfitrió es presentà amb l'espasa;
255   tots van entrar a la cambra reial en tropell,
tant elles com sengles cors plens d'angoixa
i, en veure el nen somrient i falt de perill
varen tranquil·litzar els ànims i un gran somriure
va esberlar tota aspror del cor d'Amfitrió
260   bescanviant-la per l'amor que li tindria sempre.
Aquesta gesta infantil prompte es conegué
pel poble dels argius com extraordinària
per'xò, algun d'ells, inspirat per Zeus, segur,
proposà que Alcides, nom de la criatura,
265   tan puixant es deixés de banda sempre més
i a partir d'aquella gesta prengués el d'Hèracles,
perquè una força tal sols podia venir
d'un favor inspirat per Hera, la deessa,
la qual a tots els infants amorosa acull.

CANT SEGON
La cruïlla

270 Com a pare, entre els dos fills, repartí l'orgull
constantment, Amfitrió i, va descobrir ser-ho
a l'engròs. Els arranjà una educació
prou digna per cobrir altes expectatives
cercant per aquesta tasca els mestres millors.
275 Ell es reservà ensenyar-los a menar el carro,
I girar les cantonades sense tocar
les columnes o entrar als portals a la primera,
per tal com destre en tal cosa n'era tingut.
Eurit, fill de Menaleu descendent d'Apol·lo,
280 fou elegit per mostrar la destresa de l'arc
que ell havia heretat del seu pare i de l'avi,
així doncs que, si més no Hèracles, obtingué
una habilitat amb els dards insuperable
que tant servei li faria, més endavant.
285 Harpàlic, un fill d'Hermes i pare d'Harpàlice,
la gallimarsot, mostrà als dos infants com lluitar
igual com faria amb la seva rude filla,
desvelant del pugilisme tots els secrets;
diuen que prenia aspecte desagradable
290 en lluitar, així ningú no el gosava mirar.
Càstor, domador de cavalls, bessó de Pòl·lux,
els alliçonà en l'àrdua conducció
dels cossos guerrers així com de l'estratègia
en combats a camp obert o de més senzills,
295 però no menys dificultosos de resoldre,
armats amb les cuirasses feixugues llampants.
Eumolp, els dits del qual desfeien melodies
desacostumades de la lira; envejat
igual d'Apol·lo i Orfeu, sens dir-s'ho un a l'altre,
300 per l'art excels dels seus dits, fou mestre de cant

i harmonies musicals i refinà en Hèracles
la destresa sonora del pit poderós.
El vell Linos, fill d'Apol·lo, va encarregar-se
d'assentar el poder dels lectors en els dos nens,
305   obrint-los la ment al gran món de la lectura
i el coneixement de l'escriptura d'escrits;
amb tot era un vell famós per ser rondinaire
al que s'hi sumava de ser molt exigent;
fins la sacietat, minvant la paciència
310   de l'alumne més sofert. Aquest fou el cas
d'Hèracles, que havent-se absentat Eumolp un dia,
substituït per Linos, veient canviar
parts del mestratge sense fonaments prou lògics,
va demostrar ser un alumne gens pacient
315   i li llençà al cap, com qui no vol, una cítara
ventant-li un patac tan sobtat com contundent
que el vell mestre en resultà mort de forma insòlita
i brusca. Amfitrió no va poder impedir
que un procés judicial es posés en marxa
320   i no hi va valdre al·legar-ne la joventut
de l'acusat, tant exigent era en justícia
el seu poble. Aleshores n'era magistrat
Radamant que encetava una brillant carrera
com a legislador, però que havia dat
325   grans traces d'un afinat sentit de dretura.
Argumentadament declarà l'acusat
innocent i el cas establí jurisprudència,
fixant sense càstig de sang quan una mort
es produeix fruit de la pròpia defensa.
330   Malgrat aquest veredicte el pare del noi
decidí curar-se en salut i va enviar-lo
a pasturar bous al camp, allunyant així
alguna nova malifeta dissortada
i accidental. Aquella vida imbuí pau
335   a aquell fort belluguet, però menys tard que d'hora
fou somogut d'un fet que el posà en moviment.
La gent de la contrada era certament pobre,

lligada als guanys d'intercanvi del bestiar
a cura pels masovers locals de la vila.
340   Eren terres esplèndides amb qualitats
abundants de farratge pels bous i les vaques
mes certament perilloses de pasturar
perquè hi vivien moltes feres afamades
que atacaven els seus ramats, sobtadament.
345   El més freqüent devorador que atemoria
aquella pobre gent era un feroç lleó
que es movia furtívol de forma implacable,
mercès a la selvàtica formació
del terreny, ple de boscos quasi impenetrables,
350   i que atacava de sobte i tant freqüentment
que aquells pastors no sortien de la pobresa,
de la fam i el neguit on eren abocats.
Aquell lleó de dia es fonia amb els arbres
i atacava els ramats sense compassió,
355   i de nits espantava els pastors en llurs cases,
la qual cosa els sumia en una gran tristor
que els confegia una agror intrínseca al caràcter.
Hèracles trigà cert temps en saber la raó
de llur tarannà esquerp, rebec i melancòlic.
360   Li ho va dir un pastoret d'aire sorrut i trist,
per error, exclamant-se d'una atzagaiada.
Quan el jove va saber que el motiu de tot
el malestar general era aquella fera
es va determinar caçar-la sens descans.
365   En una maniobra massa agosarada
va fer servir el propi ramat com esquer.
Ell i els animals s'exposaren en llocs prou fàcils
de rebre un atac del felí, poc protegits
i, a sobre ell, sense més arma que la gaiata
370   de freixe amb què tancava al clos el bestiar;
llarga i ferrenya sí que era, mes no mortífera.
El bestiar confiava en el seu pastor
però van frisar quan ja creien fos el dia
i veure's amb el pap ple sens tornar a recer.

375   Les vaques van mugir més fort cada vegada
      i, al final els bous també s'hi van afegir.
      Allò era el que esperava que passés el jove,
      i va funcionar; poc a poc alguns senyals
      evidenciaven la sinistre presència:
380   nerviosos moviments de cap bruscos dels bous,
      unes carreres sobtades, per aplegar-se
      en conjunt, de les vaques; senyals evidents
      que un carronyer estrenyia el seu criminal cercle.
      Efectivament, l'atac va ser fulminant
385   i de preveure, el lleó saltà d'una roca
      que hi havia al pas del ramat, directe al coll
      d'una de les vaques més desperdigonada;
      però tal com ell així li queia al damunt
      que unes mans ferrenyament li garfiren
390   la cua en ple vol, tot frenant el seu atac,
      cosa que el va fer caure de barres a terra.
      Un cop allí va rebre un bon cop de bastó
      que li picà de ple en tota la carcanada.
      El lleó rugí més sorprès que adolorit
395   i allò que li va doldre més fou la gaiata
      que es partí feta un munt d'estelles i bocins.
      Hèracles va fer un gest conseqüent de sorpresa
      on també hi havia unes grans dosis d'enuig,
      i el lleó ho va aprofitar per encarar-se-li;
400   i quan saltà vers el jove aquest amb la mà
      el garfí sota la barra i amb l'embranzida
      mateixa que duia el felí el va estampar
      contra la roca d'on havia saltat ara
      sols feia un moment escàs. El cop fou tan fort
405   que allí mateix el lleó hi va deixar la vida,
      d'una commoció contundent fulminant.
      No passà gaire estona que va presentar-se
      el pastoret que de lluny l'havia seguit,
      i ara s'ho mirava tot amb ulls com taronges
410   i boca oberta. El jove s'acostà al vailet
      i amb un gest lent i calm de la mà li va treure

un ganivet que li havia vist abans.
Va tornar, somrient al rabadà, a la vora
del lleó mort. S'hi va ajupir i va començar
415   a escorxar-lo detingudament i amb gran calma,
fins que tingué completament treta la pell.
El vailet, dempeus al seu costat, se'l mirava
amb un sentiment complet d'admiració.
Un cop el jove acabà tota aquella tasca,
420   apartà la pell xopa, cuidadosament,
prengué les restes del cos de la fera morta
i les llençà d'una revolada al canyet,
un profund penya-segat que era prop d'on eren.
No va trigar en arribar un núvol de voltors
425   afamats que aquell dia van fer festa grossa.
Després el jove va tornar on era la pell,
la prengué amb cura i la va portar, entre els seus braços,
fins una deu que servia d'abeurador
d'aigua gèlida, que naixia a la carena
430   inexplicablement, tostemps amb el vailet.
Allí rentà el coltell i li va tornar al mosso
sempre amb la boca oberta sens saber què dir.
Hèracles va rentar després la pell dins l'aigua
glaçant-se-li els dits però ben satisfet
435   de l'efecte impecable. La deu quedà roja
fins bona part del dia següent, quan perdé
tota vermellor, escolant-se dins la muntanya,
sens deixar rastre d'aquella operació.
Un cop neta la pell el jove caçador
440   tornà a fer de rabadà, guarnit amb pellissa
nova de trinca posada al cim com abric;
amb el cap del lleó encimat damunt la testa,
conservant el ferotge esguard d'aquell felí,
i la resta de pell penjant-li per l'esquena.
445   Val a dir que els pastors que trobava al seu pas,
primer, s'omplien de por veient-li la guisa
però després, quan van saber la mort del lleó,
varen fer córrer la nova per la comarca

	i molts el van venir a admirar i dur presents
450	que ell refusava, i s'avesaren de seguida

450   i molts el van venir a admirar i dur presents
       que ell refusava, i s'avesaren de seguida
       a veure'l amb aquella vestimenta entre ells,
       tenint-lo com un company imponent de feina.
       Acostumat al treball com si fos un més,
       amb temps guanyà ànim calm de vida reposada
455   i des de llavors veié els fets diferentment.
       sospesant l'existència amb deteniment
       no forçaria la vida.

                           Aquella natura
       li dava treball, aliment i serenor,
       fou llavors quan assegut en una cruïlla
460   sol, després d'un llarg feixuc dia esgotador
       veié dues dones acostant-se allà on era
       Una, la més esvelta, tenia un posat
       franc, ablanit per un tarannà de noblesa,
       ben ple de sinceritat el capteniment,
465   marcant en tot el rostre una actitud modesta
       i vestia tota d'un blanc immaculat.
       L'altra, gens amagrida, tota l'abundància
       semblava haver-la corprès i una vermellor
       saludable li pintava de roig les galtes
470   sota uns preciosos ulls d'encís juvenil.
       De les seves passes es veia complaguda,
       i de tant en tant es tombava per gaudir,
       amb una ampla rialla, de la pròpia ombra
       que amb mansuetud la seguia a tot arreu.
475   Absorta passà de llarg mentre la primera
       s'adreçà a Hèracles: *"Jove, Hèracles decideix*
       com voldràs adreçar d'ara endavant la vida
       i si vols, perquè dubtes, t'hi puc ajudar."
       Abans no el jove pogués donar una resposta
480   parlà l'altra dona que havia reculat
       i digué d'una veu contundent i endolcida:
       "És senzill. Si com amiga em vols acceptar
       et guiaré pels viaranys més agradosos;

```
        cap plaer et fugirà; la contrarietat
485     se't farà fonedissa. Menges i begudes
        no et resultaran gens difícils d'abastar
        sempre abundants, i essent de gran exquisidesa.
        Tots els teus sentits rebran les sensacions
        més plaents i agradoses. I tot sens fatiga,
490     que es cosa que escau més a altres del teu voltant;
        no et caldrà pas cap neguit per aconseguir-ho,
        ni renúncia, que puc oferir-t'ho tot."
        Complagut pel seductor gavadal d'ofertes
        el jove titubejant li demanà el nom.
495     "Felicitat, em diu qui em pren per amiga
        i Golafreria qui em vol denigrar."
        "També em pots triar a mí" – va proposar-li l'altra
        de nom Virtut, amb la veu d'un to assossegat
        que convidava a escoltar-la amb gran complaença.
500     "Per la meva part et puc dir que et conec bé,
        -prosseguí- i als teus pares, mestres i ascendència,
        per la qual cosa ets propens a seguir camí
        fresat per la bondat i empedrat de grandesa.
        Això sí jo no t'oferiré pas plaers
505     ans se't presentaran les coses confegides
        talment com són, fetes pels déus, amb les asprors
        punxegudes d'una bellesa d'argelaga;
        és a dir t'oferiran dons no mancats
        d'esforç, però cal venerar-los com demanen,
510     igualment, si vols que t'estimin els amics,
        cal que els siguis útil; o si per cas desitges
        el reconeixement de qualsevol ciutat
        l'has de servir; que vols que Grècia t'admiri
        serà per les teves virtuts, com benfactor;
515     que vols aplegar una bona collita: sembra,
        perquè allò que recullis no siguin antulls;
        hauràs de forcejar per vèncer sempre, aprèn-ne:
        mantingues el cos envigorit amb treballs
        i suors, cultiva la ment, fes paciència."
520     "Ves quin camí més costerut se t'ofereix,
```

llarg i penós i quina glòria més vaga.
Jo en canvi t'ofereixo el més dret viarany,
curt i plaent. " Això va dir-li l'altra dona,
però la dona amagrida continuà:
525 "Com pots haver res bo, o fins i tot avançar-te
pels gustos distants? Menges abans no tens fam,
beus sense haver set. Ensalives ran de cuina;
t'adelites bevent vins fruit de grans treballs,
com res; i a l'estiu cerques la neu quan no toca;
530 no hi ha llit prou tou i lluites contra la son
per esgarrapar nits amb amics barrilaires,
perdent-vos el millor del dia; doncs jo et dic
que consumint la joventut amb descurança,
el moment de la vida que està per xuclar,
535 desvagats sens profit, guanyeu una vellesa
que cada dia va repetint el rosec
del poc profit, abastant la cruel vergonya.
Tu mateixa, companya antagonista, saps
com et rebutgen els déus i els homes que els miren
540 amb respecte. Ignores les lloances d'algú,
qui sigui; el millor so que pot escoltar-se
a cau d'orella. Et manca a l'esguard un bon gest
que t'adelita com res, obrant un bé als altres.
Jo, en canvi, tracto amb els déus i amb homes bons,
545 assessoro l'actiu esperit de l'artista;
brindo un catàleg exemplar als pares perduts;
mai no sóc absent on la pau es negocia
i dissolc les bregues, apareixent només;
l'amistat compta amb mi com a ferma aliada.
550 Els àpats, el son, la beguda té més gust
perquè allunyo els mandrosos, que no em suporten.
Als joves els complau l'aplaudiment dels vells
aquests de veure'ls dibuixat l'honor als rostres,
que els és una bona empremta familiar;
555 llavors reviuen llurs fets, tornant-los a veure
més joves. I arribant la fi no són colgats
en l'oblit sens glòria, sinó que viuen

        recordats en les gernacions a venir.
        Pren, Hèracles, aquesta via que et proposo,
560   *no ho dubtis; plena de treballs i suors*
        i tindràs un destí dels més satisfactoris."
        Van callar totes dues i es van esmunyir
        prenent caminals diferents a la cruïlla,
        deixant el jove sol amb l'ànim resolut,
565   sense angoixa, que havia desaparegut,
        curull de puresa extrema.

                              Cuidà la força
        comptant amb la grandor de l'ànima immortal,
        amb una constant inclinació a abocar-se
        envers els febles contra els tirans, com el cas
570   d'Ergi, rei d'Orcomen que havia sotmès Tebes
        a un tribut anual vergonyant de cent bous.
        De fet, després de l'atac de les serps, Tirèsies,
        l'endeví ho predí, cridat per Amfitrió
        declarà allò avinent que se n'esperava.
575   Tothom va sentir les seves prediccions:
        "Aquest nen està destinat a fer grans coses;
        el seu destí ve marcat pel pare dels déus
        i no sols s'enfrontarà a les feres terrestres,
        els trets de les quals esgarrifen els valents,
580   *ans també les marines i més paoroses*
        que serpentegen per dins les aigües del mar.
        És clar que també el seu destí, contra les bèsties,
        està marcat com a fita entre homes i reis
        als quals donarà càstigs implantant justícia
585   *en favor dels més desvalguts. I ha d'enviar*
        a l'Hades, amb la mort més justa i espantosa,
        tot aquell home que camina recolzat
        en la més foraviada i torta insolència.
        Els déus, quan al replà de Flegra, amb els gegants,
590   *hagin d'entaular definitiva batalla,*
        rebran el seu ajut portant l'esfondrament
        dels enemics gegantins amb les seves fletxes.

	A tal punt que tot quedarà sembrat del munt
	dels seus cossos ben morts i jaients tan enormes.
595	*La terra que caldrà per tapar-los del tot*
	bastaria per cobrir una gran serralada.
	Quan un cop abandoni el món dels mortals
	obtindrà una divina i radiant estança
	un cop rebi Hebe, la dea, per muller;
600	*filla també de Zeus i Hera, la lloada,*
	formant part de la família divinal
	per sempre més ben entesa i agermanada,
	amb els conflictes oblidats i perdonats. "
	Als oients els van resultar unes profecies
605	envejables; mes no tant per Amfitrió,
	que li va recordar aquell, ara llunyà, origen
	del seu infantament. Però ben aviat
	tot ho va oblidar en arribar els missatgers d'Ergi
	que venien a cobrar aquell groller tribut.
610	Eren dos gallards troters que, vinguts ben d'hora,
	varen reclamar prerrogatives reials;
	la gent, cap cot, s'hi blegava i acompanyava
	dòcilment fins a la seu del seu tresorer.
	Allí mateix, a peu d'escala, els esperava
615	el jove Hèracles amb el posat seriós.
	Uns joves, dels qui ho va saber tot, l'escortaven;
	tots miraven ara a ell, adés als troters,
	els quals, al llarg la conversa que mantingueren,
	van perdre la fatxenderia inicial.
620	Només durant un moment tornà a traslluir-se,
	cosa que va encendre a Hèracles, i d'allò més;
	se'ls abraonà i, més prest que enfocar la vista,
	els deixà a tots dos sense orelles ni nas,
	i a cops de cossa va treure'ls fora la vila,
625	i amb gestos evidents els comminà el retorn.
	Els tebans, després d'un breu moment de sorpresa,
	varen aclamar-lo com un llibertador,
	tot i que, ens ho cal dir, els més plens de prudència,
	van veure la provable possibilitat

630   de patir en breu una terrible venjança.
Efectivament, el rei Ergi va exigir
la immediata extradició del culpable.
El feble i temorenc rei tebà, pel seu tros,
es va avenir de seguida a seguir les ordres
635   d'expulsió. Però no ho pogué pas complir;
molts tebans s'hi van oposar, sobretot joves
que prenien Hèracles com el seu mirall.
Aquest els adreçà vers cadascun dels temples
per agafar les armes que els avantpassats
640   hi havien deixat, penjades com ofrenes
als déus. Fet i fet era impossible, altrament,
trobar-ne cap de cap mena per tota Tebes
perquè Ergi els les havia, feia molt temps,
arrabassat en prevenció de revoltes.
645   Aquella colla d'insurgents, un cop armats,
van sortir de la ciutat a esperar els d'Orcomen,
amagats al damunt d'un abrupte congost;
pas obligat vers la ciutat per tota força
atacant. Per segon cop l'impuls del jovent
650   va ser menystingut puix la facció de càstig
que Ergi enviava no era ni de bon tros
prou potent per restablir de nou el seu ordre.
Això, i la sorpresa d'aquell atac sobtat
quan els seus homes pensaven trobar unes forces
655   porugues desarmades, fou suficient
per rebre-hi una derrota ben merescuda.
Amb tot els tebans vencedors hi van patir
més d'una baixa sentidament dolorosa:
entre els morts pel combat hi va caldre comptar
660   membres il·lustres com Amfitrió i molts d'altres.
El pare d'Hèracles s'hi havia sumat,
cofoi, ple d'orgull per la revolta dels joves;
com ell, prohoms i antics guerrers havien pres
armes dels avantpassats per alliberar-se
665   del jou imposat al seu esperit llibert.
L'exemple dels joves plançons els somovia

```
         les antigues forces callades per les pors
         de l'empoltroniment. Una nova diada
         de glòria els empenyia ferotjament
670      a demostrar-los les seves vàlues pretèrites.
         I aquelles morts nobles, fruit de l'últim combat,
         foren honrades tot celebrant la victòria;
         però, un cop acomplert el ritus funeral
         col·lectiu, l'ànim d'aquelles hosts jovenívoles
675      omplí en llurs pits d'un nou frèndol venjatiu
         posant-los de camí amb forces imparables
         vers la ciutat que havia enviat tants dels seus
         a les obscures balmes de l'Hades. Sí, Hèracles
         encapçalà aquella host de castigament.
680      La ceguesa que dóna la cruel venjança
         els oferí carta blanca i tots els motius
         per dur a terme les accions més atroces
         entre tota la població d'enemics.
         Sia com sia el fum de la ciutat cremada
685      s'escampà per tota Grècia i fou la mort
         d'Ergi, un bon exemple contra la tirania
         dels pobles veïns. Prodigi el seu final
         a mans d'uns revoltats afamats de justícia.
         Creont, rei per tres cops de Tebes, d'Èdip dos
690      i un tercer per Eteòcles; germà d'Iocasta;
         marit d'Eurídice, funest legislador
         d'Antígona, doblegat amb por davant d'Ergi,
         en veure-se'n alliberat pels revoltats,
         donà, per acontentar qui els dirigia,
695      la seva filla Mègara en dret conjugal,
         a més de conferir a les espatlles d'Hèracles
         prerrogatives reials. El jove pensà,
         per un moment, que els dons que se li presentaven
         eren benaurances de to definitiu
700      que se li havien atorgat de per vida.
```

CANT TERCER

La Follia

L'altre fill d'Amfitrió i Alcmena no amida
una carrera heroica com la del germà,
i no consta que Íficles causés cap conflicte
entre germans al contrari, participà
705 en la neutralització del rei d'Orcomen,
i ja casat amb Automedusa, un dels fills
que plegats van tenir, Iolau, cobra importància
en vida d'Hèracles, el seu oncle i padrí.
De moment, fins arribar a aquest punt, ens caldria
710 veure altres episodis que li van passar
d'ençà que el rei de Tebes li oferí la filla
i favors reials d'alliberar la ciutat
del jou d'Ergi. Així doncs, amb la jove Mègara
tingué tres fills als qui Hèracles estimà
715 en gran manera. Es deien Terímac, Creòntides
i Deicoont. Va ser un bon pare i bon marit
i gaudiren plegats d'un brevíssim període
feliç, creient que de la vida era un regal.
Però el seu benestar reial arribà al regne
720 de Tirint i no va plaure gota a Euristeu,
cosí seu que, per Zeus, era cap dels persèides,
i per tant era rei i cap per damunt seu.
Euristeu era un home buit i cap projecte
a desenvolupar en vida li omplia el pap
725 tret d'imitar infinitament i malaltissa
al seu cosí Hèracles en tots els seus fets,
amb la sola excepció que no comportessin
perill per la seva persona. En això sí
de molt tots dos diferien, perquè el rei d'Argos
730 era dels homes més porucs que han trepitjat
mai Grècia. I aquesta por molts cops li feia
manifestar una malaltissa crueltat.
Havia imitat el cosí formant família
i, a còpia d'augmentar-la ell, ho feia igual,

735 tants fills com tres tenia un, tenia l'altre.
Dona amb llargs rínxols obscurs, no va parar pas
fins trobar-la igual i hagués una semblant piga;
la barba retallada amb certs trets naturals
es deixava si a aquell així li creixia.
740 La magresa musculada era diferent,
no ho podia evitar, per molt escarrassar-se
exercitant el cos, els músculs i els tendons
no es desenrotllaven, i això l'exasperava
i ho pagaven sovint a palau i els propers.
745 Tot aquest munt de febleses li corroïen
l'esperit i una agror li marcava la faç
privant-lo de veure allò bo que l'envoltava:
la benaurada vida que havia a l'abast.
Quan va saber que Creont afavoria Hèracles
750 no ho pogué suportar i va cridar el seu rival.
El requerí davant per tal d'humiliar-lo
i un cop allí, Hèracles rebé el manament
d'un munt de tasques excèntriques i impossibles
que uns ulls desperts ben segur hi haurien vist
755 les notòries traces d'alguna deessa
que li tenia botada. La recepció
davant d'Euristeu va ser una gran bufonada
amb una clara intenció de fer-li mal
i humiliar-lo. Primer fou la llarga espera
760 a la qual el sotmeté; per desesperar
qualsevol, tot simulant gran tràfic diari
que hom despatxava habitualment a palau.
El rei féu passar al davant fins les audiències
que s'havien presentat cinc minuts abans.
765 Per tot plegat Hèracles constatà amb certesa
que hi havien ben bé més de vint-i-cinc traus
a les llambordes que enrajolaven la sala.
Sovint i de cua d'ull, havia clissat
l'esguard d'Euristeu, fent una ullada furtiva,
770 que somreia triomfant de satisfacció.
Després, com això s'allargà per tot el dia,

	vingué la desfilada per dir bona nit
	al seu pare dels fills d'aquell pervers monarca.
	Amb cadascun, val a dir, s'hi va entretenir
775	com mai fins aleshores. Tot seguit, la dona,
	Antimatxa, fou exhibida realment
	pel rei, a fi de demostrar la gran semblança
	que guardava amb Mègara, en tots els minsos detalls
	possibles. Exasperant era la cridòria
780	de goig fingit quan simulava trobar-ne un,
	dins d'un cabal enutjosament increïble.
	I quan ja el capvespre obligà encendre els brandons
	de llum pampallugant, il·luminant la sala,
	llavors fou quan Euristeu va poder copsar
785	dues flames espurnejants de les ninetes
	d'Hèracles i prengué por, i manifestà
	per fi la inferioritat del poruc caràcter.
	La veu li canvià i la seva dicció
	omplí cada frase que deia de preguntes,
790	que més semblà un enfilall de suggeriments
	voluntaris que no un seguit d'ordres estrictes
	imposades. Entre espinguets de fils de veu,
	que era difícil copsar en forma seriosa,
	li va ordenar, ben ras i curt, caçar el lleó
795	de Nemea, un felí de pell impenetrable
	que assolava els habitants de la regió.
	De fet la tria era força recargolada
	perquè no hi havia res que el pogués ferir.
	I un cop dit això es va acabar ja l'audiència,
800	i la mirada d'Euristeu es va clavar
	en la reacció d'Hèracles, mesurada
	escrupolosament, per no donar plaer,
	a aquell monarca horrible. S'acomiadaren
	els dos homes com la tensió prou hostil
805	que crema un paller allunyat d'un incendi,
	sols per radiació. Respirà profund
	xuclant tota la calma del dia i tornà Hèracles
	a refer el camí marxat, amb aire sorrut,

	respirant pels narius de forma sorollosa,
810	com un brau engegant una cursa imminent.
	Tot al llarg de la tornada, el furor creixent-li
	amb rara desmesura, enterbolint la ment,
	que així s'entestà Hera, de braços blanquinosos
	li ho feia reviure insistentment i constant;
815	de manera que no hi havia cap instància
	on no se li manifestés la pressió
	de trobar-se supeditat a algú tan feble
	i vincladís. Que era al carrer, veia un esclau
	humiliat sens solta. A les parets de casa,
820	taques, o les ombres dels murs prenien trets
	fins connotar-li, com fos, el rei de Micenes;
	airejant-se pels camins els núvols i tot
	confegien formes recordant-li'n la cara.
	I Hera encara semblava no tenir-ne prou.
825	Havent-li imprès ulls vermells, enfonsats i ulleres
	pel poc dormir, un brogit molest i persistent
	dins l'oida, trobà l'ocasió propícia
	per tal que Iris, d'ala d'or, desplegués tot l'arc
	bigarrat al cel, senyal lluent i inequívoc
830	que duia d'Hera un missatge secret i urgent.
	Aquest cop la destinatària fou Lisa,
	d'ulls rojos ferotges i cabells esbullats
	que prenia les existències volubles
	i les afaiçonava en obsessiu furor.
835	Lisa trobà Hèracles modegant dins de casa,
	sens propòsit ni rumb i li entrà al cervell
	els baterells del qual se li esbatanaren
	com aquell que acull amistosament l'amic.
	I dins la pensa copsà el terreny favorable
840	on vessar-li la seva pèrfida sement.
	A partir de llavors canvià la mirada;
	i els seus ulls, guspirejants habitualment,
	es varen tenyir d'una grogor malaltissa
	i la seva percepció es va transformar.
845	Totes les columnes i parets de la casa

varen doblegar-se com cera damunt seu.
Semblava que cada habitacle on ell passava
el volgués cloure en sinuós esfondrament;
si fins el borrissol del clatell ho sentia
850　com cert, i encongia el cos a cada moment.
La sensació de perill va dirigir-lo
a la cambra on dormien segurs els seus fills.
Un cop allí, una suor febril l'amarava,
i en mirar dins dels llitets no veié el real.
855　Enlloc de Deicoont, Terímac i Creòntides
veié desperts, mirant-lo, els fills d'Euristeu
i en un altre llit, on un fill d'Ifícles dormia
plàcidament, en companyia dels cosins,
com sovint solia, el seu oncle hi va veure,
860　ple d'horror, el rei de Micenes tot rient,
espurnejant-li els ulls d'un esguard malèvol.
Aquest fet li emboirà tot sencer el cervell
ja de per si colgat en una estranya febre
malaltissa, creient real allò que el cap
865　tan sols imaginava, s'omplí de gran còlera
i mentre ell pensava que renegava amb crits
queixant-se d'aquella invasió imaginada,
prengué els tres fillets dins del seu poderós braç,
mentre amb l'altre garfia, com una tenalla,
870　el fill del seu germà, al qui, foll, el feia rei.
Un a un els encabí a l'escalfapanxes,
creient sentir un enfilall d'escarns i menyspreus
d'Euristeu i que sols eren els precs d'auxili
del pobre fill d'Ifícles provant d'aturar
875　l'inevitable. Davant de tanta cridòria
Mègara, la dona del foll, es presentà
mig endormiscada i va veure, a temps, l'estampa
horripilant del seu marit alimentant
amb llurs fills la llar de foc, com si fossin llenya
880　boscana. Ni crits ofegant el crepitar
del foc, ni que les flames feien unes ombres
horribles i gegants, estampades als murs,

o s'acolorís tot de vermellosa pàtina,
la van acoquinar; s'abraonà en un foll
885 sentiment viu de maternitat valerosa,
per si més no salvar algun dels seus pobres fills
d'allò que, per la son dubtava, si encara
dormia o sols era un malson horripilant
que com mai revivia. Aquests són els efectes
890 que dóna Lisa, pels seus tocs presencials,
mercès a la gran potència que hi esmerça
quan es presenta. Mègara va esgarrapar,
picar durament amb totes les seves forces
l'esquena, els braços, el clatell del seu marit
895 però aquest no s'aturà pas, i un rere l'altre
llençà tots els infants dins del foc que aviat
va consumir els pobres cossets dins les flames.
Lisa no en va tenir prou i allargà el furor
d'aquell home igualment envers la seva dona,
900 que d'una plantofada mortal el marit
esclafà a una paret que era mut testimoni
d'aquella nocturna tragèdia aberrant.
La pobre mare morí sens cridar i de sobte,
havent-se enfrontat a l'impossible amb valor,
905 com sols un cor matern per la seva canalla
pot haver mai. Però encara el més horrorós
producte cruel d'aquella dissort nocturna
no s'havia produït, perquè tot seguit,
després d'aquella enfollida i mortal matança
910 Hèracles s'esllanguí fulminat per la son
esmenable de tota dissort, tret d'aquesta.
Va dormir moll de suor fred i panteixant
amb malsons constants que l'afectaven com pare,
d'aquells que és millor no recordar l'endemà.
915 I va arribar l'albada i quan es féu de dia,
ben d'hora la hisenda rebé passavolants
matiners que sovint visitaven la casa
per quefers diversos. Aquell fou diferent;
en entrar a l'escenari de la nit passada

920 varen quedar esmaperduts i tots plens d'horror,
en veure la mestressa morta i esclafada,
l'olor forta a socarrim i cossos d'infants
consumint-se dins la llar de foc, entre flames.
Quan van clissar Hèracles que roncava dormint,
925 com únic supervivent dintre de l'estança
van suposar, encertadament, l'ocorregut.
I a cops de peu, i també amb dures plantofades,
varen despertar aquell assassí, qui per fi
entomaria el cruel i merescut càstig.
930 La grogor de l'esguard ja s'havia esmunyit
i ell mirava on deien i no volia fer-ho,
perquè tot eren plors; i sentia els seus mots
i no entenia el sentit de tanta cridòria
perquè es pensava que no li pertocava a ell.
935 Tal és la dissort que deixa el poder de Lisa:
adonar-se de l'inevitable passat
quan ja és massa tard i ja no pot arreglar-se.
En aquest moment la follia es fa evident
i pocs se'n recuperen, Hèracles per contra,
940 no era un humà que s'esfondra sense lluitar
ans malda en tots els camps de forma sobrehumana.
Enfront la dissort i desesperació
la força també és útil, i millor acordada
a un bon intel·lecte, per tal de superar
945 adequadament, els embats que presenta
no sols minant la reacció de la ment
també la del cos que sempre ha de mantenir-la.
Hèracles s'enfonsà, ben lògic i normal.
Es preguntava com l'amor que tant l'omplia
950 cada dia havia quedat silenciat
i no hagués refrenat la seva mà assassina.
L'amor, la lògica, tot havia emmudit
deixant la voluntat campant irreflexiva
absenta de límits; li bullia sencer
955 el cap; i els polsos, com dos timbals, bategaven
a ritme del seu frenètic cor desbocat.

Va cloure's en si mateix i res no escoltava
ni quan Radamant volia un aclariment,
perquè el titllés amb justícia i evidències,
960 de foll més que provable o assassí confés.
A la balma de la seva ment turmentada
el requerit desoïa qualsevol mot
d'humana persona, ans els era refractari,
i més a qui li fes reviure el seu turment.
965 Com Ificles, el germà bessó, que clamava
a la seva raó perduda amb convincents
motius per, davant la mort del seu fill, entendre'n
l'entrellat que cap mortal no sabria explicar
i per molt li quedés un fill més gran que es deia
970 Iolau, aquell nen li dava pena més gran.
La justícia ho va tapar amb l'argumentari
de la seva mare en part, com un contumaç
advocat defensor d'aquella causa perduda.
De fet Radamant, edil en dret, cec de llei,
975 jutjà com abans, ara amb la cega mirada
de la justícia topant tant amb el munt
d'arguments d'Alcmena com en les seves gràcies
femenines, que el van fer empatitzar amb el foll,
dos cops vençut: pel dret i els encants de la mare.
980 Sigui com sigui, va trobar un ressort legal
decisiu per eximir el fill de la vídua,
i es fixà un argumentari per segon cop;
un nou que justificava la reiterada
conducta d'ànim violent de l'acusat.
985 Ni això ni pel dolor i aflicció empírica
no el van fer sortir del seu entotsolament.
Al contrari, refusà tota companyia
i restà a la intempèrie ben descurat,
segut vora d'un camí que ningú prenia,
990 dia i nit amb l'esguard perdut, sempre el mateix;
per'xò dèiem que no era en va la força física,
que el va ajudar a resistir la imposició
persistent, argumentada i continuada

de la ment a l'abandó i de voler morir.
995 No va ingerir cap dels queviures que li duien
els pocs que encara creien en ell fermament:
el seu nebot Iolau i sa entendrida mare,
pertinaç i amorosa perquè mengés
allò que li duia, en veure que cada dia
1000 no havia tocat res, l'amenaçà en restar
al seu costat i deixar-se morir de gana.
Més que al fill això entendrí al pare del cel,
veritable artífex de l'origen del jove,
que de seguida mudà en furor, propi d'ell.
1005 Es manifestà Zeus, obligant presentar-se
al seu fill a l'oracle de Delfos en breu,
per tal com el jurament que la seva dona
li havia arrencat davant de tots els déus,
el comprometia a dar el fill en obediència
1010 al mateix rei d'Argos, aquell escanyolit!
Zeus, del tot enfurit, va fer tronar i ploure
i Hèracles entomà el xàfec, mentre era assegut
en aquell voral erm del camí tornant d'Argos.
Va ser el seu nebot Iolau qui li trameté
1015 la voluntat del déu de consultar l'oracle
i girà el carro, que agradava de menar,
amb gran habilitat, guanyada amb molta pràctica,
conduint-lo a Delfos, i anant-hi amb ell.
Havia oït del seu pare les invectives
1020 més fermes perquè es guardés d'aquell germà seu
que havia perdut tot el seny, i per creure's massa
allò de ser fill d'un déu, que s'havia omplert
de menyspreu pels simples mortals que l'envoltaven.
El seu pare, Íficles, ignorava, com ell
1025 havia viscut llargs moments plens de dolcesa,
entre jocs i afalacs d'aquell oncle amorós
entregat als seus fills i a la seva persona.
Li semblava coneixe'l més bé que el germà.
Per'xò ara volia llevar aquella desgràcia
1030 que estava segur era sobrenatural.

El jove va saber trobar els mots que ablaniren
al seu oncle l'entotsolament obcecat,
els mots, com inspirats, varen trobar l'escletxa;
allà on d'altres jorns els precs no van arribar
1035 Iolau lligà el furor celestial que queia
damunt tota Grècia per fer repensar
a Hèracles quants innocents per ell patirien
tot el furor diví, llavors més que evident.
Pesà més poder posar en un perill, més que provable,
1040 per causa seva, a tant gran nombre d'innocents.
Aquells mots esberlaren els murs de la balma
de la seva ment i obriren l'atenció
d'aquell dissortat infanticida involuntari;
justos mots dictats al nebot pel mateix Zeus.
1045 El seu oncle s'hi avingué amb crua ganyota,
volent dibuixar un rostre afable convincent.
De fet aquell dia, del seu nebot va aprendre
la utilitat del seu art que més endavant
tant útil li fóra, com l'amorós caràcter,
1050 capaç de desenutjar-lo i dar pau al cor,
dibuixant-li uns tretsentre ganyota i somriure
de veure's dòcilment i servil enredat.
Van volar amb mestria per camins i roderes
fins que la dificultat fou ben evident.
1055 Delfos volia esforç en la consultoria,
el santuari era damunt la ciutat
i l'accés costerut no resultava fàcil,
sols plaent al doll de Castàlia baixant,
la font que era fora els murs a l'entorn del temple,
1060 flanquejat per estàtues i regals dels jocs
donats pels atletes. Davant l'altar d'Apol·lo
la columna serpentejant i al temple, escrits,
a la porta, els proverbials mots dels Set Savis
i l'obscura lletra E, de la qual res se'n sap.
1065 i ja a l'interior, el braser de foc perpetu,
i més endins del temple la pedra melic
marcant el veritable centre de la terra,

	i més endintre encara el sulfurós tres peus,
	on la sacerdotessa normalment s'asseia
1070	per pronunciar l'oracle proverbial.
	Hèracles, ja banyat en aigües de Castàlia,
	purificat i fet el sacrifici oví,
	entrà a l'interior del temple i es va asseure
	damunt la pedra melic per tal d'esperar
1075	passar la pítia, l'oficiant que deia
	l'oracle. Així que entrà, mastegant llorer,
	la veié com al tres peus sulfurós s'asseia
	amb els ulls esbatanats mirant l'infinit.
	Hèracles va saber el moment de fer preguntes
1080	que la pítia amb veu aspre va contestar.
	Les respostes van ser en vers, cosa ben insòlita,
	forma emprada rarament i peculiar.
	Primer va furgar en la vida personal íntima
	i en tragué trets viscuts que sabien ben pocs.
1085	Després li recomanà emprar sols el nom d'Hèracles
	més que el d'Alcides que primer havia rebut
	perquè molts esdeveniments que l'esperaven
	o dels tan dolorosos i cruels recents,
	els motivava la deessa de blancs braços;
1090	tot plegat era part d'un pla celestial,
	que com més rebés i rebés atzagaiades
	més faria engrandir el seu adveniment
	apoteòsic final, entre les celísties
	formes divines, on ell era destinat
1095	a ocupar un lloc preeminent. Aquelles paraules
	varen ajudar-lo a comprendre el dolor
	que suportava a dins i també el prepararen
	pels sofriments que l'esperaven, allà on fets
	insignes i envejables hi creurien veure
1100	tants homes, ell ja en sabia el significat.
	La sacerdotessa ho va dir amb veu divina,
	i el consultant tingué la certesa que Zeus
	havia dirigit del tot aquell oracle,
	a la casa del seu fill Apol·lo el brillant.

1105 Quan la pítia callà ell prengué la sortida,
amb passa segura i ja no més vacil·lant;
tornà a casa on esperà amb nova placidesa
que arribessin les ordres del rei Euristeu.
Tingué uns dies de tranquil·litat en l'espera
1110 resignat; fins i tot tornà a veure Iolau,
que li oferí un passeig amb el seu flamant carro,
segons va dir i ell no va veure, francament,
preparant-lo per la temporada de curses
imminent. No en va aviat arribà Copreu,
1115 l'herald d'Euristeu, portant en unes paraules
punyents com dards punxants, un dels primers treballs.

CANT QUART
El lleó de Nemea

Aquest cop l'herald d'Euristeu cuità els detalls
i, havent saludat secament, va presentar-se
com a tal i referí el comunicat,
1120 amb la veu viva i de forma desordenada;
es veia que aquell era el seu primer treball.
Hèracles el deixà dir i no va fer preguntes
puix coneixia prou d'escreix tot aquell cas.
Un calfred glaçat li va fiblar l'espinada,
1125 però no pas confegit pel sentiment de por
sinó un record viu i punyent d'una pensada
que li provocava un viu dolorós record,
d'un estat que s'esforçava en guardar en silenci,
deixant que el turmentés sempre que es fes present.
1130 La tasca encomanada era anar fins a Nemea
on trobaria un lleó monstruós de volum,
força i agilitat, amb pell invulnerable,
que s'havia convertit en terrible flagell
pels argius, els pobres habitants de la comarca.
1135 La gent, poruga de mena, el feia enviat
per algun immortal ofès pels pocs sacrificis
dels seus adeptes, sense afinar de quin d'ells
es tractava, complicant poder-ne fer esmena,
o simplement, obligant-los intercedir
1140 a tot el panteó de l'Olimp com a torna
exagerada i d'un mal gust humiliant.
De fet el lleó era nét de Tifó, segons deien;
qui el matés s'enemistaria amb els gegants
perquè Tifó n'era un d'una estatura immensa,
1145 molt preuat entre els seus per ser-ne el més cruel.
La seva filla, Quimera, l'engendrà amb Ortros,
un germà seu, cànid, de forma gens natural.

L'herald va reblar, carrisquejant, el missatge
dient que Euristeu volia com a trofeu
1150   i prova d'haver reeixit en aquella gesta
la pell d'aquell lleó salvatge i monstruós.
Llavors fou quan el jove castigat va comprendre
la gran dificultat de la comesa a fer:
era impossible de llevar la pell aquella
1155   perquè cap objecte era capaç de tallar,
ni escorxar, ni foradar-la, per molt que fóra
esmolat de mena. D'això el jove va pensar
que li calia alguna eina que fos prou mortífera
i contundent per a una bona conclusió
1160   d'aquell afer. La pena encara el consumia,
el feia buscar tot sovint la soledat
i en un ermàs solitari que coneixia
s'apostà meditabund tancant en records
que l'adolorien, la vetlla de la partida.
1165   Era un lloc arrecerat que coneixia bé,
als peus de l'Helicó, la muntanya bromosa,
no lluny del pas que les Muses havien fressat
tantes vegades per cantar, purificades,
els seus himnes a Zeus i Hera, en fosquejar;
1170   o afavorir, amb branques de llorer, els poetes
que trobaven en elles la inspiració
sublim i admirable. Es va fer de nits i la lluna
il·luminà aquell relleix terròs improductiu,
enmig del qual havia quedat un ullastre
1175   il·luminat amb el seu brancam mort i eixorc.
Era formidable l'embalum que les branques
comprenien tot i no haver gens de fullam.
Segur va ser la nineta dels ulls i cura
del pagès que va conrear aquell camp extens,
1180   els fruits li devien donar reconfort sempre;
però el temps fecund d'ambdós ja havia passat.
Sols romania aquell arbre, mut testimoni
de temps millors i regues colgades de blavet;
una llum groguenca i blanca tocà de sobte

1185	fent brillar gotetes d'aigua damunt del tronc
	i com Hèracles absort no semblà adonar-se'n,
	un esfilegada lluentor entrà als seus ulls,
	un res, despertant la seva ment capficada;
	quasi igual com la metàl·lica lluïssor
1190	d'un coltell assetjant el posaria en guàrdia,
	el jove embadalit, que es va creure atacat,
	es posà tot dempeus mirant d'allà on venia
	aquell senyal. En adonar-se de la font
	es calmà i va acostar-se a l'innocent ullastre.
1195	Resseguí d'un esguard calm tot el seu contorn,
	palpà amb les mans, com que els ulls no fossin fiables
	en l'efecte que se'n feien. El tronc, brancam,
	brostes ermes, tot ho trobà de gran duresa
	i consistència excepcionals, malgrat
1200	l'emprempta dels anys que li daven un aspecte
	exànime en la seva realitat.
	I com un llamp sobtat el corprengué una idea
	i s'abraçà ben fort al voltant d'aquell tronc,
	tot i que no el va sentir palpitar de vida,
1205	va entreveure que podia donar-li un ús
	adequat als seus serveis i als seus propòsits.
	Així que, clavant fortament els seus dos peus
	als terrossos eixuts, va exercir una gran força
	que, en un tres i no res, arrabassà del sòl
1210	l'ullastre amb totes les arrels de sota terra,
	confirmant l'envergadura de l'arbre mort.
	Dolçament el va dipositar, amb gran respecte,
	fora el clot enorme que li havia fet
	de llit tants i tants anys. Va tornar a acaronar-lo
1215	mentre cercava de la seva magnitud
	la part més adient pel seu futur propòsit.
	Rabasses i rabissons eren imponents;
	el tronc, ara al defora, encara impressionava
	més que no colgat, i així, un cop tot estirat,
1220	com mai havia estat en la seva existència,
	procedí a arrencar la part més adient

pel seu pla. Primer va triar una gran rabassa
que hauria alimentat un mes sencer una llar,
enorme com ella; el tronc, després, motllurant-lo
1225   a gust, el picà contra una pedra amb tall viu,
els cops en la qual despertaren la comarca,
sens saber mai ningú d'on havien vingut.
Tota la resta de nit s'aplicà a la tasca
i ja així que l'aurora apuntava acolorint
1230   quan va donar per bo el seu treball d'ebenista.
Es mirà el resultat: una clava imponent,
contundent i mortal, poderosa en mans seves.
La desà a l'espatlla i tornà a casa al matí;
allí va prendre el buirac, ben curull de fletxes,
1235   de puntes fiblants i agudes; les va mirar
amb atenció, comprovant-les una a una,
després se'l penjà a l'espatlla i amb el garrot,
nou de trinca, premut a la mà va encaminar-se
vers la ruta més dreta cap al seu destí.
1240   Ningú el notà marxar, ni la seva mare,
distreta papallonejant com un cadell
immadur amb Radamant, qui la festejava
insistentment amb un complagut vistiplau.
El seu fill matiner havia pres la drecera,
1245   despreocupant-se de tals tripijocs mundans;
enfilà la muntanya, i salvà els seus relleixos,
passà la carena i tornà a baixar i pujar
un altre cim, i un altre, gambant incansable;
aviat arribà al domini que el lleó
1250   invulnerable havia fet seu. I va veure
l'esgavellada cabana que era la llar
d'un pagès esforçat anomenat Molorque.
El trobà a punt de fer un sacrifici a Zeus.
Molorque era un home pràctic, sacrificar-se
1255   pels designis dels déus era fer-ne avinent
l'ajut ferm indissociable a l'existència
misera dels humans. Hèracles va aturar
l'ofrena que sumia més en la pobresa

	aquell abnegat devot, passant d'afamat
1260	aixafaterrossos a esquifit miserable,
	i això no ho podien pas suportar els seus ulls.

Parlà amb ell i els mots del foraster van convèncer
la feblesa d'esperit i l'encegament
dels sense esperança. S'entestà en fer-li veure
1265   el rèdit que obtindria si sortia airós.
Si moria en l'intent fóra bo el sacrifici,
per cridar forces celestials prendre-hi part,
però si era ell qui obtenia la victòria
ja no caldria perdre el seu sosteniment
1270   d'aquella anyada, donat que ell no s'ho valia,
puix feia aquella tasca per poder purgar
la seva miserable infeliç existència,
que ben es mereixia aquells treballs i més,
mai prou capaços de purgar-lo com persona.
1275   Molorque es meravellà d'aquell foraster,
del seu menysteniment per la pròpia vida
i ho trobà encomiable, com meravellós.
Obeí i indicà allà on per darrera vegada
havia vist modegant aquell animal
1280   insaciable. En arribar a aquella boscúria
l'assetjant s'amagà rere un arbre primer
i d'allí tensà l'arc de fletxes feridores
i resseguí, apuntant des del seu recer,
tot el verd panorama, esperant que el silenci
1285   retornés la calma habitual del boscam;
quan sentí refilets i que els ocells parlaven
de les seves coses va tenir per ben cert
que havia guanyat la pau del caçador, efímer
preludi del seu cruel cop més feridor.
1290   Ara calia que ell clissés primer la víctima
abans no fos sorprès desagradablement.
Com un senyal bo, al seu front, sentia l'airina
i esperà en aquella postura tensa un temps,
que a un altre home hauria destrossat els dos braços.
1295   Entre les capçades s'assentà la fitor,

ben alta i lluent; d'ara el sol sols baixaria
i encara no havia sentit ni un bri d'olor
de la seva presa. Tampoc cap rugit propi
dels felins afamats. Potser allò era un senyal
1300 prou preocupant de l'alt grau de murrieria,
amb sapiença de mort, que donen els anys,
d'un enemic astut acostumat a encontres
sobtats i mortífers, d'on solia sortir
sempre vencedor. Mirant que cap branca seca
1305 denunciés la seva presència avançà
a polit, amb contundents passes prou llargues
que no tranquessin l'harmonia a la forest;
cal dir que hi posà tant compte que cap cantaire
emmudí els refilets, fins sortir del bosc.
1310 Estava clar que allà no hi vindria aquell murri
provocador, i que hauria de ser ell mateix qui
l'anés a trobar al seu cau ignot, fos on fora.
Passà argelagues tan altes com ell i brucs
que marcaven el terme a la zona boscosa
1315 va prendre el camí que duia a un alçat relleix,
un replà tot gratat per senglars de pell dura,
que tal vegada compartien aquell cim
inhòspit. Però no, no hi havia cap petja
que delatés la presència del felí.
1320 Pujà més amunt, i un cop dalt l'altiplà encara,
que hi tramuntava una brisa força suau,
enflairà una sentor impròpia de les plantes
que cobrien aquell puig: farigola i bruc,
caps d'ase i ginesta, cebollí i moltes altres,
1325 era una fortor d'estable airejat, d'animal
esllomat de tant córrer mirant d'amagar-se;
Hèracles féu una lleu ganyota, just al punt
que es tombà en sentit invers la brisa alpina,
la qual el podia fer present més enllà,
1330 i sentí un lleu zumzeig de quelcom trencant l'aire
que se li abraonava al damunt vehentment;
el jove s'ajupi d'esma i llarg i terrible

| | li passà pel cim tot el lleó allargassat,
| | les urpes esteses, punxegudes i oblongues
| 1335 | ran la capa de lleó que era el seu abric;
| | va semblar que el nét de Tifó esperés que l'home,
| | aquell intrús que no havia estat convidat,
| | tingués l'ombra rere per fer-ne avinentesa,
| | bona prova que era un formidable enemic.
| 1340 | Però aquell home no podia pas menysprear-se,
| | ans al contrari, no sols s'havia inclinat
| | per esquivar aquell impuls, sinó que tenia
| | a punt un dard feridor a l'arc i l'apuntà
| | i el llençà prest, vers aquell cos, sols tocar el terra.
| 1345 | La fletxa colpejà just de ple al ronyonal,
| | d'un color de bronze excepcionalment magnífic,
| | i tota ella s'esberlà amb un cruiximent sec,
| | només d'haver provat clavar-s'hi. De seguida
| | els dos oponents es van mirar fit a fit,
| 1350 | estudiant la forma de ferir el contrari.
| | Com en saltar, el fill de Quimera, havia vist
| | que l'home duia una pell d'un dels seus congèneres,
| | li mostrà les dents esmolades, com dient:
| | "No em faràs igual que al meu germà, ni t'ho pensis."
| 1355 | Hèracles ja tenia una altra fletxa apunt
| | que col·locà a l'arc només haver trencat l'altra.
| | Com digne nét de Tifó, d'àgil i cruel,
| | rebotí gràcilment tan bon punt tocà terra,
| | amb un gran impuls posant-se-li al costat,
| 1360 | privant un tret net novament, i d'una urpada
| | va estellar tant la fletxa com l'arc, d'un plegat,
| | el qual morí brunzint d'una dissonant nota.
| | El jove no deixà al lleó llançar un rugit
| | de satisfacció que ja amb tota la clava,
| 1365 | giravoltant-la amb un moviment transversal,
| | li picà les barres colossals mig obertes.
| | El cop fou increïble, de fort i potent,
| | al felí el cap li anà en sentit contrari
| | de la clava, que ja havia trobat de nou

1370 les grans mans d'Hèracles amunt, per sostenir-la
i tornar a ventar un altre patac contundent
al cap del fèlid, que estava per encarar-se-li.
Va retrunyir tot l'altiplà amb versemblant cop,
com el tro d'una tempesta que envia el Crònida,
1375 digne fill seu era el ferreny colpejador.
que ja estava dempeus, dret, sorrut, impassible,
esperant l'altre que esbaté el cap, per refer
les oïdes del brunzit que aquella picada
li havia causat. La massa de cabells
1380 estarrufant-se, llargs, negres, impressionava,
per ser una massa sedosa i exuberant.
El jove va somriure, se la imaginava
lluint-la com la que ara li feia d'abric.
El fill de Quimera semblà que comprenia
1385 la clau de la ganyota del seu enemic,
perquè va enfurismar-se i es llençà amb tal odi
que la queixalada, que li va propinar
a la clava del jove rere on s'escudava,
posada horitzontalment, fou descomunal;
1390 el jove de nou havia vist el propòsit
abans no es materialitzés i estirà
els braços endavant, tenint ferma la clava,
ancorant un peu al sòl i l'altre endavant,
cosa que li permeté aguantar l'envestida
1395 d'aquell felí malhumorat al qual, de cop,
ja tenint-lo a mà i, també suspès a l'aire,
n'aprofità l'empenta, girant bruscament
tot el cos, amb el lleó arrapat a la clava,
cap al seu costat esquerre, descompensant
1400 aquell enemic formidable, com qui envola
un infant, agafat de les mans, fent un joc.
El gest fou tan sobtat que agafà l'adversari
de sorpresa i, en deixar-se anar de les dents
clavades al tronc, caigué fent cent tombarelles
1405 per acabar marejat i descol·locat,
perdent un instant l'esma. Així ja aprofitava

l'home per ventar-li un altre cop colossal
que aquest cop féu figa, perquè el lleó, refent-se
més ràpidament del que es podia esperar,
1410 s'arraulí, tirant-se endarrere, amb gran destresa,
i aprofità el cop fallit al sòl per fugir
o, si més no, fer una prudencial distància
entre ell i el seu oponent, per així trobar
un moment més oportú i de més avantatge.
1415 L'home tornà a quedar sol, i fins sol caient,
no trobà un rastre clar per seguir de la fera,
res, mitja empremta, al replà, en un toll de fang
que qualssevol altres ulls n'haurien fet pèrdua,
però els d'Hèracles no deixaven res a l'atzar;
1420 gran era el seu camp d'escrutini, increïble,
no es perdia detall. Segons aquell senyal
va prendre clara direcció on va trobar-ne
molts més, cada cop més seguits i més recents.
S'adonà que havia baixat a la planura
1425 de nou però havia defugit entrar al bosc,
i per l'hora foscant que aviat s'albirava,
comprengué que el seu enemic anava a jóc.
De cop el rastre tornà al peu de la muntanya,
ran de bosc, contra allò que era una alta paret
1430 inexpugnable. En realitat es tractava
d'un corriol ignot i desapercebut
que menava just a l'entrada d'una cova
de dues grans boques, sens dubte confluents.
Segurament el felí devia esperar-lo
1435 en una de les dues sortides d'allí.
El jove estudià la paret rocallosa
tirant a vermell, tenyida pel vespre encès
i hi va trobar el recurs que podia resoldre
privar que, entrant per un forat, el lleó eixís,
1440 segur i a temps, per l'altre. Emprant una bardissa
que amagués el seu moviment, fent-lo furtiu,
passà fins al costat i grimpà, amb molt de compte,
la paret quasi llisa i amb pocs agafalls,

```
             però no impossible de fer-hi una escalada
1445         algú traçut, pacient i laboriós.
             Grimpà a polit i arribà fins una gran roca
             que sobreeixia de la paret llisa amunt,
             estava prou descarnada i li semblà fàcil
             dur a terme allò que s'havia proposat.
1450         Però per reeixir bé hauria de ser ràpid
             i temerari; si més no d'això segon
             se'n podia vantar. Posat rere la roca,
             amb l'esquena tocant l'encimada paret
             i els peus a la pedra, va començar a empentar-la
1455         amb força intensa sense descans, i en minuts,
             que a algú altre segur que l'extenuarien,
             notà la pedra decantar-se poc a poc,
             i així, com qui arrenca una dent de les barres,
             l'inigualable forçut alçaprem humà
1460         desarrelà el pedruscall del llit que el tenia
             deixant-lo rodar per la paret rosta avall.
             Però el més estrany fou que, rere els rocs despresos
             que van esbarrar-se amb ell, d'imprevist plogim,
             els seguí Hèracles, comptant que una capçada
1465         a frec del bosc en frenaria el viu caient.
             Aquella temeritat tan eixelebrada
             li va sortir bé: trobà un brancam prou ferreny
             que minvà la velocitat de la caiguda,
             i ja a terra s'alçà per veure el resultat
1470         de la seva obra, que va estimar immillorable.
             Aquell pedruscall després havia tapat
             ben bé una de les obertures de la cova
             i, a l'altra just s'hi plantà ell per tal d'impedir
             que el nét de Tifó en fugís  a la desbandada.
1475         Brandia la clava colpejant-la al palmell
             i va poder veure ben bé dues ninetes
             de la fera a la penombra, mirant-lo fix,
             de forma clara fins que van desaparèixer
             la qual cosa deia que s'havia girat
1480         de cara a l'interior i de dret a la fosca.
```

Hèracles temé que no hi hagués un forat
o una sortida que el portés a l'altra banda
de muntanya i s'apressà, decidit, a entrar,
passés el que passés. Avançà amb passa ferma
1485 i decidida endinsant-se dins la foscor.
Per sort no va trobar al llindar el fill de Quimera,
esperant-lo, per tant sí que era ben endins,
a la cavitat més pregona. Allí s'estava,
o potser corria a una sortida en sentit
1490 oposat; aquesta idea el va apressar a córrer;
sense llum hi havia el perill de topar
o amb el sostre baix, o una cantonada sobtada.
D'aquest últim supòsit en tastà alguns cops;
uns més forts que altres, depenent de la gambada,
1495 però seguí endavant, escoltant quelcom
viu en el seu trajecte cec. Els ulls van prendre
l'habitud de la foscor passats uns moments,
però sabent que no seria prou ni massa
per la capacitat que tenen els felins
1500 en aquestes circumstàncies. Va semblar-li,
de cop i volta, clissar unes guspires lleus,
davant mateix del seu pas, a poquíssims metres,
i es posà a l'aguaït sabent què volien dir.
Altre cop brunzí l'aire, quelcom s'afuava
1505 contra d'ell, però aquest cop no fou un gest silent
sinó que s'acompanyà d'un rugit de ràbia
desfermada que ressonà reverberant,
ferint els sentits. Això fou la causa certa
que va fer perdre en el jove l'atenció
1510 a l'hora de repel·lir de forma correcta;
aquella sobtada emboscada aconseguí,
tot forcejant, queixalar quasi un dit de l'home,
que va estar això de perdre'l tot, allà mateix.
Va anar de poc i, s'ha fet córrer molta brama,
1515 de que se li va menjar el lleó en el combat
dins la cova; doncs no, fou simple, la ferida
ràpida de curar i neta, només un trau

| | considerable. Si una cosa tingué bona
| | aquella escomesa és que va posar a l'abast
| 1520 | d'aquell caçador la fera en una abraçada
| | que volia ser definitiva i mortal.
| | Hèracles atenallà, amb els seus poderosos
| | i herculis braços, el feroç nét de Tifó.
| | I ho féu per sota el coll, lluny d'aquella mandíbula
| 1525 | bestialment poderosa, amb prou pressió
| | contínua sens defallir tota l'estona.
| | El fill de Quimera es debatia convuls,
| | rugint, tot esgarrapant l'aire de la cova,
| | inútilment; ambdós van comprendre que així
| 1530 | tan sols seria com el lleó de Nemea
| | cauria, finalment i absoluta, abatut.
| | I donat que la pell, del tot impenetrable,
| | on cap arma podia penetrar, només
| | privant d'aire els seus pulmons s'aconseguiria
| 1535 | acabar amb ell. I així va ser de contundent
| | aquella abraçada terrible amb força immensa.
| | El Tifoida va debatre el cap, rugí un poc
| | fins que la veu, amb les forces es varen perdre
| | en un lleu gemec d'impotència flagrant.
| 1540 | El felí va caure abatut sens rebre gota
| | de mercè per part del seu forçut caçador.
| | Restà a terra inert, quan el jove panteixava
| | per l'esforç suprem que havia realitzat.
| | s'estintolà segut a la paret de la cova
| 1545 | per recuperar l'alè perdut i capir
| | allò que fins ara havia tingut a terme.
| | Hi va estar una estona fins que el pit es calmà.
| | Va alçar-se i es proposà, arrossegant-lo, treure
| | el cos mort d'aquell felí per finalitzar
| 1550 | convenientment, d'una vegada per totes,
| | aquell treball que li havia encomanat
| | Euristeu. Prengué el cos per una de les potes;
| | volia honrar decentment aquell enemic
| | notable, per'xò no el va agafar per la cua,

1555	cosa que trobava de tracte humiliant,
	en l'actitud d'un caçador que es volgués digne.
	Feixuc era, mes era buit de l'ànima immortal,
	que segur ja es trobava en celestial temple,
	i al jove, la satisfacció del triomf
1560	i l'acompliment final de la feina feta,
	li va semblar tot plegat un pes menys feixuc.
	En canvi llarg el fosc trajecte a la sortida,
	considerablement llarg i en el qual tot ell
	encara, rebé unglades minses de les potes
1565	de l'animal, sense perill, però punxents.
	Finalitzat tot el trajecte arribà a fora.
	Ja era de nits però amb lluna d'una claror
	platejada, i un firmament farcit d'estrelles.
	Traient la víctima, com el cos era tan gros
1570	i voluminós no trobà una clariana
	per estirar-lo prou adient, fins un tros
	de plana enllà. De camí, topà amb romegueres,
	gatoses i esbarzers i quedà esgarrinxat
	de braços, cames i cos. Qui no va sentir-se'n
1575	fou la sedosa pell del felí cuirassat.
	Quan Hèracles va tenir el fill de Quimera
	ben disposat en aquell petit descampat
	va rumiar novament com la pell llevar-li,
	tal com era l'excèntric desig d'Euristeu.
1580	Que bé li hauria anat disposar d'una eina
	que algun olímpic li volgués proporcionar!
	Hefest, per cas, faedor de tantes andròmines
	meravelloses que havien ajudat tant
	als déus, segons deien, però és clar, era un fill d'Hera
1585	de la qual sabia per la pítia ser
	blanc de les ires de la dea de blancs braços.
	I res bo no en podia esperar, i menys ajut!
	Assegut en una roca es mirà les cames,
	braços i mans, plens d'esgarrinxades sagnants,
1590	llavors li vingué la solució al problema:
	prengué una de les potes del lleó i premé

	fort els coixinets del palmell, de tal manera
	que varen mostrar-se les ungles del felí
	i llavors, amb aquelles esmolades urpes
1595	va començar a esqueixar el ventre de l'animal.
	Eureka! La capa de la pell s'esberlava
	i es podia així esquilar tot el felí.
	Pacientment i meticulós va fer l'obra,
	emprant les diverses potes d'aquell potent
1600	rei de les feres destronat per aquell jove,
	que ara obtenia allò que malèvolament
	li havia endossat un poruc rei dels homes.
	Aquest cop, lluny de cap font, va penjar la pell
	en dues branques d'un roure gran i magnífic.
1605	Després descansà estintolat d'esquena al tronc
	fins l'endemà, alçat el dia. Cap altra fera
	no destorbà gens el seu merescut descans
	i en tenyir tot l'aurora de color vermell,
	aquell dia també amb tonalitats violetes,
1610	colgà sota pedres del claper aquell cos buit,
	despullat i sanguinolent a consciència;
	se n'acomiadà amb un murmuri silent
	i amb aquella pell i tota cura possible
	repescà el camí fet del palau d'Euristeu.
1615	Abans s'aturà a la humil casa de Molorque.
	El trobà mirant d'apuntalar un llarg cairat
	que la pluja havia malmès qui sap-lo. Hèracles
	el saludà i, mentre parlaven, va aguantar,
	com si res, aquella part del sostre malmesa.
1620	Molorque va poder argamassar un munt de fang
	i pedres que tenia a punt, durant la resta
	del diàleg, sens ni perill que tot s'esfondrés.
	El jove convencé el pagès de servar forces,
	bestiar i queviures pels seus, molt més mancats
1625	que no els déus, que ells, essent bo, prou es complaurien
	pla més, que no pas amb sacrificis, portant
	llur supervivència al límit per la gana.
	Els déus volien més fidels vius que pocs morts

1630 i agonitzant. Aquell pobre home es va complaure
del noi i, acomiadant-lo, pensà en l'esforç
que l'esperava i el mirà marxar llavors,
fos amb el camí.
                Recordem la diferència
entre els dos homes. D'Hèracles ja coneixem
alguns dels seus trets, i que el perd sovint la rauxa
1635 sobtada que el pren, tants defectes com encerts;
però d'Euristeu hem de descobrir encara
arestes que conformen els plecs del seu cor:
allò que hi sobta més, potser, en tots els aspectes
és que essent un home tan poderós, la por
1640 li atenalla amb evidència el caràcter,
durant les manifestacions de la qual
atemoreix tothom per la resposta irada
que pot prendre contra algú, un cop ja ha passat
el seu trànsit temorenc tan irrefrenable.
1645 Per'xò quan Héracles va irrompre a la ciutat,
tot carrossant la pell del lleó de Nemea
aquell migdia lluent, per l'aspecte dur,
imponent, heroic tothom qui menys va comprendre
que aquella presència de posat triomfal
1650 donarien problemes a tot testimoni
ocasional i involuntari, o forçat
d'aquella inevitable reial audiència.
Aquest era el motiu, i no d'altre, en la gent,
que en veure'l acostar-se no en festejà l'èxit
1655 i no victorejà el seu nom ni el seu treball,
ans s'amagaven porugament dins llurs cases
tement les represàlies més que evidents
del seu rei. El noi no en féu cabal, sols pensava
en cloure aquell treball, preludi d'un de nou,
1660 i tal vegada més temible. Caminava
d'esma sens destorbs, cap guarda no l'aturà
en pujar les escales del palau, sabien
què l'esperava i sols van picar amb la llança al sòl

	amb un sec so metàl·lic que l'anunciava.
1665	Un cop a la sala on ja havia estat abans

amb un sec so metàl·lic que l'anunciava.
1665 Un cop a la sala on ja havia estat abans
sols veié Copreu, l'herald, dempeus esperant-lo,
davant les escales del tron. L'herald mogué el cap,
alçant la barbeta, amb el dit indicà a terra,
al mig de la sala, a on un dibuix circular
1670 de les lloses de marbre, Héracles va comprendre
volia que hi posés la pell que havia dut;
en demanar què significava, va rebre,
secament, l'ordre següent: "*Ara pots marxar;
se't comunicarà properament, on siguis,*
1675 *lloc i singularitats del proper treball.
Res més. Pots retirar-te.*" No li va pas doldre
gens ni mica el tracte. N'era mereixedor
i ja l'esperava. Eixí, arrufant les celles;
fou l'únic gest de menyspreu envers aquell rei
1680 del que res esperava. L'herald en quedar-se
sol a la ressonant sala, es va dirigir
a una boteruda àmfora molt ben pintada
d'antics motius heroics d'allà en un racó,
i així li va parlar: "*Senyor, ja ha marxat Héracles
1685 i ha deixat la pell del lleó, tal com heu dit,
a terra, al bell mig de la sala d'audiències.*"
Una veu dins l'àmfora es va deixar sentir:
"*I què? Estem sols? Ajuda'm a eixir d'aquí dintre!*"
La veu, que havia començat amb espinguets,
1690 de seguida es trasmudà en una d'orgullosa
i dominant. Copreu va ajudar a Euristeu
a sortir d'allà l'interior d'aquella àmfora,
amb penes i treballs. El monarca poruc,
sols saber que Héracles entrava ja a la vila,
1695 amb la pell del lleó de Nemea caçat,
s'amagà al lloc segur i més a la vora,
ajudat per l'herald que tenia guanyat,
com a fidel, sota l'eminent amenaça
als seus familiars que havia retingut.

CANT CINQUÈ

L'Hidra i la Cérvola

1700 Lerna és ran de mar, prop d'Argos, i un bosc tossut
espès de plàtans frega just la mar salada;
dos rius, el Pontine i l'Amimone, que hi fan
un delta estret, amb les seves aigües l'enfaixen,
i abans de salinitzar-se són llac al bosc,
1705 un marjal inestable de pas temerari.
Amb el temps hi serien consagrats els déus
amb altar per Atena i a Dionís, culte
secret nocturn, però abans aquell aiguamoll
fou aterrit per la presència d'un monstre
1710 formidable i terrible que va amenaçar
als incauts que s'acostaven a aquell pantà,
fossin humans o feres.

                            Allí hi féu cap Hèracles,
pel segon treball comandat per Euristeu:
el de la mort d'aquell monstre anomenat Hidra.
1715 El sofert lluitador rebé el comunicat
de boca del sorrut herald, sense immutar-se,
no volia mostrar-li enuig, davant seu,
cosa que devia donar plaer al monarca
i qui sap si a aquell prim home llarg, també.
1720 Havia sentit que Hidra era un ésser deforme,
però res més. Ni ho volia saber, tampoc.
Ni quan la seva mare envià el seu padrastre
Radamant, a dir-li'n horripilants detalls.
Cal dir que sentia afecte pel seu nou pare;
1725 havia pres Alcmena no feia pas molt,
però sentir els seus consells, ponderats sempre,
no el farien desdir de l'obligació
a la qual s'havia lligat. I quan marxava
d'esquitllentes, abans de tenir-lo davant,
1730 només passar els murs de la següent cantonada

	es trobà el seu nebot, dalt d'un carro llampant,
	on l'invità, amb un ample somrís, a pujar-hi.
	El fill restant d'Íficles, Iolau, amava molt
	el seu oncle, havent de salvar constants marrades
1735	i els impediments que li imposava el seu tutor,
	tement-ne la seva integritat amb llur tracte.
	Hèracles va avenir-s'hi puix era prou lluny
	tot aquell camí que davant seu l'esperava.
	Iolau espetegà la llengua i els cavalls
1740	es van afuar amb un rastre de pols groguenca.
	Tot el trajecte el noi parlà pels descosits
	i el seu oncle el sentia mes no l'escoltava,
	enderiat amb els motius del seu dolor,
	sempre presents. El noi frisós, amb manifesta
1745	coneixença de tot, va semblar saber bé
	on raïa la propera gesta de l'oncle,
	perquè havia escoltat d'amagatons l'herald.
	En veure que el seu passatger no s'immutava,
	capí que no l'escoltava, però seguí
1750	amb la xerrameca, fruit d'una nerviosa
	excitació creixent pel desconegut
	que els deparava; per a ell, tota una aventura.
	Després de revolts, sotracs, pujades, pendents,
	els dos homes van veure la llenca marina
1755	a l'horitzó on van acostar-se veloçment.
	Damunt, retallada per un dels rius, la cresta
	farcida de plàtans s'encimava innocent
	al contingut monstruós que s'hi albergava.
	Van deixar el carro i pujaren fins entrar al bosc.
1760	Semblava que els llargs troncs verdosos observaven
	aquells dos homes tot caminant sota seu,
	i que els havien encatifat la sendera
	de fulles seques i cruixents que a cada pas
	espetegaven assenyalant llur presència.
1765	Després de seguir un temps el viarany marró
	van sentir el mormol de la font d'Amimone
	que alimentava un ample marjal enllotat

	i en un voral, ben clar, s'hi veia l'obertura
	d'allò que semblava una enorme cova arran
1770	del lleu balanceig de la fullaraca molla.
	Tant ràpid com un cluc d'ulls se'ls aparegué,
	sortint de l'aigua enfangada, el monstre femella
	d'una alçada considerable provinent
	de la cova a flor d'aigua. Això desvetllà l'home
1775	del seu abaltiment i, amb un gest instintiu,
	s'interposà entre el jove acompanyant i el monstre;
	fou llavors que va veure com havia errat
	portant el seu nebot allí. Apartà el jove
	amb una tremenda empenta uns passos enllà;
1780	mirà la criatura, amidant-ne l'alçaria
	i estudiant-ne l'aspecte més que repulsiu.
	L'Hidra era enorme, de vuit caps, i d'una testa,
	al mig de tots ells, immortal i tota d'or,
	el cos de serp amb pel de gos com el seu pare,
1785	Tifó, sí, altre cop el gegant preferit
	pels gegants, que la va infantar amb la serp Equidna,
	que, a més d'ella, parí Cèrber, gos infernal.
	L'Hidra es movia de forma ondulant hipnòtica,
	per tant no podies preveure el seu atac;
1790	a més la seva sang era prou verinosa
	d'emmalerir la vida mateixa a l'entorn.
	Quan s'abalançà contra l'intrús, va inclinar-se
	per fer un tempteig i no el trobà pas desvalgut.
	Rebé de baix a dalt, un fort cop amb la clava
1795	a un dels set caps, tenint els altres a l'aguait.
	La serpentiforme va comprovar la vàlua
	del seu esquifit enemic, i el va admirar,
	posant precaució si volia triomfar
	les pròximes escomeses.

                                                 Iolau, de banda,

1800   rere un bruguerar, havia escapat del combat;
         sols li havia quedat gravada la imatge
         persistent a la retina del monstre aquell.

	Sentí esgarrifances i, ja es disposava
	a alçar-se d'aquell lloc on l'havien llençat,
1805	quan va sentir crepitar uns passos a les fulles.

Sentí esgarrifances i, ja es disposava
a alçar-se d'aquell lloc on l'havien llençat,
1805   quan va sentir crepitar uns passos a les fulles.
Es tombà i veié una dona de força edat
aplegant herbes que es feien als peus dels arbres.
Tot li semblà estrafolari i quan li veié,
de cop els ulls, copsà que eren com plats de grossos,
1810   o com els d'un xot, o una òliba o molt més grans.
Iolau l'advertí del perill de la batalla
que ocorria un xic enllà. I ella somrigué,
mentre li infonia calma; de cop va caure,
potser ensopegant, però el noi la va tenir
1815   i no tocà a terra però sí que en tenir-la
li sentí, a cau d'orella, xiuxiuejant:
"Sols el foc pot impedir del tot que els caps brollin."
El noi no en va fer cabal i, cuita-corrents
només va pensar que ella repapiejava;
1820   la posà dreta, espolsant-li els pellingots
que li eren vestit i, de forma imprevista,
la vella es tombà i s'esmunyí per dins del bosc,
amb una vivor sorprenent i inusitada.
Iolau cregué somniar però tornà en si
1825   i recordà l'oncle i el perill en què estava
i va córrer prest prenent un dard de l'aljava
i engrapant l'arc ben fort.

              Hèracles veié el noi
que tornava a prop l'aiguamoll i va enfadar-se;
però Hidra no li concedí dir ben res,
1830   amb un cop de dos dels seus caps mortals, de sobte
el ventà enlaire, i arribà, ell i garrot,
ben garfit, al peu d'un plàtan de tronc enorme,
ran de riba. De seguida es posà dempeus
i, quan ja era a punt i es disposava a arremetre
1835   vers la reptiliana monstruositat,
quelcom el va atraure tot ell perquè brillava.
Just al costat de l'arbre on havia caigut,

	estintolada, hi lluïa una gran espasa.
1840	L'home somrigué i va pensar en perdonar el noi qui, segurament, i de forma cautelosa i estratègica, l'havia deixada a punt. L'agafà i no va veure que al voltant les herbes ja les havien tret, premeditadament. Només ho considerà una estupenda tàctica
1845	i s'afuà amb espasa i clava a cada mà, llençant un sorollós aliret de batalla. Iolau ja havia omplert el ventre de la serp amb gran part de les fletxes de què disposava, sense que semblés afectar gens l'animal.
1850	Hèracles arribà i, propulsat per les cames, tingué l'alçada dels colls de l'horripilant fera i, amb l'espasa en va tallar ben bé quatre de cop, però amb l'impuls acabat, tocant sòl, els dos humans van veure, amb horror, l'increïble
1855	fenomen del que només l'Hidra era capaç: de cadascun dels colls tallats pel cop tan destre dos més en sortien, i així de quatre, vuit de nous ara en tenia al seu lloc, tan temibles com els esgarrifosos que havia perdut.
1860	L'home no afluixà, ans amb un nou cop formidable, aixafà un dels caps vells o, potser era un de nou, que esclatà com un meló caient s'esbardella, i també dos nous aterridors van eixir a l'instant. Ell seguí colpejant i amb l'espasa
1865	tallant tants caps com sortien, ferotgement; per sort, amb cap dels talls no va arribar a escapar-se gota de sang contra l'intrèpid atacant; fins que el bífid cos reptilià va enllaçar-lo pel tronc, tret dels braços que anaven colpejant;
1870	al punt que amb l'estrenyor, més i més opressiva, perdia l'alè. Iolau mirava impotent, sens saber què fer, tement exhaurir les fletxes, quan aleshores, la ment topà amb claredat d'una idea apresa. Recordà així de sobte

1875	les paraules dites amb veu de rogall,
xiuxiuades per aquella vella d'ulls d'òliba:
"Sols el foc impedirà que brollin els caps. "
El noi sabia ara què fer. Prengué herba seca
i uns branquells amb els que féu esca, en un pilot,
1880	per tal d'atiar un foc amb la pedra foguera;
així que tingué bona flama encengué els dards
que quedaven, per la punta, i cada vegada
que el seu oncle tallava un dels caps, afinant
la punteria, enviava una fletxa encesa
1885	a la part del coll tallat, abans no en sortís
un nou reemplaçant-lo. El foc cauteritzava
la ferida i així impedia que un de nou
pogués brollar. En veure que en perdia tants l'Hidra,
sorgí de l'aiguamoll un gros cranc cuirassat
1890	enorme que era part de la seva família,
el cranc aprofità que Hèracles era pres
dins de l'estreta abraçada reptiliana
per tenallar-li fort amb les pinces un peu,
provocant a l'home un intents dolor insofrible;
1895	gran fou l'errada del cranc en creure'l vençut
perquè havent tots dos braços lliures els podia
utilitzar per colpejar. I així va ser.
Ràpidament, per neutralitzar aquella nosa
que li causava tal dolor, l'home etzibà
1900	amb el seu garrot un aürt fort i increïble,
dalt la closca d'aquell imprevist atacant
el qual quedà esbardellat deixant-hi la vida.
Hidra, irritada, estrenyé més el seu escalf,
posant-hi els cinc sentits, si tants en tenia,
1905	cosa que es tornà en irada reacció
d'Hèracles que es traduí en brandir l'espasa
i, en un aclucar d'ulls, escapçar a Hidra el cap
immortal; cop net, potent, sens misericòrdia.
Rodà la testa mancada de tot ajut,
1910	això fou la perdició definitiva
d'Hidra. El cap mitger d'or, que era el seu baluard,

| | caigué i s'esfondrà la bèstia viperina;
| | la serpentiforme va deixar d'existir
| | i alliberà l'home de la seva abraçada
| 1915 | mortal. Aquest, posat dempeus, mirà el nebot
| | i mostrant-li l'espasa feu un gest d'estima
| | complagut. L'altre ho prengué com d'agraïment
| | per l'ajut de les fletxes cauteritzadores,
| | i somrigué satisfet d'aquell resultat;
| 1920 | per ell havia estat una gran aventura!
| | El seu oncle llavors prengué la testa d'or
| | que encara xiulava un munt, puix creia estar viva;
| | deixava un bassal de sang i, amb horror
| | pogué veure que tota l'herba de la vora
| 1925 | s'havia agostat, amb un color marró fosc
| | i copsà la sort d'haver-ne escapat indemne;
| | i recollí el degoteig d'aquella sang
| | dins la carabassa de beure, havent buidat l'aigua,
| | pensant que li serviria de tint mortal
| 1930 | per emmetzinar totes les puntes de fletxes.
| | I eixí del bosc de plàtans, seguit de Iolau;
| | defora, a envistes del mar, trobà una gran roca
| | que els llevants més potents delien per llepar,
| | l'alçà de soca-rel i a sota va desar-hi
| 1935 | la testa d'Hidra on mai ningú no la trobés.
| | Iolau dugué el carro mentre l'oncle mirava
| | absort l'horitzó rectilini, d'on després,
| | que tots dos marxessin, un nou astre allunat
| | tenyís tot el verd d'abans en groc daurat,
| 1940 | per cloure del tot aquell acte.

                    I aleshores,
    com Hèracles no duia cap presa ni res
    Euristeu s'avingué a donar-los audiència.
    No trigà en fer preguntes dubtant que fos cert
    el fet de la mort d'Hidra, per no dur-ne proves.
1945 De fet, ja així ell ho havia organitzat
    perquè pogués ara reclamar-ne els indicis

	que no s'havien dut. Hèracles l'escoltà

1950   que no s'havien dut. Hèracles l'escoltà
        sense immutar-se, com si la mar ja llunyana,
        que tant havia observat, l'hagués deixat sord;
        però aquesta vegada Iolau també hi era,
        i abrandat defensà l'oncle explicant detalls
        que sols algú ben present en els fets podria
        enumerar. Quan va acabar, Euristeu, molest
        amb què havia sentit, donà la nova tasca
1955   que deparava al seu detestable parent:
        portar la cérvola de Cerínia viva
        a la seva presència. Hèracles sentí
        l'enunciat que volia i va girar cua
        per sortir de la sala. Iolau restà ofès,
1960   però no n'era prou, que Euristeu ja cridava,
        mentre el seu oncle sortia, mots feridors
        que inflamaren molt més l'esperit d'aquell jove:
        "*Ah, i no et pensis pas ara* –va cridar el rei–
        que aquest gran treball de l'Hidra compti cap cosa,
1965   *perquè, com ja he vist, t'ha ajudat el teu nebot*
        no es pot considerar un teu treball personal,
        i ara n'hauràs de fer un més al còmput final."
        Iolau va restar mut.

                        A la deessa Àrtemis
        li agradava córrer mig nua pel bosc,
1970   amb un selecte estol de nimfes juganeres
        perseguint salvatgines fora dels camins.
        Hera, que ho sabia, li envià cinc cérvoles
        enormes com a cinc braus, per aquesta fi,
        però amb un previsible obscur futur propòsit.
1975   La deessa mig desvestida sucumbí
        al parany i, en veure els animals bevent aigua
        d'un riu tessali, decidí fer-los encalç.
        Armada amb l'arc, i el buirac tot ben ple de fletxes,
        s'estrenyé la llarga trena i espolsà els peus,
1980   picà l'ullet al grup de companyes munteres
        que, al senyal, varen començar a cridar alirets

| | la qual cosa va incitar un escampall de cérvoles
| | a escapolir-se, a l'uníson, arreu del bosc.
| | Quatre de les feres, no de forma planera,
| 1985 | les van haver les caçadores en estol,
| | la cinquena es perdé, per Hera alliçonada,
| | per Cerínia, una comarca molt, molt gran,
| | feréstega com n'hi ha poques, reservada
| | a Hèracles com futura tasca afeixugada,
| 1990 | moment que ara havia arribat.

També aquest cop
el sofert castigat amb tasques inaudites
marxà cap a Cerínia, furtivament.
De nits, sense avís i sense acomiadar-se.
Deixà l'espasa lluent, que tan bon servei
1995 li havia conferit al marjal de Lerna,
de la que encara no en sospitava el secret;
prengué l'arc i cap fletxa enverinada
puix el treball no havia de cloure's amb mort.
La clava també, que era una fidel companya,
2000 i s'havia avesat al seu tacte i al pes.
La nit era fosca, però farcida tota
de milions d'estels, com ulls espectadors
de la seva marxa. Varen passar alguns dies
i entrà a la comarca del seu esquiu destí.
2005 Foren llargues i tedioses les jornades
que van passar sens trobar un indici precís:
les peülles dobles, gruixudes i estrenyent-se,
en un fang moll d'alguna recòndita deu;
i això, sabent-ne la grandor fora de sèrie,
2010 lluny del normal; o molt seques per ser recents,
que va representar esmerçar-hi força mesos
abans no trobà un rastre indubtablement fresc
fiable i confortant. El jorn de la troballa,
mentre el perseguidor estava allí ajupit,
2015 començaren a caure flocs de neu glaçada;
en veure'ls l'home somrigué lleugerament,

contingut, puix ara li seria més fàcil
seguir la seva presa amb petges a la neu.
Mentre caminava, i se li emblanquinava
2020 la pell que li feia d'abric, va parar esment
que portava diverses llargues temporades,
aquell any, seguint el rastre tan fugisser.
Havent començat amb jorns jovials diàfans
també s'havien escurçat i enfredolit;
2025 a més la llarga solitud l'afeixugava
i enfosquia el caràcter dolorosament.
Estava just amb aquests pensaments rondant-li
quan veié un petit llac massa quiet, glaçat
i optà per fer-lo servir d'esquer a propòsit.
2030 Ben segur que la cérvola tindria set
algun moment, i com la sabia propera,
de rastre recent, va triar un racó del llac,
trencà el glaç deixant l'aigua de sota a la vista.
I esperà. I esperà. Tenia un dard a l'arc
2035 apuntant directament a aquella finestra
glaçada, i a la boca s'hi posava neu,
que l'alè no el traís amb una bafarada
delatora. Els dits tenia enrampats i balbs
i, quan ja era a punt de carrisquejar de barres,
2040 de la fred, aparegué la cérvola amb pas lent,
enfonsant a cada pas ben lleument les potes,
produint un tímid cruiximent de la neu
que ni trencava el silenci que es contenia
per la conclusió imminent. L'home admirà
2045 la seva presa, d'estampa majestuosa
i espectacular, ben clapejada amb tons clars
que, segur, dins de les primaverals bardisses,
devien convertir-la en invisible als ulls
dels seus assetjadors, sinó fos que una aurífica
2050 cornamenta imponent delatava estrident
la seva presència amb esclats de llum groga.
Hèracles es preguntà com no fins llavors
no havia vist aquella brillantor daurada

	que ara de sobte sí l'estava enlluernant.
2055	Segurament la mà d'una deessa adversa
	l'havia encegat de tota lluïssor d'or,
	per ell insuls, esvaint-se-li en tenir-la
	just al davant. No va voler retenir més
	el dard que apuntava la fera assedegada
2060	i el llençà amb una precisió sorprenent.
	La fletxa es va clavar sota el tou de la pota,
	per damunt la peülla, entre l'ós i el tendó,
	sens fer-li gota de sang. Quedà agenollada
	emetent un lleu bram més que amb dolor, d'ensurt;
2065	i ja no es mogué. L'home féu una ganyota
	de disgust, s'acostà entendrit vers l'animal,
	l'acaronà tot parlant-li amb frases tendres
	i veu dolça que havien sentit sols els seus.
	Es tragué del cinyell una petita troca
2070	de cordill i li estacà els braços i els peus;
	i tot i ser una femella enorme i feixuga
	la carregà a coll be, com aquell que no vol,
	i reféu el camí vers allà d'on venia.
	No havia sortit de Cerínia ben bé
2075	que topà amb dos caminants de cossatge esplèndid,
	joves tots dos i d'una bellesa esclatant.
	La noia vestia un res que transparentava
	tots els seus encants i duia un arc, i al buirac
	tantes fletxes com cabells trenats a la cua.
2080	El noi feia un rostre estranyament resplendent,
	somreia però els ulls eren d'una mirada
	dura i ferrenya, plena de seriositat.
	La noia parlà primer amb veu imperativa:
	"Però com has gosat prendre aquest pobre animal
2085	d'aquesta terra que és consagrada als olímpics?"
	Hèracles diposità cuidadosament
	la cérvola a terra i es dirigí a la noia:
	"No poso en dubte allò que acabeu de dir,
	puix en deveu estar legitimats de sobres,
2090	però aquesta fera no patirà cap mal

per obra meva, jo només tinc la comanda
del rei Euristeu de Tirint, al qui em dec
per purgar les meves greus faltes, de portar-la-hi. "
Ella reblà: "La franquesa es veu als teus mots
2095 però m'és dolorós deixar que te l'emportis
perquè, com jo, pertany a aquesta casa, el bosc. "
"Germana, atura't! –al·legà el noi, refrenant-la–
Sé que per a tu és molt important el compliment
de les lleis del boscam però, mira aquest home.
2100 Els seus ulls, els meus, els teus no són gens dispars,
la flama del pare els omple i obra pel seu deure.
Ho saps. " La noia mirà el seu germà bessó
i comprengué que, com passava altres vegades,
quelcom havia intuït del propi futur
2105 que sols ell podia veure, i millor seria
fer-li cas. "Si el meu germà advoca per tu
és per una raó poderosa que implica
l'existència de tots tres; per tant, m'avinc,
completament ressignada, sense comprendre-ho,
2110 confiant en ell, a deixar-te satisfer
les ordres d'aquell rei. Mes digues-li que sempre
sóc a l'aguait dels meus animalons, per tant
que procuri no fer cap mal a la criatura
que li duus, perquè, altrament, el meu venjatiu
2115 testimoni li faré avinent sens que pugui
defugir-me amb una sola fi: amb la mort!. "
Hèracles veié als seus ulls una llampegada,
com s'havia vist ell, bevent aigua d'un riu.
Carregà la cérvola i deixà els dos enrere
2120 que el seguiren amb un esguard fix i amatent.
Apol·lo va dir a Àrtemis: "Ben fet, germana.
Reconeix que els meus àugurs sempre donen fruit:
Tu n'obtindràs venjament de tot aquell regne
i jo aprenentatge de tota humilitat,
2125 per quan el nostre pare em farà servir un home,
que és un dels humans més bons, del qui n'estaré
tant deutor que només aquest altre, dit Hèracles,

en satisfarà el pagament que hauré contret. "

CANT SISÈ
El senglar, centaures i Prometeu

        Quan de Cerínia la cérvola hagué extret
2130   i la lliurà a Euristeu, va marxar allunyant-se'n
        cercant una mica d'escalf familiar,
        abans no fos requerit d'una nova tasca.
        No va voler saber pas què en féu aquell rei
        d'un animal tan rar, d'estirp tan formidable.
2135   Allà ell, pensà, si li causava algun mal;
        d'aquella jove, d'ulls penetrants prou sabria
        el pa que s'hi dóna. Si gosava... ell mateix!
        Iolau, tant punt conegué de la seva arribada,
        no se'n pogué estar, i va córrer-hi a demanar
2140   fins el més petit detall d'aquella aventura
        ja superada. Hèracles fou ben pacient
        i li ho explicà amb pèls i senyals, com volia,
        però amb tants dolls d'humilitat com va poder.
        La cara del noi emmelangí aquell home.
2145   Massa li recordava els rostres dels seus fills
        il·lusionats, en sentir-li fets i vivències.
        No trigà en cercar un racó lluny en soledat
        per enrinxolar-se en la pena, i va alegrar-se
        quan tornà Copreu, amb el dictat d'un nou treball,
2150   frustrant-li la malícia que es desprenia
        provinent del rei. L'herald se'n va estranyar molt;
        li dolia donar aquell report al monarca.
        Ben segur que no n'estaria gens content.
        Ara es tractava de portar una nova fera
2155   a aquell capritxós rei. Demanava el senglar
        d'Erimant, la gran muntanya de xiprers plena,
        on aquest animal campava fent estralls,
        mercès a una grandiositat fora de mida,
        on demostrava una potència anorreant,
2160   imparable i veloç del tot imprevisible.
        Armat d'uns ullals grossos com llunes creixents

capaços d'escorxar boscos sense esmussar-se,
o furgar solcs que una rella faria amb anys.
L'amplada colossal en feia molt difícil
2165   la captura i, per aquest motiu força més
traginar-lo, des de la comarca on vivia,
al palau d'Euristeu. Hèracles ho sabia
i això no el va amoïnar.

                      Parlem de Peleu
perquè és famós donat que és el pare d'Aquil·les,
2170   l'heroi guerrer que a Troia es faria famós;
aquí el pare a nosaltres ens interessa
perquè Peleu, en trobar-se en dificultats,
va rebre el sobtat socors de Quiró, un centaure.
Els centaures eren immortals amb mig cos
2175   amb l'aparença humana i de cavall la resta,
de panxa en avall, amb potes, gropa i caudats.
Molts, la major part, de mala jeia i ferotges
però Quiró era un rar centaure, un erudit
i un savi educant de diverses figures:
2180   Aristeu, fill d'Apol·lo, i primer apicultor;
aquell nascut de Peleu amb Tetis, Aquil·les,
al qui nodriria amb entranyes de lleó
i medul·la d'ós que el pujarien en fantàstic
guerrer imparable; també de Jàson, heroi
2185   a qui veurem, com cap d'una nau, d'aventura
distant i exòtica, on fins participarà
el nostre heroi. Ell, més centaures va conèixer,
menys sabuts, per dissort llur, com prompte veurem.
Primer el treball del senglar, i ja a la gran birrem,
2190   quan toqui, s'embarcarà.

                      Devers la muntanya
d'Erimant, que estatjava el terrible senglar,
Hèracles va resoldre agafar-se aquella tasca,
que apuntava en un marc formidable ideal,
aquest cop d'una manera menys ferregosa.

2195	Com no tenia límit de temps decidí
	demanar aixopluc a un mas que era a la muntanya.
	El va obrir Folos un centaure escardalenc,
	petit i denerit; potser això el feia amable,
	o veure al pas de la porta aquell alt cepat,
2200	abrigat d'una pell de lleó com a capa,
	que engrapava a la mà una clava colossal.
	Nostre home no féu cabal de trobar un centaure,
	i més, perquè Folos fou bon amfitrió.
	L'entaulà i li serví un feix d'àpats riquíssims,
2205	al punt de cocció; sols va trobar a faltar
	regar-ho tot amb un bon vi que fa baixada.
	Hèracles clissà, en un racó a banda, un bocoi
	i demanà un xic de vi d'aquella reserva.
	El denerit centaure es va veure ben mort,
2210	i li confessà no poder pas oferir-li'n,
	donat que pertanyia als ferotges companys
	que estaven treballant al camp davant de casa,
	i que eren molt gasius. L'home ja no insistí,
	però Folos temé que no contingués la ira
2215	i rebés un cop havent dinat. S'arriscà,
	ben rar en un poruc, que si bé era centaure,
	en res més que l'aparença en guardava els trets.
	Però només obrir el bocoi va sentir-se
	una cridòria que s'acostava en ple.
2220	S'obrí la porta, de bat a bat i passaren
	tres o més centaures volent entrar a l'encop.
	Cap volia cedir pas i els primers en veure
	Hèracles a la taula i, amb un got de vi,
	encara van cridar més. Folos va amagar-se
2225	i ja no se'l va veure més. Els nouvinguts
	van abraonar-se contra l'home de la taula,
	cridant qui era aquell que es bevia el seu vi;
	els seus rostres sí que eren d'aspecte ferotge;
	tot eren improperis, cops i rodolons;
2230	per l'heroi, tants li'n venien tants n'apartava,
	fins que les parets del mas no van aguantar,

de centaures que hi van topar, i tot va esfondrar-se.
La lluita no s'aturà per'xò, en van venir
a dotzenes, armats uns amb roques enormes,
2235   d'altres amb destrals de carnisser i amb avets
que havien arrencat de soca-rel en marxa,
mentre venien. L'home no es va contenir
i va repartir estopa sense aturar-se
llarga estona. Fins que dels centaures, per fi,
2240   disminuí el nombre, en fer-se fonedissos;
i, amb tot, de prop van ser seguits sense descans,
sens deixar-los de petja. Uns van triar Malea,
el serrat nevat, i altres van cercar Quiró,
aquell centaure savi amb qui confiaven
2245   plenament, que vivia al mateix Pelió,
tot sol, en una cova d'aquell cim enorme,
on, no molt lluny, un fill dels Titans, d'igual forma
patia un càstig travat.

       El Titans van ser
uns rebels ancestrals contra tots els olímpics
2250   des de configurar-se el naixement dels déus.
De tots ells, durant les primigènies lluites,
un dels Titans va saber estar en neutralitat
i es decantà per Zeus, abans la victòria.
El premi fou ser admès entre els déus a l'Olimp;
2255   mes el pòsit de Tità dins seu romania,
i en veure com castigava el pare dels déus
la humanitat del món, just recentment creada,
privant-los del foc, sols per por que un benestar
els allunyés ja per sempre més d'adorar-los,
2260   ell es rebel·là i va robar el foc en secret,
dant-lo als humans que, sense, eren indefensos
davant de feres superiors. "*Prometeu!-*
el cridà Zeus- *Has traït la confiança*
que t'havia ofert; ara tindràs merescut
2265   *un càstig etern terrible, per la teva actitud*
semblant als teus germans."

                           Hèracles perseguia
        sense descans tots els centaures fugitius
        refugiats al Pelió i trobà la cova
        on tots, els pocs restants, s'hi havien fet forts.
2270   La característica olor equina el va atraure
        i al llindar, aquest cop, a punt d'entrar, preparà
        una fletxa untant-la amb sang de l'Hidra de Lerna,
        i ja en la penombra, abans del foc de la llar,
        sempre acollidora de Quiró, va encreuar-se-li
2275   un dels centaures amb posat desafiant,
        brandint per damunt del seu cap una gran roca
        i l'home no ho dubtà ni un segon, va llençar
        afuat el dard agut, untat de metzina
        mortífera, amb tan mala fortuna que, enlloc
2280   d'aturar el de l'escomesa va depassar-lo
        rere enllà, de dret a la claror de la llar.
        L'enorme centaure anava a picar amb la roca
        quan els dos oponents sentiren d'allà al fons
        grans gemecs, planys i plors. I eren tots dels centaures!
2285   Mentre els dos enemics van posposar el combat
        per anar a la claror d'aquell escalfapanxes.
        Allí varen veure, entre ombres impressionants,
        els centaures entendrits en una rotllana
        cerclant Folos, que era a terra amb un dard clavat
2290   al peu dret: la fletxa perduda enverinada!
        Trencava el cor veure aquelles monstruositats
        tan violentes plorant a llàgrima viva.
        Hèracles aconseguí vèncer aquí també
        la seva resistència i s'acosta al dèbil
2295   centaure ferit. Potser fou veure'l patint,
        o tan desnerit, recordant com el servia,
        revivint un acte íntim semblant més proper
        que es dolgué de l'error, i plorà amb tots els altres,
        trencant el dic ple de llàgrimes retingut
2300   des de feia tant temps. I Folos, quan va veure
        aquell dolor en el seu perseguidor va dir,

          amb la seva veu infantil i temorenca,
          uns mots semblants a aquests: " *No pateixis amic,*
          fa mal, però estic bé" Quiró prengué la paraula,
2305   tenia el dard feridor a la mà i observà:
          "*Puc deduir per la olor que les teves fletxes*
          estan amarades d'aquella sang mortal
          de l'Hidra. Escapar-ne és ben del tot impossible,
          a més, per dissort nostra, aquí som immortals
2310   *i aquest dolor acompanyarà Folos per sempre.* "
          L'home afligit li va demanar quin remei
          podia trobar, allà on fóra, que ell li duria.
          "Cura, no *n'hi ha, però sí un camí remot*
          que ho pot redreçar. I no és lluny. En aquesta serra
2315   *un dels Titans purga un càstig per l'engany fet*
          als déus. Tan sols ell s'avingués a canviar-se
          amb Folos que una de les immortalitats
          dels dos restaria. I Folos preferiria
          no pas la seva, si comporta un dolor etern,
2320   *i el tità, en el canvi, tindria més possible*
          una eternitat immaculada del tot;
          només. . . si obté un descàrrec cabdal en el tracte:
          el més difícil i espinós serà que Zeus
          vulgui indultar el Tità per poder fer aquest canvi. "
2325   Hèracles, amb el seu afany de servidor
          sols va demanar on trobar aquell reu dels olímpics.
          "*Allà on cau en picat l'àliga. Just allà!*"
          El nostre home no calia de cap més cosa.
          Es posà en marxa a l'instant. Ja a l'exterior,
2330   va resseguir el cel per tal de trobar l'àliga
          i sols hi va veure mallerengues, perdius,
          algun puput. . . núvols passant que es desfilaven.
          De sobte, un puntet en el blau immaculat,
          planant a la llunyania, fent giragonses
2335   i, com prenent determini, de cop, caient
          vers un punt d'un vessant allunyat de muntanya.
          L'observador prengué aquella direcció
          però era tan allunyada d'on ell estava

	que no veié el punt just, perdut en l'amplitud
2340	de la contrada. Esperà en una zona alçada,
	amb els ulls visurant fixos el límpid cel;
	de tant en tant girant el cap a banda i banda
	i al cap de certa estona, i de mal al clatell,
	al lluny una au enorme aixecà la volada,
2345	d'un punt encara prou incert del seu aguait,
	però prengué referències: un cert arbre,
	un pendís retallat al fons, colors distints
	i s'hi plantà. El lloc era una gran i ample tartera,
	als peus d'una clapissa amb molt d'esfondrament.
2350	En començar el pendent hi havia una pedra
	dreta amb un home nu encadenat al roc.
	Hèracles féu una ganyota quan va veure
	que l'estómac el tenia tot ell obert,
	esbardellat i sangonós que feia pena.
2355	La resta del cos era colrada pel sol,
	amb la pell encartonada i tenia el rostre
	amb una contorsió cruel de dolor.
	Els seus ulls, en veure'l venir, s'envidriaren
	i la boca féu un lleu somrís afligit.
2360	Amb veu ronca de gola resseca va dir-li
	al nouvingut que no el provés d'alliberar
	perquè era impossible esberlar aquelles cadenes
	que eren fetes a la farga del déu Hefest,
	l'artesà de l'Olimp; sols si Zeus volia
2365	seria lliure; i estava massa enutjat
	amb ell per permetre-ho. Hèracles va explicar-li
	aquella proposta del centaure Quiró,
	i semblà que el tità ara veia un sortida
	al seu captiveri, perquè la seva faç
2370	es va il·luminar d'una llum esperançada.
	En aquest punt tots van alçar al cel l'esguard;
	un vigorós batec d'ales els va interrompre
	i, horroritzat, el nostre heroi va veure com
	aquella àliga, que li havia estat guia,
2375	es repenjava en el muscle del pobre reu

i amb el bec li arrancava un bon tros de fetge,
i emprenia de nou el vol amb el bocí.
L'home indignat es despenjà l'arc de l'espatlla
però Prometeu li cridà: *"Atura't, humà!*
2380 *Aquesta és l'àliga de Zeus, ben protegida*
pel déu senyor amb veu que retruny; qui acompleix
i executa incansable la seva sentència:
treure'm molts cops al dia el fetge a bocinets;
el qual torna a créixer per l'endemà tornar-hi
2385 *i així cada dia fins al final dels temps.* "
Tot i el dolor infligit que aquell Tità sentia
es reviscolà per un afany adquirit.
"Sé com plantejar a Zeus diví aquest canvi
proposat pel teu amic, però no sé pas
2390 *com cridar-li l'atenció perquè m'escolti.* "
Va dir, entre bufecs, aquell pobre turmentat.
El nostre heroi, tot admirat, se l'escoltava
i amb una ganyota i una picada d'ull
el tranquil·litzà com ressolució feta,
2395 fruit d'una ocurrència, durant el camí.
El lleu espetec d'unes ales, trencant l'aire,
es tornà a sentir no gaire estona més tard,
però aquest cop Hèracles llença un dard a l'àliga
i fent veu de tro l'amenaça amb un nou dard,
2400 assegurant afinar més la punteria.
Quan aquell home cridava, com aquell cop
el to evocava el bromeig d'un tro de tempesta;
precisament llavors el dia assolellat
s'enfosquí un xic de sobte, i unes llampegades
2405 auguraven la visita d'un déu potent.
L'home només veié el dia tot ennegrir-se,
i sentí constantment trons cada cop més forts,
i mirà el Tità encadenat, i aquest parlava,
semblava, amb algú que era davant seu mateix
2410 però la tronadissa era tan sorollosa
que si bé ell no sentí cap mot nosaltres sí;
podem fer un bon resum d'allò que allí va dir-se.

```
        Prometeu, d'enginy fèrtil, va pronosticar
        al pare dels déus l'esfondrament dels olímpics
2415    si s'entestava en voler a Tetis fecundar,
        puix llur fruit superaria en poder el pare,
        acabant amb el seu regnat i els altres déus.
        Zeus trobà entenimentada l'advertència,
        puix el Tità era sempre insigne pels seus encerts.
2420    I s'avingué a cedir, primer a Peleu la nimfa
        dels quals, hem dit, naixeria Aquil·les l'ardit
        i, després d'aquell canvi proposat, permetre,
        si un d'ells volia, perdre la immortalitat.
        Però Zeus sols va afegir-hi un únic descàrrec
2425    que Prometeu romangués sempre encadenat
        a aquella roca d'alguna forma, per sempre,
        record de sa voluntat i en escarment.
        El dia, fora d'aquella enorme tartera,
        que era clar i diàfan, s'estengué també allí
2430    i la bonança esbargí aquella tempesta
        local i horrible, com si mai hagués passat.
        Hèracles, encara ensordit per les tronades,
        veié Prometeu desencadenat i franc
        i va comprendre que Folos també era lliure
2435    del seu dolor etern i havia guanyat la mort
        tan desitjada. I abans d'acomiadar-se
        del Tità li va veure clarament al dit
        un anell que abans no tenia; era un tosc cèrcol
        de metall de cadena amb un tros de la roca
2440    on havia estat pres. L'heroi no era tanoca,
        com per treure'n l'entrellat.

                              Tornà al seu treball,
        la tasca feixuga de càstig meritori,
        i s'endinsà en la immensa muntanya de nou,
        rere el rastre del senglar quasi invulnerable,
2445    tan esquiu. No va trigar en trobar un clar senyal
        que n'endevinava el pas tan indiscutible.
        La part d'un bosc esbardellada d'arbres trets
```

	amb les arrels a la vista i els troncs, l'escorça
	dels quals havia estat esqueixada amb el frec
2450	d'una pell aspre i peluda, de pèls com raspes
	capaces de llimar l'acer. Potser d'això
	el senglar d'Erimant, com discret no es tenia.
	L'home de lluny va sentir un fort terrabastall
	que es desplaçava apressat d'una banda a l'altra.
2455	Apropant-se al lloc va veure-hi els resultats;
	destrosses, les corrents. Dellà una massa obscura,
	l'ombra d'aquell demolidor. L'home cridà,
	amb aquella veu tronant seva eixordadora.
	Hèracles l'esperava peu dret, front frunzit,
2460	amb el desig ferm d'aguantar-ne l'embranzida,
	i arribà la mola ben de pressa, cap cot,
	amb els ullals per endavant i els ulls ferotges
	untats de sang, mirant sense veure, perduts;
	i prengué el nostre heroi, dins mateix de l'empenta
2465	i quedà sospès braços i cames oberts
	damunt del musell, entre els ullals blanquinosos,
	menat bosc enllà com testimoni primer
	de la gran destrossa que anava a produir-se;
	fins que els obstacles s'acabaren i alçà el cap,
2470	amb un gest violent de feresa sobtada
	i es desprengué de la nosa del passatger
	molest, llençant-lo pels aires com una fulla
	o cloves del blat volen, en pols, garbellant.
	L'home va comprendre que per aquella bèstia
2475	ell no era res i si volia vèncer bé
	calia urgentment canviar del tot de tàctica.
	Ja a terra es van mirar. Un llençà un esbufec
	amollant un munt de vapor pels narius negres;
	l'altre una ganyota de contundent enuig.
2480	Vingué un silenci blanc com sobtada sordesa
	i van començar a caure flocs freds novament.
	Hèracles recordà la darrera nevada,
	semblava tan llunyana i només feia un mes!
	La llarga solitud l'omplí com d'una llosa

2485	que el llastrejava per dins tot feixugament.
	Just l'animal es tombà, provant d'allunyar-se,
	però l'home, ja mogut, el va colpejar
	amb la clava, dant-li un cop terrible a les natges
	que li va fer perdre l'equilibri uns segons.
2490	D'això se'n va sorprendre un poc i arrencà a córrer.
	La neu caigué amb ganes i prest ho colgà tot.
	Pel nostre heroi feia bo seguir les petjades,
	pel senglar, poc a poc, pel pes, perdia el pas;
	moment abusat per l'home per colpejar-lo:
2495	si l'animal fugia l'home en feia encalç,
	i el picava, i ell fugia, i que tomba i gira,
	cada dia, insistentment, repetint el gest,
	durant força temps fins que va evidenciar-se
	qui va perdre primer l'alè: doncs el senglar!
2500	L'esforç d'enfonsar i alçar de nou les peülles
	a la capa de neu, aquella persistent
	cursa enlloc es va tornar determinativa.
	Exhausta la bèstia no pogué fugir
	i quedà a mercè d'aquell caçador implacable
2505	que l'havia menat on havia volgut,
	ben a prop d'aquella tartera coneguda,
	ara, amb la neu; totalment nova, canviant;
	allí trobà allò que cercava per lligar-la:
	les cadenes que havien lligat Prometeu;
2510	abandonades els donà utilitat nova:
	subjectar i engrillonar el senglar d'Erimant.
	Un cop el fermà del tot tornà caminant
	ben carregat a la vila.
	No fou tornada
	plàcida ni fàcil, el pes impressionant
2515	l'enfonsava a la neu a cada nova passa
	i ja pensava que hauria d'abandonar
	quan clissà un mas ple de bous i vaques robustes
	alimentats per un masover i el seu fill.
	Tiodamant es deia aquell pare. La feina

2520   ho era tot per a ell, cap cosa era més;
       llevat d'això era morrut i força garrepa
       d'allò que havia. En veure l'heroi carrussant
       aquella mola es va veure venir problemes.
       Hèracles li va demanar ajut d'un parell
2525   de bous del ramat per dur el senglar al monarca;
       que un cop allí n'exigiria un pagament,
       i ell recuperaria el servei prou de sobres.
       Tiodamant fugí d'estudi, tot dient
       que el ramat no era seu, i calia que l'amo
2530   n'estigués assabentat per dar el vistiplau.
       Nostre heroi afegí que a l'amo li plauria
       haver format part així de l'extinció
       del senglar d'Erimant i que en tindria fama
       per tota Grècia. Llavors Tiodamant
2535   mostrà el llautó, en burlar-se com una ocurrència
       vana això de creure en fames, puix el menjar
       no vindria d'una fotesa com aquella.
       Posà massa pes en defensar el seu parer,
       cosa que provà que no parlava per altri
2540   sinó que l'amo era ell. Hèracles maldà
       primer a les bones i després va exasperar-se
       quan, al llarg de la conversa, es pujà de to;
       i Tiodamant va perdre els papers, de sobte,
       de tant fer-se amb bous i vaques va alçar el bastó
2545   que duia a les mans i provà de colpejar Hèracles;
       aquest, mogut d'esma, en voler esquivar el seu cop,
       empentà el masover, no controlant la força,
       que sortí llençat topant amb el cap al clos
       d'olivera bequeruda i perdé la vida.
2550   Caigué un silenci i el nostre home tancà els ulls,
       revivint tots els cops d'iguals conseqüències,
       i restà afligit i maleí ser forçut.
       Després dugué el mort al mas. Va veure a la porta
       el fill de Tiodamant. Segut i espantat
2555   i tremolant. Li demanà el nom per calmar-lo.
       Hilas, digué. Parlant va saber que era sol.

         Ningú li quedava. Deixà el mort a la cambra,
         senzilla i humil i va endur-se amb ell el nen,
         els bous i les vaques, fent una comitiva
2560   en silenci, curiosa i extravagant.
         Enrere van deixar el mas i la cleda en flames,
         únic sepeli digne que havia pensat
         i darrer comiat per exculpar la culpa.
         Van trigar dies en ser al seu destí final,
2565   durant els quals Hèracles va saber més d'Hilas.
         No havia pas tingut una vida plaent,
         al costat d'un pare que el tenia com mosso
         més que no com a fill. I tot i rebre cops
         sovint, i que allò per a ell era una aventura,
2570   el nostre heroi es va doldre d'haver-lo tret
         d'una vida normal, i intentà ser-li un pare
         el temps que van estar junts; més curt del volgut.
         El treball es va cloure, deixant a les portes
         del mercat el senglar d'Erimant, i els bovins
2575   que havia conduït tant soferts, en comparsa.
         Llavors, davant l'estupefacció creixent,
         home i nen no van esperar ni ordres ni elogis;
         els calia un descans en pau, molt ben guanyat.

CANT SETÈ
Entre argonautes i gegants.

        Van entendre's i fer truques ben aviat,
2580   i no passà gaire que els van arribar noves
        d'una expedició des de Jolcos a l'est,
        vers unes terres i amb perspectives fantàstiques.
        Hilas va convèncer el nostre heroi i plegats
        van fer-hi camí, oblidant d'Euristeu les dèries.
2585   Pel nen era una peripècia exultant,
        mai havia vist el mar, per fi el veuria!
        Després de tramuntar l'últim obstacle en viu,
        veure'l fascinat fou molt grata experiència.
        Al port, llur destí, tot era diligència
2590   per tenir llesta la nau.

                          De fills no estimats
        se'n troben d'altres casos; així la madrastra
        dels d'Atamant, rei de Tebes, els odià
        volent-los matar, i aquests van poder fugir-ne
        cavalcant un gros moltó alat de llana d'or.
2595   La noia, Hel·le, no sobrevisqué al vol, ell, Frixos,
        s'instal·là a Còlquidea casa d'Eetes, el rei,
        qui, com fill del Sol, en tenia la mirada.
        El moltó, que parlava, considerà el gest
        d'agrair i en pac s'oferí, sacrificant-se.
2600   Deixà la pell o velló, de metall com Sol,
        que és d'on venia, allí penjada, que és l'estable
        d'on el Sol puja al carro diàriament,
        dalt d'una alzina, arbre de Zeus, ben vigilada
        per un drac insomne, dins d'un formós jardí.
2605   Lluny d'allà, al port de Jolcos, el tron l'ocupava
        el vell Pèlias, usurpador previngut
        de perdre-ho tot per un, calçat d'una sandàlia;
        i així que per festes s'hi presentà un nebot,
        entre els convidats, amb una sola sabata;

2610   de nom Jàson, i era fill del germà usurpat,
        Èson, sens saber-se com a hereu legítim!
        Venia mig descalç perquè havia ajudat
        a travessar un gual a una pobre dona vella
        (la deessa Hera, allí d'incògnit que, a més
2615   d'ordir un futur pla dins la ment recargolada,
        odiava, per damunt tot, l'usurpador,
        que havia mort la mare amparada al seu temple;
        Pèlias, veient Jàson, el pensà enviar
        a cercar el Velló d'Or, creient no en tornaria.
2620   El noi convocà amics i aquests d'altres amics,
        per omplir un vaixell birrem anomenat Argos;
        foren cinquanta-cinc, o més, segons alguns;
        i mentre tots van navegar i van estar junts
        es van dir els argonautes.

                                    La fama d'Hèracles
2625   havia corregut com l'aigua enaiga un hort,
        i en trobar-se tots a punt al port van triar-lo
        com a cap de brot. Ell ni s'alçà, refusant
        el lloc en favor d'aquell que allí els reunia.
        Jàson, eufòric, proposà els darrers retocs;
2630   després van repartir els bancs per tal de seure.
        Al nostre heroi i Anceu, un altre gegantàs,
        els van assignar els del mig, sols, sens sortejar-los,
        com equilibri pel pes. I s'ofrenà als déus
        per transcendir al mar. Dels cinquanta-cinc homes,
2635   tots dispars; un, abans fer-se a la mar, mostrà
        dots d'endeví, desgranant l'anada i tornada
        de tots sans i estalvis, tret d'ell, Idmon, de nom,
        que moriria en indret de terra asiàtica.
        Els va plaure amb goig llur destí, llevat del seu.
2640   Malgrat tot, a un altre, que era un bon buscabregues,
        ja en plena alta mar, anà a tocar el voraviu
        a Jàson, que estava amb la mirada perduda
        escrutant el confí que es badava davant d'ells.
        Es deia Idas i el burxà titllant de temença

2645	el posat de l'Esònida. Es brindà cuidar
	la seva persona, i també tota la resta,
	penjant-se certa fama en demostrar el valor.
	D'altres, que el tenien calat, varen socórrer
	el capità, que per prudent restava mut.
2650	I el guirigall creixé, un pèl considerable,
	fins que de cop el so melodiós d'un cant
	apaivagà en sec aquella creixent cridòria.
	La veu cantava com la terra, el cel i el mar;
	Orfeu, l'autor i la veu, musicava amb la cítara
2655	un poema que desgranava sens pensar:
	del principi, dels déus i els Titans, quan encara
	calia enfortir el llamp; i aquells mariners,
	tan rudes i barrilaires van apagar-se,
	seient al seu voltant a escoltar aquella veu,
2660	que els transportava a altres temps, quan eren canalla
	i seien en cèrcol a sentir iguals relats.
	I l'únic infant entre tots ells semblà un home,
	sentint un cant que no oblidaria mai més,
	mentre visqués. Hilas observà aquelles cares
2665	de faccions tan dures uns moments abans,
	que ara, ulls esbatanats i mirades perdudes,
	contenien l'alè i per fi s'hi trobà bé,
	a mida, després tants dies d'empetitir-se.
	L'Aurora abigarrà de taronja i vermell
2670	el cel negre de la nit, senyal d'un nou dia.
	L'Esònida manà a cascú prendre a la nau
	el seu rem. Llavors, diuen, que Argos va queixar-se,
	puix la nau parlava, d'Hèracles i el seu pes;
	conten que es negà a salpar sinó l'expulsaven,
2675	mes no fou allí, va ser fins molt més endavant,
	com ja veurem. Doncs sí, és cert, la nau parlava
	perquè la fusta era dels cims del Pelió
	i, en concret, la que feia de roda de popa,
	feta d'alzina de Dodona, que en secret
2680	portà Atena, sabent-la a Zeus consagrada.
	Quan la proa trencà l'aigua, s'abocà el vi

pregant-li el vistiplau, tot a la vegada.
La nau tastà el mar, cruixí i es van batre els rems
al so de la cítara d'Orfeu, poderosos,
2685   borbollant l'aigua salada a un mateix compàs.
Hilas mirà el confí i no la terra allunyant-se
i clogué els ulls somrient, per viure-ho, agraït.
El lleny depassà un cap tan prest que no van veure-hi
Quiró amb la seva muller, gai de sentir Orfeu,
2690   el seu pupil, al qui proposà l'aventura;
i ara al més nou, Aquil·les, banyaven els peus
mostrant-li la nau salpar. Ja a alta mar plantaren
l'arbre al vaixell, tibat, la vela van badar,
que s'omplí de vent. Mentre els remers reposaven,
2695   durà el cant d'Orfeu, que alçà peixos tafaners
a seguint-los mentre durés la melodia.
Van passar tres, quatre, cinc dies i un matí,
havent passat Tràcia van fer cap a Lemnos,
l'illa dels sintis. Aquests havien romput
2700   l'enllaç contret amb les seves mullers legítimes
per fruir amb captives, guanyades en furts
dels saqueigs de Tràcia; les seves esposes,
ja per aquell temps, havien eliminat,
no sols llurs marits sinó tot llinatge mascle;
2705   curant-se de tal forma d'un càstig futur.
Tots morts, sols el vell rei sa filla va salvar-lo
aviant-lo, en secret, en un bot. Després,
l'endemà fou elegida com a monarca;
dita Hipsípila, vestí del pare l'arnés.
2710   Els nouvinguts, sens saber això, van mantenir-se
allunyats de la costa enviant un herald
que obtingué de l'assemblea expressa de dones
trobar-se sengles caps: Jàson amb la regent.
Mentre ell tornava per dir el resultat, elles
2715   seguiren debatent què fer i una, la més gran,
proposà guanyar el favor dels estrangers fent-los
regals perquè es quedessin a l'illa, suplint
els mascles, però ensenyats, amb molta prudència.

	Ho acordaren perquè aquella vella, amb bastó,
2720	els féu veure com d'important pel futur era
	tenir continuïtat per rebre'n l'ajut
	quan, grans com ella, no es poguessin valdre soles.
	Semblantment dalt del vaixell també s'acordà
	desembarcar per trobar-se amb aquelles dones.
2725	Jàson volgué presentar-s'hi tot ben mudat.
	Dugué el doble mantell porpra, regal d'Atena
	en projectar-se la nau, tenia fragments
	i detalls brodats de moltes escenes mítiques;
	t'hauria estat més fàcil mirar el sol de dret
2730	que encarar-te a la seva potent llum porpra.
	Havent fet terra semblà un estel lluminós
	vingut de la platja. Un cop al palau d'Hipsípila
	la va escoltar atentament, quan explicà els fets
	a la seva manera. Culpà a una deessa,
2735	de fet Cipris Afrodita, del traïment
	dels homes de l'illa, preferint estrangeres
	a llurs legítimes mullers. Per tot plegat
	aquestes, en ser repudiades vagaven
	errants per la ciutat. Llavors la deïtat
2740	els infongué brots d'audàcia violenta,
	per tal de no rebre'ls mai més dins la ciutat,
	i, en venir d'una ràtzia, els van fer avenir-se:
	o triar la llei o bé marxar amb llurs amants.
	Ells van triar això segon i van instar endur-se
2745	llur estirp mascle de la ciutat. "*I obtingut*
	tot allò van marxar i encara són a Tràcia."-
	recargolà la reina. I mirant-lo als ulls,
	li oferí que ell suplís la manca de monarca
	regint la terra, i d'espòs regnés al seu llit.
2750	Semblantment amb les de la ciutat fes la colla
	dels seus amics mariners. Aquests dolços mots
	van amagar la mortaldat contra els seus homes,
	i Jàson cofoi portà aquell tracte a la nau.
	Allí un desig Cipris Afrodita els va infondre
2755	de ser mascles regnant, plaent el déu Hefest,

marit seu, no afí a un regne ginecocràtic.
En desembarcar van anar on els va tocar,
tret d'Hèracles, Admet que estimava la dona
d'allà a casa, i d'Hilas, tots vigilant la nau.
2760 Els dies següents la ciutat s'omplí de festes,
i fum greixós que va alegrar els déus implicats.
S'hagués complert una setmana de disbauxa
però Hèracles féu sentir la veu de tro,
que eixordava i pels carrers colpejà amb la clava
2765 cadascuna de les portes de la ciutat,
cridant: "*Sou cecs? És sang d'un parent que ens allunya
de nostra llar? Tantes suors, per casaments,
oblidant el deure? Que només és la rella
per llaurar terres llunyanes que ens ha portat
2770 fins aquí? Voleu dir que serem gaire il·lustres
fruint sols a Lemnos? El Velló no vindrà
per prendre'l com si res. Au, doncs, tornem a casa
per entomar rialles i deixem al llit
d'Hipsípila aquell qui abans ens comandava;
2775 potser un fill fet a Lemnos li porti renom
que li manca.*" Aquests mots, retronants, els colpiren;
i abandonant llits i tàlems, i amb el cap cot,
varen anar aigua pioc, on l'aigua els peus mulla.
Les dones, plorant, els feien encalç, com rusc
2780 d'abelles eixides. Hipsípila a l'Esònida
li xopà les mans per retenir-lo amb plors
i ell s'excusà amb fets que l'esperaven, de glòries
que ella no entenia. No es van veure mai més.
D'ella, comares de ciutat, descobririen
2785 que havia salvat el pare del dany letal,
la van castigar severament i amb rancúnia,
abocant l'odi que havien acumulat.
Dels dos caps naixeria qui va guardar Lemnos,
ja en temps quan la guerra de Troia esdevingué.
2790 La platja era silenci; només ones curtes
pretenien trencar les incomoditats.
Dins l'Argos, sols Hilas mirà l'illa, salpats,

i en fer-se-liun punt la xuclà el mar.

        Dins del vespre
la nau topà amb Notos, el veloç vent del sud,
2795 que va endinsar-la a l'Hel·lespont, la mar on Hel·les,
la filla d'Atamant, caigué del moltó d'Or;
corrents poderosos i remolins contreien
el camí de la nau. Van trobar un delta gran
i adient com a recer, i canviant la pedra
2800 d'ancorell gastada, per una d'una font,
van passar d'un istme a la terra dels dolíons.
Aquests, comandats per Cízic, l'imberbe rei,
els acolliren al seu port de la península;
tant jove era el rei, que no havia fecundat
2805 la reina, tan jove o potser més que ell, encara;
sopant, els dos grups bescanviaren raons:
els passants van ser advertits d'uns veïns malèvols
que no eren ni de bon tros amables com ells;
i els dolíons van saber el motiu del viatge
2810 dels argonautes. L'endemà es van dir adéu
i Argos partí sempre vers l'oest; quan, de sobte
en un punt que estrenyia el pas, van ser assaltats
amb una estranya pluja de pedres enormes
que van obstruir-los la continuïtat.
2815 Les llençaven com si res uns éssers salvatges
anomenats Fills de la Terra, tots amb sis
braços ferrenys, un parell a cada una banda
dels malucs i un sol sortint del muscle, normal.
Els atipava l'odi d'Hera, la deessa,
2820 per tal de punir nostre heroi, tostemps a punt;
però aquest, sempre a l'aguait, no trigà en respondre
dràsticament. Hilas, guardià del seu arc
li'l donà i l'anà proveint tantes fletxes
com Fills de la Terra, anava abatent, com res.
2825 L'embranzida d'aquests va durar llarga estona
 i a la mortaldat s'hi van afegir els trets
dels altres de la colla, fins que els adversaris

foren delmats. En finir, treballs van tenir
en desembossar tant el dic com la bocana;
2830 sort dels braços incansables del nostre heroi.
Quan la nau ja es veia corrent a tota vela,
vents contraris els van fer recular, i de nou
van buscar els dolíons. Com era nit entrada,
i en ser massa fosca per veure res, entre ells
2835 es van prendre per enemics i els argonautes
van ser fulminants. Hi morí el jove rei,
l'acollidor Cízic, també molts dels seus homes;
la resta varen recular i fins l'endemà
no eixiren de la ciutat. En fer-se de dia
2840 ambdós bàndols es van adonar de l'error.
El dol fou sentit, en una amarga victòria,
pels estrangers que alçaren un túmul al pla,
van plorar i s'arrencaren cabells com dolíons,
potser més. I amb tot la dona del jove rei,
2845 jove també, trià penjar-se a sobreviure'l.
Aquella nit es recordà per sempre més.
Van passar quasi quinze dies sens redreç;
calia esperar quelcom.

                                            Pel cap de l'Esònida
planà un alció que volant crida ventades;
2850 tothom el va veure i van restar muts;
i un dels mariners, versat en aus i llur parla,
desxifrà el presagi. Era un missatge clar
de la Mare Terra exigint-los cortesia.
L'entès guià a Jàson que havia d'esculpir,
2855 en un bon cep muntanyenc, la imatge divina,
i fer ritus i ofrenes per ser-li plaents.
El capità, devot de mena, va ajustar-se
a allò degut dels ritus estrictes divins
a la Mare dels déus, i aviat les ofrenes
2860 van arribar a manifestar el seu benvoler:
els fruiters s'ompliren de fruits caient al terra,
d'allà brollaven flors i gespa a gratcient;

	dels boscos vingueren feres bellugant cues,
	en senyal de pau; i fonts seques van rajar
2865	abundantment. Llavors els vents foren idonis,
	per tal de deixar terra ferma a cop de rem;
	i en començar a vogar, una pugna del tot ingènua
	per lluir damunt dels altres, els va excitar
	remar amb desfici molt temps i així, un rere l'altre,
2870	van perdre, esllomats, llur frèndol damunt dels rems
	i, finalment quedà tot sol el forçut Hèracles,
	animat per Hilas que picava de mans,
	enjogassat; de sobte un so de trencadissa
	i un espetec sorollós fou senyal que el rem
2875	s'havia mig partit. Nostre heroi va quedar-se
	amb una meitat, l'altra se l'endugué el mar;
	ell s'assegué en silenci, mentre Hilas va mirar-se'l,
	afectuosament, quan li mostrà les mans
	sorpreses de tenir-les tant temps ocioses.
2880	Al poc el guaita albirà a proa un llogarret
	i hi varen fondejar; van ser rebuts pels misis;
	desembarcats van copçar l'afabilitat
	dels habitants d'aquella allunyada contrada.
	Guanyada l'amistat foren ben acollits,
2885	els van proveir queviures i hi acamparen
	per passar la nit. Hèracles malhumorat,
	va deixar-los sopant i es va endinsar entre els arbres,
	per trobar-ne un d'on treure-hi un rem prou amanós.
	Vagarejant trià un avet, feixuc de branques,
2890	poc ramat, recordant els bons àlbers esvelts;
	deixà la clava i es desfeu també la capa
	lleonina, a fi d'obrar bé, abraçà l'avet
	amb estrenyor potent, recolzant al muscle
	el ferreny tronc i, d'una estrebada brutal,
2895	l'arrencà amb les arrels i tot i amb pans de terra
	enganxats; i un cop a l'espatlla recolzat,
	recollí la clava i capa i torna amb la colla
	que feien bivac. Hilas, uns moments abans,
	havia anat a la font per proveir l'aigua

2900	de fer el sopar i, perquè el company el trobés llest.
	Resulta que aquella deu era lloc de nimfes,
	on s'hi solien esplaiar amb càntics nocturns.
	Una d'elles, quan el va veure, va mirar-se'l
	detingudament i fou atreta pel roig
2905	vergonyós de les galtes del noi; obsedida
	i com corroïda d'intriga el va trobar
	tan encisador, sota el reflex de la lluna
	damunt l'aigua encalmada que, quan l'escuder
	infant, preuat pel nostre heroi, enfonsà el càntir
2910	i l'aigua amb un xarrup s'hi escolà frisant,
	ella, passant-li un braç per damunt de l'espatlla,
	just quan enllà Hèracles carregava l'avet,
	i amb intenció de fer-li un petó a la boca,
	l'estirà i enfonsà a l'aigua amb un remolí.
2915	El seu crit, Polifem, el fuster, va sentir-lo,
	mentre esperava el retorn del company forçut.
	Va córrer a la deu i sols hi trobà gronxant-se
	el reflex de la lluna; tement el pitjor
	proferí renecs, esbufecs i crits alhora;
2920	es tragué l'espasa i punxà la llum brillant,
	com volent abastar un fruit al fons d'una saca;
	llavors tornava Hèracles, quan sentí els crits
	i Polifem l'ennovà amb la trista desgràcia.
	Dubtava entre estranys o feres, que hagués estat
2925	manllevat, servint-se de tant obscur paratge;
	però estava segur, fos qui fos, aquell crit
	era el seu i no havia pas caigut a l'aigua,
	perquè era bon nedador. Just el nostre heroi
	sentí aquests darrers mots que es va posar a córrer,
2930	havent llençat l'avet, volà a la platja gran
	i quan hi arribà i la veié buida i sola
	llençà un crit enorme d'angoixa penetrant.
	Fent-se l'aurora, el trobà corrent per caletes
	i indrets on poder trobar el seu nen escuder.
2935	La colla alçà el bivac i es disposà a embarcar-se.
	Molts van pensar que Hèracles, amb aquell marrec

i Polifem havien suspès el viatge
davant d'altres profits; alguns van discutir
amb ells refusant del tot aquella renúncia,
2940 i afirmaven que se'ls estava abandonant.
Un d'aquests, Telamó, va anar a burxar l'Esònida,
novament amb l'esguard enllà de proa fix:
"Vols abandonar Hèracles –li digué– per l'ombra
que et pugui fer en tornar del viatge i, l'ajut
2945 que en traiem no sigui prou al teu egoisme.
N'estic ben fart del teu posat de noi superb;
i molt més que ens governis amb la teva fila,
me'n torno. " I féu gest perquè el timoner virés;
doncs sort que els germans Bòreades aturaren
2950 el capità que anava a violentar aquell foll
tant tossut d'ulls de flames, perquè li hauria
tret la vida allà mateix. Es diu, falsament,
que aquells dos germans un dia ho ben pagarien
amb la mort a mans del nostre heroi. No és pas cert.
2955 Però aleshores la tensió va aturar-se,
per l'avís d'un guaita que va fer-los mirar
fora borda. Sorgit del fons, just a flor d'aigua,
Glauc, intèrpret del diví Nereu, treia el cap
pelut i els cridà l'atenció amb veu robusta:
2960 "No us penseu que podreu contradir el gran Zeus
pretenent dur Hèracles davant del rei Eetes,
a ell no li escau el treball del Velló d'Or.
Ell en té assignats d'altres amb Euristeu d'Argos.
Per tant, no tingueu cap més enyorança d'ell.
2965 Ni de Polifem, que prou ja té assegurada
la fundació pels misis d'una ciutat.
Respecte d'Hilas gaudeix de l'amor d'una nimfa
que l'ha fet espòs seu; ignorant-ho aquells
l'han estat cercant i per'xò han quedat a terra. "
2970 Dit això es capbussà i no el van veure més.
I l'ànim crispat es calmà entre els mariners
prosseguint llur viatge.

                    Total vint-i-quatre
           gegants cepats Mare Terra havia engendrat
           de la sang d'Uranos, quan fou castrat per Cronos.
2975   Sempre estaven enfurits contra el seu hereu,
           Zeus, per tancar llurs germans Titans al Tàrtar;
           així que plens de fúria van començar
           a llençar tions encesos i rocs enormes
           a les altures, cosa que alarmà l'Olimp,
2980   Hera, veient la reacció dels olímpics,
           els advertí, recordant-los que cap dels gegants
           no podia ser mort pels déus, llevat de rebre
           l'ajut d'un mortal guarnit amb pell de lleó.
           Ella ho sabia, i nosaltres us fem memòria,
2985   que llavors sols així hi vestia el nostre heroi,
           i Hera se'n dolia molt per les raons pròpies.
           Potser per'xò, afegí que encara aquest mortal,
           sense els efectes que sols confereix la planta
           d'invulnerabilitat, no hi podria res.
2990   I ho sentencià negant saber allà on creixia.
           Zeus no era de perdre el temps i va enviar
           la seva filla Atena, la d'ulls de xibeca,
           a cercar Hèracles i acompanyar-lo, si un cas,
           a un lloc indicat. Després, seriós, prohibia
2995   a Eros, Selene i Hèlios brillar un cert temps.
           Amb la foscor impedí que ningú trobés l'herba,
           cosa que augmentà en els gegants l'enfuriment.
           Quan tot això passava Hèracles romania
           assegut aigua pioc, mirant-se una nit
3000   que ja durava excessivament, mancat d'Hilas,
           el seu escuder. Tenia els ulls ben humits,
           però hagués jurat que una barca s'acostava.
           I sí. Quan la va tenir a prop veié a dins,
           tot i amb la foscor, una nena bogant amb perxa.
3005   De veu endolcida li va demanar ajut
           per trossar la xarxa que duia arrossegant.
           Ell entrà a l'aigua, pujà al damunt de la barca
           i, quan ja es disposava a estirar de l'arneu,

	notà una passió de son extenuant,
3010	que no va pas poder resistir, i va arraulir-se

        notà una passió de son extenuant,
3010   que no va pas poder resistir, i va arraulir-se
        entre les quadernes del llom, i es va adormir.
        Així que no veié la nena com remava,
        increïblement veloç, cap a mar obert;
        tampoc veié que de tant en tant se'l mirava
3015   amb uns ulls refulgents excessivament grossos.
        Quan l'heroi es despertà va veure primer
        la barca embancada a la sorra d'una platja
        diferent, la nena no hi era i els estels
        s'havien desplaçat de forma indiscutible.
3020   Era a l'est. Comprovà si la clava era amb ell,
        la palpà, era amb l'arc. I atret per rere la platja
        s'hi endinsà fins uns arbres i un garrigar.
        Com atret, va trobar, en una gran clariana
        desbrossada de feia poc, un matoll sol,
3025   titil·lant com ho feien al cel les estrelles.
        El mateix impuls que l'havia dut allà
        li va fer arrencar-lo, i curosament guardar-se'l
        al cinyell. De cop va sentir com un mareig
        fent-li aclucar els ulls uns segons, en obrir-los
3030   tot havia canviat, els arbres, matolls,
        el sòl, la fosca nit, no hi eren; era un dia
        radiant de colors rosats difuminats,
        per tot arreu on mirés hi havia núvols,
        blancs, tornassolats, i escampats. . . tot de gegants,
3035   brandant tions aquí i allà, enormes i encesos;
        colpejant l'aire a quelcom que els feia de fre,
        per com escampava, amb el patac, mil espurnes
        centellants; d'altres gegants picaven amb rocs
        l'aire mateix, que en un punt tustava una cosa
3040   que en refrenava l'impuls; ell no veia pas
        els objectius però va entendre que calia
        triar una banda, i va ser el gest d'un dels gegants
        que el va fer decidir no prendre el d'aquells monstres.
        Un d'ells el va veure, malgrat el batibull
3045   d'allò que semblava una batalla terrible,

        i amb una gran penya que portava a les mans,
        com res, punxeguda tota, va abalançar-se
        contra ell, com volent esclafar-lo, tot cridant
        renecs feridors, i de foraster titllant-lo
3050   i intrús; Hèracles aturà en ple vol el bloc,
        i es va sorprendre de com podia amidar-se
         contra l'empenta bestial d'aquell gegant,
        que intentava esclafar-lo sota una gran penya,
        que hauria colgat, pel volum, tot un casal.
3055   Durant uns instants, un, cap avall pressionava,
        l'altre, encarava amb fermesa la pressió,
        obstinat; fart de pitjar el gegant va resoldre
        deixar tot el pes en mans d'aquell esquifit,
        el qual, no tan sols l'aguantà sinó que amb força
3060   estampà el roc a l'empenya de l'oponent;
        si més no va ressentir-se'n, o ben bé ho semblava
        quan amb un espinguet preguntà: "Qui ets tu,
        coi d' estranger? Què hi fas a la plana de Flegra?"
        Aquests mots li van recordar l'oracle fet
3065   per Tirèsies, quan era petit. Predeia
        que a la Plana de Flegra seria al costat
        dels déus contra l'embat dels gegants. Va comprendre
        que aquells esclats d'espurnes, escampats arreu,
        eren els entrexocs divins, quan repel·lien
3070   les escomeses, i va sentir-se obligat
        a demostrar i fer avinent la seva presència.
        Prengué la base del peu planer del gegant
        i l'alçà notòriament, amb nova empenta,
        fins una alçada que considerà adient
3075   per fer-li perdre, de ben segur l'equilibri;
        però tot fou endebades, estranyament
        el gegant es mantenia dempeus i reia
        de l'ocurrència d'aquell "foraster esquifit"
        Mentre el nostre heroi, estranyat reflexionava,
3080   sentí com a cau d'orella i de lluny estant,
        una veueta clara que li demanava
        l'atenció. Es tombà i veié la nena lluny,

           la d'aquell bot, que bracejava atrafegada,
           esquivant els cops de tronc d'un altre gegant.
3085   Parlà calma i ben freda a allò que li passava.
           Li va explicar que no perdés pas, sobretot,
           el matoll que havia collit, perquè atorgava
           al posseïdor la invulnerabilitat,
           cosa cobejada pels gegants que podria
3090   fer decantar aquella batalla a favor seu.
           Hèracles premé el seu cinyell i palpà l'herba.
           La defensaria a ultrança! Després sentí
           com la nena, amb ulls grossos com plats, referia
           el nom i els dons del gegant que ell tenia en front.
3095   Es deia Alcioneu i ningú podia vence'l,
           mentre el seu cos toqués el sòl del seu país;
           doncs d'aquí dir-li estranger, tantes vegades.
           No esperà més. Havent el gegant palplantat,
           cames obertes, majestuós, com una muntanya
3100   davant seu, capalt, orgullós, braços plegats,
           l'agafà de sobte per damunt les clavilles
           i l'alçà, amb la nova força, amunt uns quants pams,
           prenent-lo tan de sorpresa tot alhora
           esdevingué: alçant-lo, es va quedar aturat,
3105   perdé la força i atònit no desféu els braços,
           mancat de tot vigor, cosa que el nostre heroi
           aprofità per córrer allà on assenyalava
           la nena Atena. Com era a prop dels confins
           del país on es trobaven l'hi dugué dòcil
3110   i sens problemes. I un cop allí l'estampà
           amb un cop de clava que li tragué les ganes
           de tornar a gallejar amb ningú per sempre més.
           La sotragada féu que s'esberlés la terra
           i, tot i clivellada i erma, d'aquell sòl
3115   en va brollar una deu d'aigua ben cristal·lina,
           que a més d'un viatger encara avui treu la set;
           des llavors sempre se n'ha dit la font d'Hèracles.
           D'allí estant, sens perdre temps, refeu camí.
           Ja de tornada la batalla no minvava;

3120   ell cercà amb la mirada la nena dels ulls
       tan grossos, just en aquell moment quan saltava
       Porfirió, un altre gegant, des del damunt
       del pinacle que havien erigit de roques
       els seus companys. Al punt on va caure s'omplí
3125   d'esclats i la cara de la nena d'angoixa;
       era allí, ben a prop, i com dient que el cop
       havia topat amb olímpics malferint-los.
       El gegant va córrer deixant-la de costat,
       vers un punt que es féu clar just en passar-hi.
3130   Dissipats els núvols d'aquell punt es veié
       una dona al sòl, de sobines, amb postura
       indefensa i desorientada, amb gran por,
       damunt la qual el gegant saltà amb les ganes
       d'escanyar-la. El camp visual es va ampliar,
3135   fora entrebancs i la resta de les boirines,
       i hi entrà un nen amb un arc petitó apuntant
       al gegant una fletxa tota ella daurada;
       aquella dona es debaté ferma i audaç
       sota aquella mole, amb els seus dos ferrenys braços
3140   de blancor extraordinària. El dard del nen
       es clavà al muscle del gegant, i en adonar-se
       que havia errat i, enlloc de llençar-ne un de plom,
       tancà els ulls i premé els llavis amb gran angoixa.
       L'error provocà un gran desfici al gegant,
3145   puix els de plom daven rebuig a qui tocaven;
       amb els daurats però infonia passió.
       D'aquí que Eros s'afligís en veure l'error
       que havia comès. El gegant ple de delera
       arrencà la roba de la dona per tal
3150   de satisfer l'excitació que el prenia.
       Ella esmaperduda llençà un crit angoixant,
       i un gran fàstic li va fer tancar les parpelles;
       de cop no notà l'alè pudent del gegant;
       quan obrí els ulls el veié volant pels aires,
3155   i al seu costat Hèracles amb la clava, a punt
       de dar-li uns brins de roba esquinçada del terra,

       amb una ganyota de calma afinitat.
       Hera es tapà i mirà aquell forçut que odiava,
       llavors hi veié les traces del seu marit,
3160 li havia fet contraure amb aquell un deute
       que li doldria no sap quan, de satisfer.
       Hèracles no restà al seu costat ans ja estava
       tornant a la brega contra Porfirió,
       quan el veié blanc d'un llampec que provenia
3165 d'un racó del camp de batalla i el sabé
       aviat per Zeus; llavors va prendre una fletxa
       i la llençà contra el gegant mig atordit
       que, en entomar-la, ja no va tornar a aixecar-se.
       De nou se li féu avinent aquella veu
3170 de la nena que li deia: *"Ben fet, escolta:*
*   gegant que vegis colpejat llença-li un dard*
*   afinat i mortífer, només tu, amb l'herba*
*   que he indicat pots matar-los decididament.*
*   Nosaltres els podem colpejar i prou.* " I mentre
3175 un nou gegant sobre Ares s'havia imposat,
       fent-lo agenollar, el jove Apol·lo ho va veure
       i li estampà una fletxa a l'ull, tot llençant
       un avís a Hèracles, que va clissar l'espurna
       al cap del gegant, i entengué el requeriment,
3180 amollant un dard just a l'ull que li quedava,
       deixà Enfialtes, que així es deia, ben mort.
       Després d'aquest gegant en van venir molts d'altres,
       allà on esclatava una resplendor ell un dard
       enviava amb la mort. Dionís va tombar Èurit
3185 amb el tirs; Hècate, de Tràcia vingué
       i cremà el gegant Cliti amb les seves torxes;
       Hefest escaldà Mimant amb un tupí ple
       de metall fos, i Atena aixafà, amb una pedra
       un gegant lasciu repugnant de nom Palant;
3190 en tots els casos la feina era rematada
       amb contundència pels dards del nostre heroi.
       Com quan Hermes mig derrotà el gegant Hipòlit
       i Àrtemis entatxà de fletxes Gratió,

| | o les Parques, que no haurien pogut les testes
| 3195 | d'Agri i Toant, esbardellar com varen fer;
| | tampoc Ares. Zeus, per molts llamps que llançava,
| | tots varen haver de menester el cop final
| | d'Hèracles; sols Hèstia i Demèter, a banda,
| | alienes a la contesa en un racó,
| 3200 | mortes de por, no els va caldre el mortal efecte;
| | amb tot van tenir sort perquè en certs moments,
| | quan algun gegant depravat se'ls acostava,
| | ell els deixava mal parats. Els gegants morts
| | van ser soterrats en istmes, illes, llacunes
| 3205 | i volcans, d'aquí que algun pagès, tot llaurant,
| | en desperti un temps els fogots de flamarades,
| | vestigis de la cruenta lluita que fou.
| | En no quedar més gegants, una son profunda
| | de nou va prendre el nostre heroi completament,
| 3210 | caient rendit, com nosaltres per la fatiga.

CANT VUITÈ
Fems

      Mentre durà el son, com si res, la seva amiga
l'avià en un instant al palau d'Euristeu,
i allí va trobar, meravellats, dos dels guardes
que no entenien com els havia esquivat.
3215 El varen portar en presència del monarca
que estava més visiblement malhumorat
que del costum; li etzibà, sense preàmbuls,
un reguitzell de retrets de l'incompliment
del deure, com a mer súbdit que li devia
3220 obediència; ell l'escoltà pacient,
fins i tot es negà a informar-lo dels viatges
recents, quan li va exigir explicacions,
de com no l'havien trobat fins aleshores.
Mentre rebia aquell xàfec de penjaments
3225 es palpà el cinyell distretament, escoltant-lo,
i va notar que no hi tenia aquell matoll
tan valuós; sols tocà un tros de fulla seca
que es va esmicolar entre els seus dits amb un cruixit,
arrencant-li un somrís que molestà el monarca.
3230 *"Ara veig que la teva purga no et convenç,*
i tots els treballs designats no saps les penes
i el cost i el desfici requerits, per trobar
el punt més just a la teva causa concreta;
comporta perdre el son, i també negligir
3235 *les tasques pròpies de qualsevol monarca,*
i moments perduts de vida familiar,
tots irrecuperables. Per tu poca cosa
que et permets desaparèixer i després tornar,
com si res. Per tu, veig, tot és una fotesa,
3240 *una burla envers els altres a qui et deus.*
Recorda que estem compromesos a esmenar-te
per uns actes execrables, que mai enlloc
s'haurien de perdonar. La teva família. . ."

	En aquest punt va veure els ulls guspirejants
3245	d'Hèracles en una de les seves mirades
	més terribles. Euristeu llavors prengué por

        En aquest punt va veure els ulls guspirejants
3245 d'Hèracles en una de les seves mirades
        més terribles. Euristeu llavors prengué por
        i anuncià el següent treball tenyint les frases,
        mirant que la quequesa creixent no es notés.
        "Doncs d'acord amb el poc respecte que ens demostres,
3250 *a l'hora de complir nostres requeriments,*
        hem buscat un treball senzill, i per la zona,
        que et serà adient i afí al teu tarannà
        poc respectuós: et caldrà fer la neteja
        dels bons estables d'Augias, nostre veí.
3255 *És tasca de gent humil i d'on pots aprendre*
        humilitat; per tal de rebaixar els teus fums,
        l'hauràs de realitzar sencera en un sol dia.
        Fes-t'ho com vulguis però compleix aquest punt."
        Euristeu, com si s'hagués tret un pes de sobre,
3260 aquí respirà profundament, esperant
        una reacció mínimament visible
        en l'altre, però no passà; aquest va sortir
        de la sala, decididament i en silenci.
        Euristeu s'escarxofà al tron i féu un gest
3265 amb els dits que Copreu, amatent, va percebre.
        S'acostà al monarca i escoltà tots els mots
        que li xiuxiuejà, malgrat no haver-hi públic.
        Aquell rei vincladís tenia l'habitud
        de cuidar, tots els detalls de les seves ordres
3270 amb pulcritud extrema. Així li va ordenar
        seguir discretament nostre heroi i, esbrinar-ne
        qualsevol motiu, per tal d'impugnar el treball
        com a correcte. Copreu complí amb un cremall
        al cor i de mala gana.

                Arribat a Èlida,
3275 Hèracles anà a parlar amb Augias de dret.
        Aquell rei era el més poderós de la terra,
        en quantitat de bestiar; per voluntat
        divina, tant els seus ramats eren immunes

a malures, com fèrtils extremadament.
3280 D'això, i una deixadesa en la seva cura
i netedat creava una gran quantitat
d'excrements per cada racó de la comarca,
a més d'una insalubritat molt alarmant,
que no semblava afectar a aquell rei el més mínim.
3285 Altre cosa era en masovers, pastors, veïns
que sentien la seva vida perillar,
puix tot era infectat: pous, deus, fonts i les granges,
causant un mal viure arreu del tot evident.
Els pagesos no podien ferir la terra
3290 amb l'arada, ni sembrar-hi gota de gra;
la gent molesta no semblava anguniar-lo,
aquell rei ignorava tothom, egoistament.
Ostentava ple d'orgull uns tres-cents braus negres
potes blanques i dos-cents sementals rogencs,
3295 més dotze braus deguts al déu olímpic Hèlios.
Hèracles va comprometre's davant del rei
a netejar els seus estables abans del vespre,
a canvi, d'una dècima part del ramat.
Augiases va desfer de riure, en sentir-lo,
3300 i, com donant fe, davant del seu fill Fileu,
recalcà: *"Jura complir-ho abans del vespre."*
L'interpel·lat jurà pel seu pare; primer
i darrer cop que emprà aquesta fórmula,
per tal de ponderar de segur un jurament,
3305 puix la seva paraula era inqüestionable.
Amb una ganyota d'enuig deixà el tancat,
convocà els majorals i féu que dirigissin
tots els ramats vers ambdós vessants encimats,
de l'ampla vall circumdant tota la comarca;
3310 i els ordenà romandre-hi fins entrada nit;
del mas principal es dirigí a la serra
que tancava la vall, a tall com de paret,
en sentit contrari a l'única obertura,
que era la mar llunyana. Baixaven dels cims
3315 dos rius molt cabalosos d'aigües embravides

| | que flanquejaven la comarca pels costats;
| | allà, al bell mig, tota la terra de pastura
| | era embrutada d'informes masses de fems;
| | Hèracles seguí un sender pudent de brutícia,
| 3320 | mentre es deia què feia, als pagesos d'allí,
| | suportar aquella tant persistent pestilència,
| | com la que ara estava entomant. Recordà els mots
| | d'Euristeu i pensà que, una tal circumstància,
| | ni el més humil pagès n'era mereixent.
| 3325 | Arribà a un punt, prou alçat, que les dues ribes
| | circumvalaven escolant-se estridentment,
| | tot esbromant, no gaire lluny una de l'altra.
| | Llavors, d'esquena al puig, o simple paravent
| | que les separava, començà a treure terra,
| 3330 | al·luvions, còdols, roques, blocs en bocins,
| | més terra amb palets, senyal del pas de l'antiga
| | força fluvial, abans de ser dues lleres.
| | Amb els seus poderosos dits gratava a pler,
| | arpejava, arrencava, furgava i més treia,
| 3335 | i tot era remenar, escarbotar i furgar;
| | com res, era admirable i feia por de veure
| | tot el desfici que esmerçava sens descans.
| | Potser, no enganyo, va estar-s'hi quasi mig dia
| | i ja a mitja tarda, als vorells de l'esvoranc
| 3340 | tan ample i immens, varen començar a aparèixer
| | xorregalls i degotims a tots dos costats;
| | indicis de l'esfondrament improrrogable
| | que es vaticinava. Ell no defallí, seguint
| | un ritme igual desencrostant l'antiga llera;
| 3345 | primer als peus, després les cames i ja a mig cos
| | s'anà colgant per l'aigua que guanyava alçada,
| | sens parar mai. Fins que un terrabastall sonor,
| | per una esllavissada de la paret dreta ,
| | obrí la via per on s'escolà un dels rius
| 3350 | que es féu acompanyar, no molt més tard, per l'altre,
| | que hi entrà per l'esquerra retrunyint com foll.
| | Hèracles, amb l'aigua glaçada a mitja panxa,

	es garfí de l'antiga illa i hi pujà damunt,
	tota ella amb els fonaments descarnats de roca.
3355	Assegut a aquell puig es mirà l'esvoranc
	com s'omplia amb velocitat prodigiosa,
	ensorrant parets, empentant pedres i rocs,
	potser un xic més ràpid que no ell feia una estona.
	El soroll era eixordador i ell, tot rient,
3360	es mirava els efectes de la seva feina
	amb satisfacció. Un cop omplert l'esbornac,
	l'aigua s'anà aplegant i es va fer tota ella ample,
	ocupant la gran plana entre els dos antics rius
	i els cabals respectius, alimentant-se d'aigua
3365	i fent-se un sol riu, colossal, enorme, immens.
	El volum creixé inundant-ho tot, com riuades
	sobtades estivals; i actuà descarnant
	matolls de palaguer, sempre d'arrels ben curtes,
	però no pas ni boga ni els ferms alocs,
3370	avesats a aquells embats i, de mica en mica,
	l'aigua començà a desencrostar el munt de fems
	de la plana, dels camps, dels camins i les eres
	i s'ho va emportar tot riu avall, fins i tot
	les diverses cledes del rei Augias, brutes
3375	des de feia tant temps de no haver-se rentat,
	varen perdre la pàtina de greixum fètid
	que les farcia. Les aigües amb els detrits,
	ràpidament lliscaren pel ple cabal únic,
	tenyides de marronoses formes surant.
3380	Els majorals, damunt dels vessants, s'ho miraven
	amb els ramats, meravellant-se d'aquell fet.
	No sospitaven que el nostre heroi fos la causa
	de tot aquell extraordinari devessall;
	els més vells tenien records de barrumbades
3385	semblants, feia molt temps, algun estiu remot,
	però mai havien passat sense una ploguda,
	i no se'n sabien avenir. Cap el tard
	van veure baixar, encara amb la llum del capvespre,
	Hèracles que els agraí molt haver ajudat

3390	i els demanà si estaven bé. Ells el miraven
	estranyats, pensant si estava ben salat,
	deixant-lo per boig. Arribat davant d'Augias,
	reclamà la seva paga i no s'estranyà
	de veure-hi Copreu al costat; no sospitava
3395	que el missatger d'Euristeu estava al corrent
	de com s'havien fet els tractes; el va creure
	testimoni del reeiximent del treball.
	El rei Augias refusà pagar; d'entrada
	al·legant que l'havia enviat Euristeu,
3400	i ell s'hi devia com a tasca de penyora.
	Després, ja esperitat, negà haver-ho pactat
	i el nostre heroi, estranyament, s'ho prengué amb calma
	i reclamà dur-ho a judici. De fet,
	sols format el tribunal, fou sol·licitada
3405	la presència de Fileu, el fill del rei;
	i sentit el seu testimoni el monarca
	seguí negant-ho tot, i a més va suggerir
	que havien estat els déus fluvials la causa
	d'aquell prodigi. Hèracles no va voler
3410	sentir res més i, ja marxava, quan el monarca
	l'expulsà del país, juntament amb el seu fill,
	titllant-los de mentiders. Mentre ja marxaven,
	el nostre heroi pensà sinó havia deixat
	per treure una brutícia més incrustada,
3415	tant o més pudent, en eixa sala daurada.
	Mes no s'acabà aquí.
	L'esperava Euristeu.
	Just entrar a Tirint l'esperava en audiència.
	També hi havia Copreu, del qui hagués dit,
	tenia la seva mirada atribolada:
3420	però venint d'un home impassible com ell
	feia de mal dir. El monarca sí somreia,
	i s'escurà la gola en començar a parlar.
	"Has realitzat tota la tasca encomanada
	però, m'ha dit un ocellet, que n'has volgut

3425 *treure un rèdit negociant-ne un benefici. "*
Hèracles es mirà Copreu, tot trasmudat,
cap cot i ensalivant. El rei ja prosseguia:
"Aquest no és pas un comportament tolerat
en la nostra relació. Els teus compromisos
3430 *no inclouen treure'n partit, llevat del perdó,*
i només quan hauràs finat les teves tasques,
satisfactòriament. Llavors t'he de dir
que l'incompliment d'acords establerts m'atorga
la potestat de negar-te de nou aquest
3435 *treball en el còmput final, que consistia*
un total de deu treballs, com n'has incomplert
dos representarà doncs incrementar en dues
tasques noves el capmàs absolut final. "
El nostre heroi, si acabava d'enutjar-se
3440 no ho demostrà. Traient-ne dos dels cinc treballs
representava que sols tres eren comptables.
Deixà anar una ganyota que dissimulà
posant-se de braços plegats, amb la postura
més desafiant que pogué representar.
3445 Euristeu enfosquí tot el posat invicte
que havia dibuixat al rostre i afegí:
"L'encàrrec nou que et fem consisteix en fer fora,
del llac Estimfal unes aus que hi han niat
i que intimiden la població veïna.
3450 *Et resultarà familiar i semblant*
al treball que acabem suara d'anul·lar-te,
perquè també defequen perillosament. "
Hèracles sortí llavors, però el sentí riure
sorollosament, mentre marxava. Euristeu,
3455 sol amb Copreu, trobà enginyós el comentari
que acabava d'etzibar, sense precisar-hi
que eren excrements mortals.

                      Doncs aquelles aus
eren com uns becplaners però rapinyaires,
carnívors amb ales de plomes de metall,

3460	que podien esbatre igual com llancem gotes
	sacsejant les mans; de metall urpes i bec,
	I el bec, tot i poc agut, qualsevol cuirassa
	la podia perforar, ni que fos d'aram.
	Ben establertes al llac Estimfal, fugien
3465	de predadors del seu país i llur atac.
	Planaven per la zona, sovint en bandades,
	per a matar tant persones com animals
	amb llurs projectils i, per si fos poc, buidaven
	uns excrements tòxics de verí, malmetent
3470	les collites de la gent, així com les aigües
	bevibles. També aquest cop, uns quants rabadans
	varen posar al dia Hèracles d'aquestes dades,
	en veure'l arribar, la qual cosa va fer
	que entengués aquella sobtada riallada
3475	d'Euristeu. Les aus freqüentaven un marjal
	prou espesseït com per privar que una barca
	s'acostés al punt on niaven i, amb flonjor
	suficient per dificultar el pas d'un home
	marxant a peu amb perill de ser-hi xuclat.
3480	Les estimfàlides s'hi movien ben còmodes,
	gràcies a les cames llargues i al seu pes
	equilibrat precís. Hèracles, de la riba,
	pensava com poder-hi obrar inicialment.
	Uns rabadans van estar amb ell fins hora baixa,
3485	aleshores tots es varen anar excusant:
	que havien de tancar el bestiar dins les cledes;
	una que havia de fer el sopar als seus germans,
	un que era mort de son, una altra que era sola
	i havia de matinar... Quan el nostre heroi
3490	li semblà sentir tants comiats com persones,
	i es veié ja tot sol, clissà una dona gran
	que amb pesantor se li recolzava a l'espatlla,
	per seure al seu costat, silenciosament.
	"*Vós no heu de feinejar a casa?*" –va demanar-li,
3495	Hèracles, sorprès. "*Ni tinc casa, ni ningú*
	que m'esperi. Jo ajudo tothom que calgui.

I sembla que ara qui em necessita ets tu."
Ell va somriure agraint-li la companyia
i així li ho féu saber. Però aquella velleta
3500 ja estava inclinada buscant dins d'un sarró
quelcom, que en prendre-ho, feia una gran dringadissa.
"*Tinc un amic molt destre en fer enginys de metall.
L'altre dia em va fer aquestes enciameres
per tal de servir àpats a tots els pastors,*
3505 *quan fem rotllana. Té.*" Li donà uns plats metàl·lics
lluents, una mena d'escuts, però en petit.
"*Mira, com tenen anses, també fan de tapa,
es poden agafar. Així, sí, un a cada mà.
Ara els pots colpejar entre si, i veure'n l'efecte.*"
3510 "*Així?*" Preguntà ell, buscant l'aprovació.
Quan es tombà, la dona que l'acompanyava
ja no hi era. Es veié ridícul, mes provà
quin resultat produïa la temptativa.
Picà entre si, sense esma, aquells dos platerets.
3515 Per la seva força el so que s'hi va desprendre
va ser un estrepitós tremend dringueig sobtat.
Clara fou la conseqüència immediata.
D'arreu de tot l'estany de davant seu s'alçà
un estol formidable espès d'aus estimfàlides,
3520 que havien estat en repòs allí mateix
dalt del marjal, perfectament imperceptibles.
I amb l'aleteig, també uns xisclets eixordadors
varen omplir tota l'escena d'aquell núvol.
Hèracles pensà que li caldrien molts dards
3525 per poder tombar aquella sorollosa plaga
però, tot i així va posar-se a tirar amb gust
les fletxes del buirac. Ja bé prou pensaria
al moment, quan li'n faltessin, com actuar.
De moment semblava efectiva la destresa
3530 que aplicava; cada au tocada queia al llac,
cosa que volia dir: cos tocat mort segura;
aquesta idea el va esperonar a prosseguir.
De totes totes no li seria tan fàcil,

	després d'aquell primer ensurt, l'estol es llençà,
3535	planant, contra aquell intrús, fent-li una passada
	per damunt, i llençant-li una estiba mortal
	de plomes esmolades de metall, a sobre.
	Es posà a la gatzoneta, instintivament,
	i amb els platerets alçats, com per protegir-se;
3540	i sort en va tenir! Les plomes ganivet
	que hi van topar hi rebotien amb persistència,
	però cap els va fendir ni abonyegar,
	i ni tan sols fer-hi una nímia rascada.
	Un gavadal s'havien clavat al voltant
3545	com mates de cebollí, lluents, no pas verdes.
	Ara seria de mal moure's lliurament.
	No era passat el primer embat que ja en rebia
	un segon, més mortífer i peculiar.
	Algunes aus, planant damunt seu, defecaren,
3550	conscients de la seva letal facultat.
	Pels regalims caiguts, els platerets servien
	d'igual forma, i amb la mateixa eficiència
	el varen protegir de qualsevol mal.
	Aquella dona havia estat molt oportuna,
3555	es podria dir, fins i tot proverbial,
	i Hèracles va començar a sospitar qui era,
	però no s'hi capficà, els assumptes presents
	requerien la seva atenció precisa.
	Tot al voltant d'on es trobava era un aplec
3560	de funestes restes, que el poder recordaven
	d'aquelles aus. Lliscaven tot de degotims
	d'excrements dels platerets que, així que tocaven
	el terra, fonien el tros expel·lint fum,
	que val a dir era d'una olor repulsiva
3565	i asfixiant; passat l'interval de l'atac
	era el seu torn, i amb l'arc reprengué l'ofensiva,
	llençant tantes fletxes com aquells becplaners
	van permetre, abans no van tornar l'escomesa.
	Aquest estira i arronsa durà llarg temps,
3570	en el qual el nostre heroi s'adonà amb sorpresa

que el seu buirac no s'arribava a buidar mai,
per moltes fletxes que llencés. Va atribuir-ho
a l'atans d'aquella dona, en tenir-la a prop.
Recordant-la, incorporà a la seva estratègia
3575 repicar fortament amb aquells platerets.
Això semblava molestar a les estimfàlides,
al punt de desorientar-les en ple vol.
Més tard l'estol minvà de forma perceptible,
i ell no tenia ni una esgarrinxada enlloc.
3580 Havien sofert llargs atacs ambdues bandes,
i la perseverança va donar els seus fruits.
Tots aquells becplaners rampinyaires optaren
per una indigna fuita, i no els van veure més.
Espantats pel soroll, traspassats per sagetes,
3585 inaptes de poder aturar aquell home sol,
ni de ferir-lo, van desistir i emprengueren
la fugida envers un altre país llunyà,
d'on s'arribarien a extingir ja per sempre,
pels efectes de la batalla que hem narrat.
3590 Molt més tard, en tornar els pastors, entre les dones,
el nostre heroi hi cercà l'amiga dels plats;
no hi era, ningú sabé a qui es referia,
i es coneixien tots! Qui sí s'hi presentà
fou Copreu; aquest cop com un mer testimoni,
3595 i en tingué proves fefaents del resultat
positiu: a part de tota aquella escampada
de plomes de metall i restes d'excrements
coents, els armenters van testimoniar
que el nostre heroi havia fet una proesa,
3600 i li van dar el poc que havien i allotjament.

CANT NOVÈ
El Brau i les eugues. D'hostes i hostalers.

        Ara us diré que el constant afavoriment
        diví per Minos venia perquè el seu pare
        era Zeus i la mare Europa. Com a rei
        afillat a Creta, sempre gallardejava
3605 d'obtenir benifets de qualssevol dels déus.
        Així quan, ja per demostrar el seu dret al regne,
        anuncià que obtindria el de Posidó,
        féu construir un altar aigua pioc per provar-ho
        i va instar que el déu enviés un brau del mar.
3610 De seguit va sorgir, nedant devers la vora,
        un gran brau de color tot blanc immaculat.
        Havia promès al déu del mar immolar-lo,
        com oferiment agraït; se'n va desdir,
        faltant a la promesa i el déu aleshores
3615 va fer embogir el brau i que també assolés
        tota l'illa de Creta. Ho féu a consciència:
        pobles arrasats, camps destruïts i els illencs
        molts van morir enforcats a les seves banyes,
        tant dones, homes com nens. Minos demanà
3620 ajut als quatre vents, fins que aquella notícia
        arribà a Euristeu, que encarregà al nostre heroi,
        sabent-ho un treball complicat i ben difícil
        capturar el gran brau i portar-lo davant seu.
        Hèracles va salpar vers el sud-est des d'Argos
3625 i el trajecte fou ben agradable i prou curt.
        Posidó va atorgar-li bona singladura,
        tement la ira del seu poderós germà Zeus,
        sabent que pel nostre heroi en tenia estima;
        una altra cosa era el seu dret de venjament
3630 per l'ofensa de Minos al seu sagrat culte.
        En això podia esprémer tot el magí
        i val a dir que n'ordí una crua venjança.
        A part de la feresa en que imbuí el brau

                    demanà l'ajut del seu petit nebot Eros
3635   per tal de ferir amb un dard daurat el cor
                    de la dolça Pasífae, dona de Minos.
                    Aquesta, amb la sageta clavada, fixà
                    tot el seu ardent desig en ser posseïda
                    pel brau blanc enviat del mar per Posidó.
3640   Tot en ell: la seva feresa, el seu cossatge,
                    la blancor i, sobretot, els brutals atributs
                    d'una sexualitat potent i tremenda,
                    l'entossudien en rebre'n la junció.
                    Sols comunicà l'antinatural desfici
3645   a Dèdal, l'enginyós artesà de palau,
                    i encara embolcallat de subtils subterfugis.
                    El menestral s'havia guanyat amb escreix
                    la família reial, mercès a unes nines
                    animades de fusta, que havien sorprès
3650   i delitat tothom pel grau de meravella
                    i enginyeria. Li construí un motlle gran,
                    articulat, amb un delicat mecanisme
                    que simulava una vaca, folrant-lo tot
                    de pell vacuna, dant-li real aparença;
3655   potes amb rodes amagades als unglots
                    permetien el trasllat de tot l'artefacte.
                    Pasífae es va situar a l'interior
                    i Dèdal la menà i deixà prop de Gortina,
                    el lloc on pasturava el brau de Posidó,
3660   festejant les vaques de Minos. Aquest era
                    a Mègara, lluitant contra Nisos, el rei
                    d'aquella llunyana contrada, on la princesa
                    Escil·la donà el seu amor a l'atacant
                    i, perquè en resultés vencedor, va tallar
3665   al seu pare, el rei, un cabell daurat que el feia
                    invencible i, així Minos guanyà el combat.
                    Ell, seguint el seu tarannà voluble i infame,
                    va perjurar el compromís que havia contret
                    amb la princesa i l'apartà per traïdora;
3670   fins i tot, perquè el seu record no es fes present,

l'arrossegà amb la nau, enfonsada a la quilla.
Posidó, commogut i, esperant el seu torn,
l'afranquí convertint-la en au emplomallada
que encalça naus, diuen, buscant el rei cretenc.
3675 Mentrestant als prats de Gortina, Pasífae
obria al darrera d'aquell estri uns batents,
tal com li havia explicat l'enginyer Dèdal,
ensenyant la part que volia satisfer
i el brau blanc la va prendre i deixà complaguda.
3680 D'aquesta unió en naixeria un monstruós
ésser cap de brau i cos humà que duria
de corcoll aquell rei que ja arribat al port,
rebia el nostre heroi, aliè a aquests assumptes;
amb l'ànim resolt de complir aquell treball,
3685 del qual en sabia tan poc al capdavall,
que ara amatent se l'ennovava.

                           Hi ha una coma,
al vessant de solell, on solen pasturar
ben calms els ramats bovins les llargues jornades.
Allí troben per péixer les herbes i flors
3690 que més els agraden. Just allí es trobava
el brau blanc, enviat per Posidó del mar,
el brau que seria el pare del Minotaure,
el monstre que Pasifae daria a llum;
el brau veié arribar al vessant de la muntanya,
3695 nostre heroi amb la clava i pell de lleó;
l'instint li va dir que s'acostava la brega
del dia, i es posà en guàrdia remugant.
En ser al relleix Hèracles baixà de l'espatlla
la clava i la posà dreta, just davant seu.
3700 Es mirà l'oponent amidant-ne la força.
Era un brau imponent de cos tot musculós,
amb potes ferrenyes, plenes de vigoria;
de peülles lluents i la cua semblant
a un trenat fuet fustigador, acabada
3705 en un plomall, com tot ell, blanc viu, oscil·lant.

113

Alguns músculs del tors, de potents sobreeixien
i li daven un cossatge prou corpulent,
per témer tenir-hi ni tan sols un encontre.
El coll poderós semblava ell sol concentrar
3710 tota la potencialitat d'envestida,
semblant una base de columna d'altar.
El cap, gran i enorme, era d'acord amb les banyes
que el flanquejaven, refistolades amunt,
però punxegudes com fiblons d'argelaga.
3715 Els narius exhalaven bafs de vapor moll,
acompanyats de bufecs estridents terribles.
I els ulls eren d'una amalgama de colors
que en prenien un o altre segons quin ànim
al seu cor enèrgic bategués. Ell no va
3720 amidar el talent del nouvingut, tan sols d'esma
abaixà la testa i furgà amb la mà el terreny,
senyal d'una imminent càrrega esclafadora.
Hèracles ja l'estava esperant, quan arrencà
el xoc que es volia de força tronadora,
3725 però el brau no comptava amb la clava, el seu cop
fou espectacular, just sota la mandíbula,
cosa que li féu alçar amunt el cap banyut
i aclucar els ulls d'una dolorida ganyota.
Aleshores el brau blanc tot va ensopegar
3730 i caure de genolls. Llavors sentí com l'home
li prenia les banyes i movia el cap,
mentre ell feia grans esforços per resistir-se.
Un premia les dents grunyint pel gran afany;
l'altre esbufegava sonores bafarades,
3735 intermitents caldes i humides, pels narius.
Un llarg moment, que a tots dos semblà interminable,
van estar bregant qui podia moure el cap,
qui podia alliberar-lo. Ara la testa
embanyada l'orella apropava del sòl,
3740 adés orgullosa vers el cel apuntava
amb el musell humit. Un angle descuidat
va permetre al brau, de sobte i de cop, endur-se

	el molest oponent, arrossegant-lo un tros
	de relleix, a un marge on el garrigar i alzines
3745	maldaven per créixer sota els rajos del sol.
	El nostre heroi era endut com res, a desgana,
	sense deixar de garfir les banyes del brau,
	fregant els dos talons i parant amb l'esquena
	tot el matollar punxegut i brancallós,
3750	d'aquell tram de relleix pla. No trigà en topar
	el dors a un gran roc, contrafort de la muntanya,
	estriat i tallant com aguts ganivets.
	El brau va empènyer llavors amb molta més força,
	acostant el front al ventrell de l'oponent,
3755	el qual, ben lluny de defallir, va apuntalar-se
	premut a la penya per passar, diligent,
	les mans dels corns a sota d'ambdues aixelles,
	i finalment amb els palmells al pit del brau;
	amb totes dues potents cames doblegades,
3760	i amb els genolls endavant, convertí el cos
	en un alçaprem humà que, amb força increïble,
	va alçar el brau fins que va quedar cap per avall,
	a terra, i amb les potes del darrere enlaire;
	pel brau la situació era vergonyant,
3765	malgrat no quedar en tot el relleix ni una vaca
	per testimoniar-ho, havien fugit
	ben espantades, més que no pas decebudes,
	totes en manada, per un serpentejant
	camí dret que es perdia a dalt de la carena.
3770	La humiliació encara fou més present
	quan, de tenir-lo alçat i potes enlaire,
	el nostre heroi afluixà la presa de cop
	i deixà que, amb tot el pes, s'estavellés al terra,
	val a dir no gens flonjo, per ser un prat menjat,
3775	que ni les mates creixents de roures i alzines
	van fer prou coixí perquè la galta del brau
	aürtés contra el terreny de forma estrepitosa.
	De mala manera quedà tot aquell cos
	musculós i fort en postura rebregada,

3780	i una vegada i una altra el va alçar com res
	i l'estampà a aquell planell aspre de pastura.
	De masegat esdevingué dòcil mansoi,
	com, tristament, corrobora la violència
	en els esperits indòmits poc disciplinats.
3785	El rei Minos havia fet dur unes grans cordes
	que varen servir per estacar-li les potes
	i Hèracles, un cop lligà el brau amb els llibants,
	se'l carregà a les espatlles per traslladar-lo,
	i plàcidament l'emmenà fins el vaixell,
3790	ancorat al port on tant serè l'esperava.
	Tant mariners com vilatans, vinguts al port,
	van meravellar-se de la seva arribada.
	Mentre el carregava a la nau, aquells primers
	van esporuguir-se veient les sacsejades
3795	que els feia fer el brau, només posar-lo a bord.
	I la canalla del port estant es petava
	de riure en veure'n saltar a l'aigua més d'un,
	mort de por. Arribà Minos, amb un llarg seguici,
	a temps d'agrair al nostre heroi el servei.
3800	Quan veié la nau, que a l'horitzó s'ajuntava,
	el rei respirà alleujat d'haver-se llevat
	aquella espina. No podia imaginar-se
	què es gestava, al ventre de la seva muller,
	un malson encara pla molt més terrorífic:
3805	l'assot del Minotaure, fill d'ella i el brau
	que s'allunyava pel mar i que, amb tot, deixava
	un dolor al regne, que ni tancat a un laberint
	n'obtindria la calma. Però aquest assumpte
	no ens escau perquè aquí tractem del nostre heroi,
3810	i tot al que ell envolta, el qual, ja de tornada
	a Argos, cercà Euristeu i no el va trobar pas.
	Novament, en saber que duia el brau de Creta,
	s'omplí de por i buscà un refugi prou segur
	en una cambra que es féu construir hermètica,
3815	pels moments de pànic extrem, prou sovintejats.
	Copreu, en el seu nom, agraí la lliurança,

	remarcant més que altres cops l'amabilitat,
	sabent que Euristeu, des d'allí no el sentiria.
	Hèracles, val a dir, se'n va ben malfiar
3820	i, en veure que no se li manava altra cosa
	per fer, decidí esperar el proper treball
	amb els seus. Un cop fora, Euristeu va aparèixer
	darrere del tron. El rei va voler oferir
	aquell brau blanc a la deessa de blancs braços,
3825	però ella sentia basca per tot allò
	que pogués glorificar el llegat del nostre home,
	i imbuí a Euristeu el desig d'afranquir
	la bèstia terrible. Tothom s'estranyava
	d'aquell procedir i, val a dir, amb gran raó,
3830	perquè un cop va ser lliure el brau creuà tot Argos
	i s'allunyà fins Marató i moltes ciutats
	sentiren el seu furor; molts homes i dones
	van morir enastats per l'enorme banyam,
	durant la seva fuita homicida. Alguns diuen
3835	que Androgeu, primogènit de Minos, també,
	però el cert és que foren enveges atlètiques
	els motius de la seva mort i, malgrat tot,
	el brau blanc finalment topà amb Teseu, un jove
	que seguiria en accions el nostre heroi,
3840	el qual vencé el brau amb increïble coratge,
	definitivament, i el va sacrificar
	o bé a Atena o Apol·lo, segons uns o altres.
	Apuntem que Teseu matà així pare i fill
	perquè a Creta ja havia mort al Minotaure.
3845	Nosaltres, com és dit abastament, seguim
	un altre propòsit, i no pas un de prim;
	així doncs prosseguim.
	Copreu, no trigà gaire
	en ser enviat diligentment, també obligat,
	a notificar, fil per randa, una altra tasca:
3850	aquesta consistia en capturar uns cavalls
	del rei dels bistons, en Diomedes, a Tràcia

i portar-los a Euristeu. Sense més detalls,
l'emissari deixà el sofert trescador impàvid,
que començà els aparellaments adients
3855 pel llarg viatge. De fet li serví d'excusa
per defugir el dol de la casa, amb la mor
de forma natural, però massa sobtada,
del seu padrastre Radamant, del tot recent,
i els planys d'Alcmena, la seva mare, entristida
3860 pel gran afecte que li havia agafat,
puix era afectuós marit tant com bon pare;
per'xò el nostre heroi es volcà en els entriquells
amb els cinc sentits. Va sospesar que es tractava,
aquest cop, d'una incursió com enemic,
3865 perquè els bistons eren batussers i de témer,
àvids de ràtzies entre els pobles veïns;
però ell tenia ganes de cantar-los clares,
ja feia temps. Tot viatjant, fou informat
pels companys mariners que, en concret Diomedes,
3870 tenia en gran voler quatre eugues d'un conjunt.
Les quatre eren animals ferotges, i es deia
que el rei les nodria amb carn d'hostes nouvinguts
als qui acollia, guanyant la confiança,
i que feia matar per servir d'aliment
3875 a aquelles eugues carnívores, que esperaven
l'àpat en estables amb menjadores d'aram,
lligades amb ferrenyes cadenes de ferro.
De Diomedes feien córrer que era fill
d'Ares i Cirene i les eugues un obsequi
3880 del seu pare, d'aquí llur tarannà brutal.
Podia ser, però Hèracles no va immutar-se,
obtingué com voluntari un acompanyant,
Abder es deia i, segons sembla era fill d'Hermes;
en arribar allí els van encerclar uns bistons
3885 que rient els van portar davant del monarca.
Era fàcil veure que aquell rei repugnant,
destraler i llardós desprenia en la mirada
tota la culpa dels seus objectius ocults,

	que no sabia amagar. I amb tot, el nostre home
3890	simulà plaure's del seu tosc acolliment.
	Mai un hostatger seria tan fals i hipòcrita.
	Després d'un àpat els van donar allotjament,
	amb la consigna reial que, arribant l'albada,
	fossin tots dos esbocinats per fer menjar
3895	a les seves estimadíssimes quatre eugues.
	El nostre heroi i el company d'habitació
	van tenir cura de despertar-se a trenc d'alba
	i s'esquitllaren fins els estables reials,
	sense ser vistos. Allí van estassar els mossos
3900	i, trencades llurs cadenes, van acostar
	les eugues al mar. Mentre Abder les vigilava
	Hèracles escombrà els bistons perseguidors
	i prengué com hostatge el propi Diomedes,
	d'entre els perseguidors, per dissuadir els nous.
3905	Llavors el dugué on els seu company l'esperava,
	quan hi arribà va horroritzar-se amb enuig
	en veure que aquelles quatre eugues maleïdes
	havien devorat Abder en un descuit.
	El rei, contra natura, es va fer un tip de riure
3910	i així que sentia com reia, el nostre heroi,
	va mirar els ulls d'aquelles bèsties horribles
	i va veure-hi unes enormes ganes de sang;
	amb un glop de fàstic intens donà una empenta
	a aquell home miserable, que caigué just
3915	al redós brutal d'aquelles quatre afamades,
	que se li varen abraonar de seguit,
	i amb un llarg i horrible carnatge es cruspiren
	aquell monarca mesquí entre crits i plors
	fins que es féu el silenci i sols van quedar-ne els ossos.
3920	Hèracles, en aquest punt, posà un morrió
	a les quatre harpies i les dugué al navili,
	que l'havia portat a aquella terra amarga.
	La tornada es va fer més feixuga i més llarga,
	recordant el fidel perdut.

                                En un respit
3925   a Tessàlia havien de fer escala uns dies
        per tasques d'adobar uns rems i manteniment.
        Hèracles va alliçonar el just tracte a les eugues
        i es dirigí a casa d'Admet, un amic
        mariner expedicionari dels argonautes;
3930   vulgué visitar-lo en record d'aquells temps.
        Apol·lo el tutelava i també afavoria
        perquè fins llavors n'havia sigut esclau
        a servei. Resulta que el déu matà ple d'ira
        ciclops, faedors del llamp del seu pare Zeus,
3935   perquè uns d'aquells van matar Asclepi, el seu fill,
        un expert coneixedor de la medicina,
        tots els secrets de la qual podia esbrinar.
        Veient els ferrers morts, Zeus condemnà Apol·lo
        a servir Admet de vaquer, com foraster;
3940   el déu n'havia rebut tantes avinences,
        que quan acabà el càstig se'n sentí deutor:
        primer l'afavorí fent que totes les vaques
        li parissin bessons. Després, el va ajudar
        a casar-se amb Alcestis, front les discrepàncies
3945   del seu pare; o, quan la nit de noces, el llit
        conjugal, enlloc d'oferir-los un lloc plàcid,
        el varen trobar estranyament farcit de serps;
        ell, sabent-ho ira de la seva germana Àrtemis,
        n'obtingué el perdó. Finalment li va oferir
3950   el do, davant de la mort, d'intercanviar-se
        amb un altre mortal i, fins d'enganyar els Fats!
        Ara, feia un mes, Admet caigué en malaltia
        que es complicà i, veient ja propera la mort,
        no aconseguí cap substitut, ni els seus pares,
3955   vells i octogenaris, llevat de sa muller,
        Alcestis, qui imposant-se a Admet, n'arrencà el canvi
        i morí i anà als inferns. Res podien fer
        ni Apol·lo ni cap altre déu dels olímpics.
        En aquest punt Hèracles és quan va arribar.
3960   Només creuar el llindar, trobà l'amo de casa

amb semblant atribolat i vestit de dol.
Davant l'alegria del nouvingut féu cara
d'amagar el mal que el prenia, i van conversar
un moment, recordant les mútues vivències,
3965 i anècdotes plaents que els havien unit,
però defugí contar la causa amagada
de la seva pena. Ho disfressà recordant
que estant assedegats els mariners un dia
del retorn, van trobar el consol en una deu
3970 que els nadius prenien d'Hèracles trobada.
"*Fins i tot, sense tenir-te allà ens vas salvar*"
Admet estrafeu un somriure barbollaire,
cercant dintre seu un record que en fos model,
on nostre heroi no hi veié el sofriment intrínsec.
3975 En canvi alguna gent, d'entre el seu servei,
s'estranyà de versemblant tansemenfotisme.
De tota manera Admet no pogué allargar
eixa conversa, i cedí la tasca d'atendre
el company vingut a un dels criats veterans.
3980 Abans del comiat momentani encara
entomà allò que havia tant temut, i així
va rebre un fibló en una pregunta de l'hoste
que li costà esquivar. "*I aquest dol, amic meu?
No serà per un dels teus pares d'edat fràgil?*"
3985 "*No. Ambdós tenen bona salut*" "*I la muller?
Alcestis?*" "*D'ella et faria doble resposta*"
"*És morta, doncs?*" "*Et puc dir és viva i no n'és*"
"*Parles foscament*" "*Perquè es lligà a una promesa*"
"*Vols dir aquella de morir per tu?*" "*Això.
3990 Doncs com vols que visqui, havent fet aquest tracte?*"
"*No la ploris abans d'hora*" "*Ploro qui cal,
que ha mor primer, enlloc d'aquell que primer calia.*"
"*Algú dels teus ha mort?*" "*Una dona*" "*¿És parent,
o d'una altra casa?*" "*Era, sí, d'una altra casa,
3995 i s'havia emparentat molt al meu casal*"
"*No et vull fer errar el dol*" – I Hèracles féu per girar-se.
"*On vas?*" "*A una altra llar on no fer-hi destorb*"

"*No amic, no. Que em vols ofendre?*" "*En casa afligida
un hoste és carregós!*" "*No aquí. T'allotjarem*
4000 *lluny dels qui la ploren*" I Admet va dirigir-se
a un servent: "*Porta l'hoste a les cambres del fons
i cuida't que tingui tot allò que li calgui!
Tanqueu l'eixida, que no senti res d'aquí.* "
I Hèracles es deixà conduir i allotjar-lo,
4005 i va rebre a cor que vols beguda i menjar.
I celebrà tenir un amic tan formidable
i acollidor. Havia quedat tan ressentit
pels tractes rebuts d'hostatgers més poderosos
que, amb un esperit del vi i àpat suculent,
4010 va oblidar els mals tractes del rei Minos a Creta
i aquell acolliment del Diomedes fals,
acomodant-se en ser atès, extralimitant-se
en rialla i soroll. Els criats, que al servei
el peixien, n'estaven dolguts pel seu amo.
4015 "*Mira que n'he servit d'hostes i nouvinguts
i mai com d'aquest n'ha estat tan gran la molèstia*"
"*I la coïssor que dóna al nostre senyor*"
La cara pagava i, malgrat la terbolesa
del nostre heroi barrilaire, en un veié un gest
4020 que prengué com despit, i l'agafà de banda,
per retreure-li poc tacte en seguir complint
les ordres del seu senyor en la seva persona,
a qui es devia a mantenir-lo content.
El criat replicà no estar per alegries
4025 i que era amb dolor servir millor al seu senyor,
més bé que no altra cosa. Hèracles va rebatre'l
al·legant que la morta era estranya al casal,
i com tots els de casa eren vius els devien
relegar tantes penes. "*Vius?Gens de tristor*
4030 *n'hauríem si fos tal com dius, que massa ens toca.* "
"*Com? Així vols dir que el teu amo m'ha enganyat?*"
"*És massa bo, i massa es marfon pels altres sempre,
que el meu senyor, sí t'ha amagat la veritat!*"
"*Dius que m'ha tractat indignament?*" "*No era cosa,*

4035	ha cregut, de barrar-te l'entrada amb el dol"
	El nostre heroi, aquí, perdé la paciència
	i prengué pel pit el servent i l'alçà amunt,
	amb ulls guspirejants i cridant amb veu forta:
	"Ara digues, qui d'aquesta casa s'ha mort!"
4040	"La seva dona plora, l'amo Admet!" "Malhaja,
	ai pobre amic fidel! I encara m'heu servit?"
	"Per ordre seva" "Ara on és, que vaig a trobar-lo?"
	"Potser allà on és ella enterrada hagi tornat;
	a la via principal; just entrar a la vila,
4045	hi ha el tombal ben a la vista de tothom;
	hi va molt; va i hi torna, molts cops al llarg del dia. "
	I Hèracles sortí en estampida cridant:
	"Pobre amic meu" Amb els muscles tibats i rígids
	tornà als carrers de l'anada, ara amb poca gent,
4050	pensant on anava, sabent què trobaria,
	desconeixent com actuar. Va ser senzill
	localitzar el lloc; com esperava, una làpida
	lluent, nova de trinca, marcava el fossar.
	Tot i pocs transeünts no era pas solitari.
4055	Apol·lo ho tenia tot previst feia temps,
	des que el nostre heroi sortí del bosc amb la cérvola
	de Cerínia. Primer l'heroi s'estranyà
	que a ningú no sobtés la sinistra figura
	a l'espona del tombal. S'hi posà al davant;
4060	l'encaputxat, inclinat damunt d'un cadàver,
	en seguia xuclant la sang àvidament,
	segur que ningú mai podria arribar a veure
	trescar el Geni fill de la Nit, germà del Son.
	En una mà duia un floc de cabells tots rossos,
4065	el tribut d'Hades de la víctima jacent,
	regal previ a dur-li, com a nova presa,
	per tal d'habitar al Pla d'Asfòdel, l'avorrit
	i etern estatge dels morts. L'hora era oportuna
	per aturar la tètrica tasca final.
4070	Apol·lo tenia vedat intervenir-hi,
	però confiava en els dots del seu germà

	de pare. Hèracles no va esperar i va llançar-se
	damunt del Geni Tànatos i l'estrenyé
	ben fort en una abraçada, tot impedint-li
4075	deseixir-se'n. L'obscur encofurnat, sorprès
	es redreçà tot i el ferreny pes del nostre home,
	i encara que el tenia ben pres per l'esquena
	Tànatos girà del tot la testa i mirà,
	amb uns ulls infernals i encesos per les flames,
4080	el rostre proper del seu ingenu captor.
	Aquest sí, s'esgarrifà, en tota l'espinada,
	més per percebre-hi una visió de l'infern
	que per temença. El dolor i la desesperança
	dels prou vius per ser morts, dispesers del futur,
4085	i la ràbia pel que sentien va omplir-lo
	i no afluixà l'abraçada. Primerament
	Tànatos trobà que era un gest del tot inútil,
	però quan volgué deseixir-se'n novament
	i no va poder, aleshores sí va comprendre
4090	que amb aquell home, d'aspecte rude i viril,
	una força incomprensible l'acompanyava
	fent-lo invencible; i amb por per la integritat,
	li va demanar què volia amb tant de frèndol.
	I el nostre home exigí, per lliurar-se'n com pèndul,
4095	quelcom que tenia a mà.

        Un temps d'anar i venir,
Admet trobà a faltar el seu hoste, i amb sorpresa,
i abans no s'envilís castigant algun criat,
el va veure venir pel carrer amb una dona,
coberta d'un vel tot opac, de cap a peus.
4100   Hèracles no esperà que l'amic obrís boca
que ja parlà ell: "*M'has ferit enormement,
pensava que la nostra amistat era a prova
d'adversitats i que si et dolia res
m'ho faries avinent.* " "*No sé quina cosa. . .*"
4105   "*Calla! No has pensat que el teu dolor era ben meu,
si te'l callaves.* " "*Bé. Has sabut la meva pena*"

"Per'xò jo hi vull posar remei" "Penses que pots?
Et recordo avesat a cercar alegria
en tot moment, i ara mateix jo no puc pas..."
4110 "Calla, et dic! Si vaig estar feliç aquells dies
era per enterrar un dol tan gran com un pou;
sí, potser amb vosaltres mariners va semblar-ho,
però no vaig poder i quan he sabut el teu
i que el callaves, com jo sovint també feia,
4115 he cercat una cura, si més no per tu."
"M'ofens si penses que portant-me una altra dona..."
"Prou, calla! No saps qui sóc jo? Jo, que em marfonc
pels apesarats, puc fer coses impossibles;
i ara vull fer-te rebre aquesta dona aquí,
4120 al teu generós casal." "Què ets boig? Et conjuro,
no trairé mai la meva morta, per Zeus!"
"Només et demano que siguis tu qui l'entri.
M'ho deus. Sóc el teu hoste. tinc aquest desig
i amb ordres de polidesa així t'ho demano."
4125 "Jo no puc tocar-la, però té el meu permís."
"Jo sols puc confiar amb la teva mà sincera.
Dóna-li la mà, per entrar." "Doncs val, l'estenc"
Admet, girant el cap, prengué la mà d'aquella
envelada desconeguda i el nostre heroi,
4130 en constatar-ho i, veient que el llindar creuava,
i eren dins, digué a Admet: "Ara guarda-la bé
i un dia pots dir, si vols, que vas tenir un hoste
generós." Dit això llevà a la dona el vel
i Admet llavors va veure davant seu Alcestis
4135 que el mirava somrient, i ben poc sentí:
"Amic, no podrà pas parlar-te fins que els númens
divins subterranis l'hauran desconsagrat,
i això serà el tercer dia. La benaurança
resti sempre amb vosaltres, que us la mereixeu."

CANT DESÈ
De les amazones a Troia

4140 Fart d'entomar tants bons resultats, Euristeu
va decidir encarregar en conjunt dues tasques
a l'encop, i a llocs ben allunyats entre si,
per com tenir el seu odiat cosí fora,
el més apartat possible del seu costat.
4145 Aquells vuit treballs realitzats fins aleshores
havien comportat anys de duració,
però l'afany del monarca per rabejar-se
en constrenye'l sota la seva voluntat,
no tenia aturador. Potser si la cara
4150 del nostre heroi hagués expressat cert dolor,
la seva satisfacció fóra acomplerta,
però aquell posat pacient, indiferent
realment el treia ben bé de polleguera.
El primer dels dos treballs ara proposats
4155 vingué de la seva filla petita Admeta.
Aquesta era una clara prolongació
evident del pare; pujava retorçada,
amb idees properes a causar dolor
entre aquells pobres servents assignats a ella.
4160 Val a dir que obtindria un cert redreçament
en un futur perquè, afí a la deessa Hera,
en seria la sacerdotessa a Tirint,
i a la mort del seu pare, fugiria a Samos
enduent-se la imatge de la dea allí,
4165 per salvar-la d'una destrucció ben clara
a mans de profanadors de divinitats;
un cop van ser trobades, la deessa en ella,
obraria el portent que cap perseguidor
pogués arribar a moure la talla sagrada,
4170 cosa que va fer entendre que el poder diví
volia que les deixessin sanes i estàlvies.
Però ara era una nena d'esperit cruel

	i proposà al seu pare una tasca difícil
	d'aconseguir, prou fins i tot pel nostre heroi:
4175	portar-li, com a regal, el cinyell d'Hipòlita,
	la reina de les amazones, del llunyà
	país del riu Termodont, tocant al Mar Negre.
	Orgullós per la pensada d'aquest treball,
	Euristeu va besar el front de la seva filla,
4180	després ordenà que Copreu fos acceptat
	entre les rengleres dels expedicionaris,
	amb dues úniques comeses importants:
	fer d'observador, sens participar en cap cosa
	i sols, si la tasca es complia, anunciar
4185	la propera destinació i nova empresa;
	mentre ell caldria que tornés amb el cinyell,
	demostrant que la fita ja era aconseguida.
	Hèracles actuà com tots els altres cops,
	sens mostrar enuig per aquelles recargolades
4190	pensades que al cor el ferien tant i tant.
	Llençà veus entre gent de mar per enrolar-los,
	obtenint tant bona resposta que va omplir
	deu naus de mariners frisosos d'aventures.
	El seu nebot Iolau vingué com dels primers,
4195	content de tornar a veure en acció el seu oncle.
	Va portar l'espasa que amb l'Hidra fou cabdal;
	tot i que el nostre home preferia la clava,
	ell li'n recordaria l'efectivitat.
	Entre els vinguts alguns de qualitats ben útils
4200	com Peleu, sí el pare d'Aquil·les, d'esguard
	tan precís que ho veia tot abans que cap altre;
	o l'imparable i esmunyedís Telamó.
	També i, com el primer cop que els dos coincidiren,
	vingué Teseu, l'heroi atenès, molt semblant
4205	al nostre heroi, però concretament més jove,
	i no un heroi de fets menys espectaculars.
	Llavors feia poc que havia lliurat a Atenes
	de l'amenaça del brau blanc de Posidó
	duia Pirítous, un amic inseparable

4210 amb qui s'enfrontaria a tants i tants perills.
Hèracles veia aquells joves vinguts com fills,
i això li duia neguit.

De les amazones
direm que eren dones que van fer un regne a part
dels homes, que eren filles d'Ares, o així deien,
4215 per la bel·licositat del seu tarannà;
vingudes del Caucàs van fundar a Capadòcia
un estat a les ribes del riu Termodont;
amb tres ciutats vitals prop del llac Mareotis,
dominant fins la Mar Negra grans regions.
4220 Els homes hi eren exclosos; si un cas, feien,
un sol cop l'any, ràtzies entre els seus veïns,
els gargareus, per poder ser-hi fecundades,
però el propòsit d'aquestes relacions
era simplement per conservar-ne l'espècie,
4225 donat que els seus fills mascles eren mutilats
o se'ls deformaven els braços i les cames,
per tal de tenir-los tots incapacitats
d'insurgir-se, i servir-se'n per serveis domèstics.
Les nenes, en canvi, pujaven aprenent
4230 les tècniques del combat i l'ús de les armes,
arribant a una destresa sens parangó,
en tot allò relatiu al caràcter bèl·lic.
Les caps eren terribles, la més trivial
era molt similar sinó les superava.
4235 Llurs gestes guerreres no les poden comptar
ni les dues mans, esmentarem sols que Troia
se'ls rendiria, quan Príam era un infant;
val que després la van perdre, però la gesta
pot eclipsar la de l'aliança dels grecs,
4240 que van trigar uns deu anys en tenir-ne el domini,
i tot i així se'n van endur mèrits com mai
fent que oblidés la història aquesta més ardida.
Llur reina Hipòlita era bonica sens mida,
com atroç dins dels combats.

	L'expedició
4245	salpà cap al nord, i a un punt vers l'est tombaria
	sense dificultats remarcables per dir;
	això sí, els portà molt temps, per la distància
	que va recórrer: Direm que, en un primer port
	on féu escala, a l'illa de Paros, vivien
4250	quatre fills de Minos que eren com ell, arters,
	i que van pagar amb la vida haver mort uns homes
	d'Hèracles, mentre agafaven aigua a la font.
	Pujant i, ja a través de l'Hel·lespont, la ruta
	fou familiar al nostre heroi, recordant
4255	llunyana la singladura amb els argonautes;
	també van passar l'estret del Bòsfor, fent cap
	a la ciutat de Mísia on, hostes de Lico,
	el seu rei, nét de Tàntal, en bregues immers,
	rebé del seu agraïment preuada ajuda,
4260	tot guerrejant contra els bèbrices, uns guerrers
	batussers de mena, guanyant terra ocupada,
	per al monarca. D'allí van abastar el port
	de Temiscira, seu d'amazones del nord,
	ciutat de la reina Hipòlita.

	S'admiraren
4265	mútuament els dos pobles, en arribar.
	Les amazones, veient mariners tan joves,
	musculosos i de formes tan juvenils,
	van sentir-hi una atracció quasi instantània.
	Igualment els nouvinguts van ser enlluernats
4270	per aquelles dones guarnides de guerreres,
	amb cossos imponents dins d'arnesos brillants;
	formoses, més que l'anterior, cadascuna,
	de tal bellesa com ferotge era l'esguard,
	aparellades d'escuts, arcs i llances llargues,
4275	garfits amb destresa i amb gran seguretat,
	expectants a una ordre per mudar llur natura,
	a l'instant. Atent per mantenir la dretura

Hèracles temia els seus.

Prompte aparegué,
enmig de totes les altres, la reina Hipòlita.
4280 Duia el casc emplomallat al si del braç dret
i la llança garfida fort amb la mà esquerra,
sols com a maniobra de distracció,
perquè era ambidextra i així descol·locava
l'enemic. Tenia un rostre formós, serrat,
4285 amb un nas refistolat simulant tendresa,
també ho feien els seus ulls esfilagarsats,
dos horitzons tacats de mar embravida
pel cim, de color verd, de temporal passat.
Somreia amb llavis prims rojos, que s'enfosquien
4290 deixant entreveure unes dents blanques sublims.
Va deixar la llança recolzar-se a l'espatlla
per passar-se la mà per darrere el clatell,
i fer oscil·lar la trena negra per l'esquena,
tot sacsejant el cap de costat a costat,
4295 sens perdre de vista un nouvingut del passatge
de la nau. Hèracles retornà un lleu somrís,
però més aviat era una maniobra
de cortesia perquè aviat els seus ulls
van clavar-se al cinyell que la reina ostentava,
4300 cobrint-li tot mig ventre per dessota els pits;
la visió arrencà en l'home una lleu ganyota,
que la dona respongué amb una altra semblant.
El silenci trencat per la dringadissa
d'armament exhibit, i amazones corrent
4305 confegint formacions bèl·liques compactes,
d'ordenats dibuixos geomètrics al moll
es va acabar amb l'esmunyiment de la passarel·la,
lliscant des de la borda de la nau al port,
on hi va colpejar, amb un previble estrèpit
4310 que no alarmà ningú. Per ella hi van pujar,
amb pas segur, la reina i una altra amazona
d'un marge de la formació; realment

```
         es tractava d'Antíope, la seva germana;
         la tàctica l'empraven sovint per cobrir
4315     la importància reial d'aquesta segona,
         i afermar la pervivència del regnat.
         Hèracles no amagà el motiu de la vinguda
         i explicà, damunt del vaixell, el seu afany;
         la reina s'impressionà en saber que es tractava
4320     de complaure una nena de casa reial.
         Va començar a considerar el fet de cedir-lo,
         com un gest de difusió i de fer present,
         el seu poble enllà. Tot i que se'l coneixia,
         li constava, potser en faria avinent
4325     un tarannà proper i, sens dubte, més afable;
         de fet per'xò a uns mercaders llunyans regalà,
         temps ha, una seva destral amb aquest propòsit.
         Mentre això sospesava, el poder dels esguards,
         que és la porta que permet flanquejar les ànimes,
4330     recorria la coberta de la nau fins
         lligar irremissiblement, dues congregades.
         Antíope trobà els ulls del jove Teseu
         i, a dins del seu redós s'hi va perdre per sempre.
         Al punt que deixaria, forçada, primer,
4335     el seu país, però després, com presonera
         de la passió, que li prendria els sentits
         i la inclinaria a lluitar, per defensar-lo,
         contra les pròpies companyes, en venir
         al seu encalç darrera seu per rescatar-la.
4340     Però no avancem futurs esdeveniments;
         romanem sols dins la nau, recent atracada;
         a baix al port, entremig la guarnició
         d'amazones armades un pèl més disteses,
         hi va recórrer una d'elles, més gran, fornida,
4345     d'alçada mitjana i cos petit però robust,
         amb la fama sens parangó de lluitadora,
         esforçada i terrible, de braços ferrenys
         però amb tints evidents de blancor immaculada;
         estava al càrrec d'embravir, esperonant
```

4350	l'ànim i el gest de totes les seves companyes;
	així passava per les rengleres burxant
	normalment arengues de glòries passades
	als combats; però aquell dia tenia un deix
	constant, de ressonància afalagadora,
4355	i en la veu una dicció més convincent,
	més que altres dies no havia adquirit en força;
	i val a dir que ningú notà res estrany
	quan els seus mots varen calar, en aquelles noies
	en formació, la flama d'un viu recel
4360	interior que frisava per eixir fora.
	Tampoc cap d'elles s'estranyà que conegués
	el nom del "capitost" (així, tal com li'n deia)
	dels nouvinguts. De seguida va descobrir
	amagades intencions que aquell portava;
4365	per si la zitzània que havia sembrat
	no fos prou, les anà convencent una a una
	de la malícia i dissort que aquell cabdill
	havia esgrimit contra la pròpia dona,
	a la qui havia mort sens compassió,
4370	segons deien les fonts de les veus viatgeres,
	en un moment d'ira i completament mancat
	de respecte per la figura femenina.
	Això sí colpí enormement aquella host,
	predisposada a defensar les del seu sexe
4375	i cobrar els abusos de tot mascle cruel.
	Mentre un zum-zumeig creixent anava engrandint-se
	pel moll, a dalt de la nau s'havia lligat
	un tracte, pacíficament, a dues bandes
	i quan va aparèixer per la borda de nou
4380	la seva reina Hipòlita, sense cap arma
	i alçant les dues mans clamant atenció,
	allò que volia ser una simple demanda,
	aquella amazona gran dels braços tan blancs,
	els ho traduí com petició d'auxili
4385	davant d'un més que provable forcejament.
	Així el fort nooo, que llençà la seva reina,

esdevingué inaudible, davant del fort clam
concorde de les seves fidels guardianes
en assaltar la passarel·la de la nau,
4390 amb un frèndol guerrer terrible i inigualable,
encegades per pujar al vaixell foraster.
Veient-ho, Hipòlita va tombar-se vers Hèracles,
amb cara d'incomprensió, com demanant
desesperada en va disculpes cap a l'altre
4395 el qual, creient-la traïdora d'haver ordit
l'abordatge aquell, falsejant la confiança
que li havia dipositat, li clavà,
amb ulls fets dues espurnes, aquella espasa,
regal d'Atena al marjal on la Hidra morí.
4400 Hipòlita sentí l'acer fred enfonsar-se-li
just allà on uns moments abans duia el cinyell
que ara aguantava el seu botxí, aquell tosc home
que li havia guanyat la debilitat
que mai no tingué, per la qual ara moria.
4405 Els seus ulls miraren l'oponent amb esguard
de sorpresa, decepció, tristesa i odi;
després tombà el cap, per mirar la munió
de guerreres que s'abraonaven com abelles
contra el navili, i va somriure amb gratitud
4410 per llur ferma fidelitat més absoluta;
encontinent la vista es clavà al firmament,
en un dia net i límpid i caigué a l'aigua,
perdent-ne el rastre, amb l'espasa aquella, per temps.
Antíope, la seva germana, va despertar-se
4415 del seu embruix de sobte, però massa tard,
Teseu la tenia abraçada per darrere,
impedint-li qualsevol moviment hostil.
Iolau, sempre atent, li prengué totes les armes
i Teseu va alçar-la i ella espeternegà,
4420 cridant improperis camí de la cabina
on va ser tancada. Això passà tant fuent
que en tornar Teseu a coberta ja hi pujava
la primera guerrera, seguida d'un munt més,

```
              amb les espases nues reclamant venjança.
4425          La mort de la seva reina les encengué,
              fent-les oblidar on eren i el desavantatge
              d'un espai tan reduït. Així aquell pont,
              que comunicava la terra amb el navili,
              per moltes va esdevenir un passatge a la mort.
4430          Els mariners no van tenir misericòrdia
              per cap d'elles, mentre així anaven pujant;
              es tractava de la seva supervivència,
              o deixar-se massacrar inevitablement.
              Llavors se sentí un crit, que reclamà silenci,
4435          d'arravatament tant furiós com extrem,
              es tractava d'Hèracles que, endut per la ràbia,
              i un profund sentiment de culpabilitat,
              alçava com res la passarel·la ben plena
              de ferotges guerreres d'ànim embravit.
4440          Potser més d'una vintena van quedar alçades
              i, caure al cim del gruix que venia després,
              fent-se'n un amuntegament que així impedia
              acostar-se la resta al vaixell. Nostre heroi
              girà la fusta i quedà de front i apaïsada,
4445          garfida tota amb els seus poderosos dits,
              buida de noses just quan, de sobte, una pluja
              de fletxes s'afuà del darrere de l'host,
              per noves combatents recentment arribades.
              Per sort, pels navegants, la major part dels dards
4450          es van clavar a la fusta, que fermament Hèracles
              mantenia davant seu i on més mariners
              havien pres com refugi. Per alguns altres
              la planeta no els afavorí i van deixar
              la vida a coberta. Sens esperar, el nostre home
4455          ordenà amollar amarres i fer-se a la mar.
              A temps perquè aquelles amazones arqueres
              ja havien tornat a disposar, dels buiracs,
              més sagetes a llurs arcs, i a l'encop, llençant-les
              tot voleiant vers el cel i, en un cert moment,
4460          totes, quan van perdre per igual l'embranzida,
```

varen caure damunt la nau, farcint-ho tot
d'esmussades varetes mortals, com de pluja
primaveral, però amb designis assassins.
Encara van ferir més homes del passatge,
4465 però quan ja s'esperaven un nou ruixat,
quan ja el navili eixia de la bocana,
mai no arribà. Els homes ho van atribuir
a falta de previsió de llurs enemigues,
però el cert és que havien vist a popa estant,
4470 Antíope, al costat de Teseu i van témer
ferir la seva nova reina. Encontinent
les amazones prepararen els navilis
per fer-los encalç; però van voler esperar,
a fer els funerals de la reina i les companyes
4475 caigudes, i així se'ls van esmunyir llarg temps.
Sols trobarien a Atenes Teseu i Antíope,
separats d'Hèracles i els altres, ja casats;
la seva reina no voldria tornar amb elles,
i enfrontant-s'hi, fins i tot, per salvar el marit,
4480 ella moriria en la lluita. Però hem dit
que nosaltres seguim nostre home.

                           Doncs, quan Hèracles
i els seus van tornar pel Bòsfor, el nostre heroi
tostemps estava ensopit; un què el rossegava
per dins, i es quedava assegut sol, pensatiu.
4485 Sovint tancant els ulls veia la reina Hipòlita,
i esbufegava amb ulls fixos a l'infinit;
i per molt que bufés la imatge no marxava,
veient-la morir davant seu, molts i molts cops.
Iolau es preocupava per l'oncle i patia
4490 i va sentir-lo dir, en dar el cinyell a Copreu,
que aquell tros de cuiro era l'únic culpable
del seu estat i de tantes morts innocents.
Llavors el nebot comprengué tota la pena
que el seu oncle estava constantment revivint,
4495 i al llarg del retorn mirà que no el molestessin,

i permeté a Teseu dirigir el vaixell;
quant la resta d'homes, ho van trobar correcte,
perquè aquell jove havia demostrat prou bé
estar dotat pel comandament del navili.
4500 Copreu, en poder del cinyell, va decidir
retornar a la cort d'Euristeu fent una ruta,
allunyada de punts conflictius i, per tant
directa i Teseu, frisós per distanciar-se
de les seves perseguidores, s'avingué,
4505 a dur-lo i va decidir separar la flota
per portar l'herald i el premi personalment.
Duia Copreu però en realitat era Antíope
a qui volia sana i estàlvia, a lloc.
Les nou naus restants varen fer camí a Troia,
4510 pensant fer d'esquer; i tot i que ell duia la noia,
com hem dit no els va sortir prou bé.

      El nou treball
va ser comunicat abans de separar-se;
el recargolament d'Euristeu era clar:
calia anar just a l'altra banda d'on eren,
4515 travessant tot el mar, fins trobar l'oceà,
perquè volia el ramat de bous de Geríon,
gegant peculiar d'Eritea, a l'extrem
occidental del món conegut aleshores.
Hem dit peculiar? Potser hem fet un xic curt
4520 donada la complexió extraordinària
que tenia; però massa hem avançat
i no ens és pas propi. Per tant queda anotat
Ja ho veurem. Ara anem a Troia.

      Aquella vila,
tristament tan famosa, la va fundar Tros,
4525 d'aquí el seu nom, rei conegut per ser pare
del formós Ganimedes, del qui s'antullà
el mateix Zeus, el qual transformat en àliga,
el va portar a l'Olimp. Allà el va fer coper

per tal que, servint nèctar, el veiés cada dia.
4530 Val a dir que compensà al pare amb un regal:
dos cavalls i un cep d'or, obra d'Hefest olímpic,
via Hermes, el seu missatger. Tot l'afer
enfurí Hera perquè la seva filla Hebe,
fins llavors el servia ella, el nèctar als déus,
4535 durant llurs convits; però Zeus, veurem quan toqui,
tenia altres plans per a la jove a l'Olimp.
Doncs bé aquells cavalls, regal diví com a torna,
dignes de l'origen, eren blancs com la neu,
podien córrer damunt l'aigua més lleugera
4540 o, com el vent, per damunt dels tendres bladars.
Ells i el regne, passarien al nou monarca
Laodemont, el qual va poder comptar amb l'ajut
dels déus Apol·lo i Posidó en fer una muralla,
gran i inexpugnable a l'entorn de la ciutat.
4545 Ambdues divinitats van ser castigades
per Zeus, servint-hi al rei fent de peons,
mers jornalers, per haver gosat rebel·lar-se
a la seva autoritat. Finit el treball
Laodemont va incomplir el deute de llur paga,
4550 que havia estat acordada al començament,
amb sou més baix a la seva categoria,
cosa que els obligà a desplegar un venjament
digne de la seva condició divina.
Apol·lo ordí una plaga i un oracle estrany,
4555 i Posidó, cabells blaus, envià una enorme
fera marina que malmetia els seus camps,
deixant-los erms, inundant-los d'aigua salada
i devorant tot aquell valent que gosés
adobar-los. Com Troia era en una gran plana
4560 el monstre tenia molta feina sovint
contrariant els pagesos que hi feinejaven.
Els vilatans van consultar l'oracle prest,
i el déu es manifestà, amb ira igual d'aguda,
dant-los com a solució sacrificar
4565 la filla gran de Laomedont, donant-la al monstre.

Tot i que el rei tres filles tenia i cinc fills:
d'Hesíone, la gran i del petit Podarces,
sols ens interessen llurs noms en el relat.
Hesíone, obligada ofrena de l'oracle
4570   que el rei primer negà, no per amor patern,
ans qüestionant cap voluntat sobre un monarca,
però, finalment, sense sortida, acceptà
i a Hesíone, nua, sola i desesperada
la van lligar a una roca, ran la mar salada,
4575   perquè el monstre la devorés.

                                            En aquest punt
va venir la flota de nou naus restants d'Hèracles.
Dins l'enorme plana de Troia, en aquells temps
atzarosos, i el que havia estat una platja
llarga de sorra uniforme, ara era un seguit
4580   descarnat d'arena, amb reguerons com riberes
petites al llarg de tota ella, pels constants
i persistents cops de mar que la castigaven;
res més, absolutament que un obstacle sol,
com a record d'una costa escarpada antiga,
4585   després de molts geològics replegaments,
hi havia romàs una roca minúscula,
comparant-la amb el tot d'aquell llarguíssim pla,
però prou prominent per veure-la d'entrada.
Sobretot per Peleu que, amb esguard penetrant,
4590   així que van deixar l'horitzó, els relatava
què veia de l'amplíssima badia estant:
de la jove, estacada amb gruixudes cadenes,
i aquella desesperació dels desvalguts,
dibuixada per tot el rostre, i la mirada
4595   fixa a l'oceà d'on venien navegant.
El relat encengué la compassió d'Hèracles,
més que a cap altre, i frisava per arribar.
Un guarda rondava el penyal i de seguida
que va veure les naus recalar cap a ell,
4600   doblà en guàrdia, per fer-los front amb llestesa.

Com el talús de la badia era molt lluny,
Hèracles saltà a l'aigua tant bon punt començava,
i s'acostà al vigilant, amb l'aigua primer
a mig cos i, a mida que trencava les ones,
4605 deixant ressorgir tot el seu cos musculat,
amb mirada tan ferotge que glaçaria
qualssevol, llevat d'aquell valent vigilant.
Iolau s'ho mirava de la nau amb alegre
expectació, per no perdre-se'n detall.
4610 Un cop nostre home es posà a l'abast de la llança
del custodi li va preguntar amb veu potent,
per salvar la fragositat de les onades,
què significava allò. El guerrer va explicar
tot això que sabem, i quan ja ho acabava,
4615 varen arribar uns genets des de la ciutat,
entre ells Laomedont, amb el seu esguard sinistre.
Hèracles, en veure'l, en tingué ben bé prou
per dirigir-se-li, sabent-lo un rei, com d'altres
que havia tingut davant. Li va proposar
4620 lliurar-lo d'aquell monstre marí si, a canvi,
li dava els cavalls màgics que havia heretat.
Primer el rei i tots els cavallers varen riure
a cor que vols, després el rei alçà la mà
per demanar silenci, i va mostrar un cert canvi,
4625 en refer l'esperança que havia perdut,
va donar a aquell estranger un vot de confiança,
tal com inspirava en la veu, posat i els ulls.
Precisament els ulls, en un del seu seguici,
que entre tots els altres es mantenia ocult,
4630 cridaven l'atenció per ser grans i grossos,
exageradament, i semblava influir
de forma prou considerable en el monarca,
fent juís a cau d'orella sovintejats.
Fos com fos Hèracles va aconseguir llicència
4635 d'actuar, quan Iolau, fill d'Íficles, i més
venien al seu costat. Ell prengué la capa
del seu nebot i s'acostà ben decidit

	a la roca del suplici. El valent guarda
	es mirava el rei per si manava quelcom;
4640	l'assessor dels ulls tenia la mà posada
	damunt la sinistra del rei, que amb l'esguard fix
	en el nostre heroi, no es perdia com grimpava
	fins abastar el si de les cadenes d'acer,
	que subjectaven sense clemència Hesíone.
4645	Un cop garfí els fermalls clavats dins del roc
	els arrencà de llur base, sense immutar-se,
	i un cop la noia els dos braços pogué abaixar,
	la cobrí amb la capa i gentil li va prendre
	els gafets dels canells que, en préme'ls, van petar
4650	amb un so sec, tot rodolant fins la mar freda.
	Iolau estava pletòric, no va aplaudir,
	però anà de poc, i no per falta de ganes
	sinó perquè esclatà un bramul esgarrifós
	provinent del mar, on tots van fixar la vista.
4655	Ondulant, la part central del llarg horitzó
	encalmat, una gran onada s'acostava
	a tota velocitat, deixant veure al pla
	una massa fosca de magnitud enorme.
	Laodemont i el seu seguici, ràpidament,
4660	varen guiar els seus cavalls fins dins de la vila,
	obviant Hesíone, Hèracles i alguns seus,
	que havien desembarcat. La resta, als navilis,
	varen maniobrar amb celeritat, sortint
	de l'influx de la massa que se'ls acostava.
4665	La mar formava un xerriqueig líquid agut
	més i més creixent, com més i més s'apropava;
	abans del tal·lus, que de platja era el senyal,
	s'alçà el monstre de l'aigua mostrant la grandària
	del cos boterut, llefiscós, de magnitud
4670	propera a tres temples, posats un damunt l'altre;
	sols a cop d'ull l'aspecte de la seva pell
	de carnositat humida i de grisor fosca,
	semblava una capa endurida de quitrà
	com si fos tota ella una closca de petxina,

4675	ben recoberta d'algues verdes i marrons
	que li penjaven per tot el mig cos que es veia.
	El cap rodó, sense coll, tenia dos ulls
	mig clucs, sense parpelles, de color taronja,
	com alguns peixos, i amb l'iris tot vertical
4680	que movia, en mirar, vers l'esquerra o la dreta.
	La boca, grandiosa, s'hauria cruspit
	tres naus en renglera, de la quilla a la vela,
	com si res; però no tenia dents, almenys
	això semblava quan l'obrí, per tal d'emetre
4685	un crit, que més aviat sonà a un plor d'infant,
	però d'un ressò enorme. Els que eren a la platja
	van deduir que així mostrava el desengany
	per no haver trobat la víctima de l'ofrena
	lligada al roc i, quan els seus ulls van clissar
4690	el grup amb la noia, semblà com que els prenia
	pels culpables de la seva decepció.
	Llavors, de panxa damunt del talús d'arena,
	puix no tenia cames, sols cua de peix,
	recolzà el pit, allargà els braços fins la colla
4695	i d'una plantofada els llençà a terra tots,
	uns més lluny que altres. Hèracles, quan ja s'alçava,
	manà a Telamó, un dels mariners més desperts,
	prendre Hesíone i entrar amb la resta a la vila.
	Veient-los tots a recer, o almenys de moment,
4700	prengué la clava i va córrer en sentit contrari
	a tots ells, vers aigua pioc, vers l'enviat
	de Posidó. Un cop davant de la criatura
	brandí la clava en l'aire, per fer-se notar.
	L'altre també alçà els seus dos braços poderosos
4705	i amb unes mans, semblant palmells, de punys tancats,
	tustà a l'uníson aquella forma esquifida
	que el feria amb els seus crits. El cop el prengué
	de ple i, tot l'home quedà enterrat a la sorra
	flonja de la platja, i sota aquells punys ferrenys.
4710	Dels merlets, Laodemont i els seus tot s'ho miraven
	amb certa preocupació, de fet el rei

per si havia fet el ridícul en el tracte;
ran de muralla, per entrar, els del nostre heroi,
junts, fent pinya, com si això pogués salvar-los;
4715 temien per llur cap, tret del jove Iolau,
expectant d'un gir de l'escena formidable.
Hesíone premé la mà de Telamó,
que no l'havia deixat en tota l'estona.
El monstre alçà les mans per tal de comprovar
4720 la seva obra i tots van veure un gros esvoranc
de sorra esfondrant-se, d'on, de cop, en sortia
Hèracles escopint i espolsant-se el cabell.
Iolau, en veure'l somrigué i es mirà els altres
i després els dels merlets, alla damunt seu,
4725 tots estaven atònits i, al poc, aplaudiren
engrescats, com uns pagesos veuen que plou,
després de llarga sequera, o quan veuen terra
el mariners d'alta mar. El monstre poc temps
deixà durar l'eufòria, amb la seva mà plana
4730 furiós pretengué esbargir el nostre heroi
del davant, però aquest s'ajupí i, amb la clava,
colpejà el canell que ja li fregava el cap.
Petaren cartílags senyal de trencadissa
i el crit d'aquella boca gran ho confirmà.
4735 De nou aplaudiments. La bèstia es tenia
amb l'altra mà i, sobretot, recolzant el pit
al talús. Hèracles no deixà passar gaire,
que ja tot empentava com un ferreny ariet
poderós el monstre enrere, fins que va perdre
4740 cos del talús i va enfonsar-se dins del mar.
Més aplaudiments, aücs. No van durar, el monstre
ressorgí com si hagués pres un gran impuls
i sortí tot ell de dins l'aigua i, en tornar-hi
una onada potent sobrevingué empentant
4745 el nostre heroi de culs a la platja, i la colla
dels vaixells se'n van veure una per mantenir
les nou naus surant; sort que varen redreçar-les
i decidiren allunyar-les un xic més.

4750	Els de les muralles van rebre els de la porta
just, l'ona petà contra ella, només tancar;
	altrament hi haurien mort de l'embranzida.
L'aigua saltà els merlets, i els infants congregats
van caure al pati, rebent patacs seriosos.
D'allí els pagesos veieren els seus camps
4755	negar-se de nou, perdent-se terra i collita
i el seu determini a tornar-los a fer.
El monstre prengué el talús com desfavorable,
perquè si volia abastar aquell enemic
havia de sortir de l'aigua i enfrontar-s'hi
4760	a l'aire, un component del tot inescaient
a la seva essència natural marina;
era més fort i més apte dins de la mar,
allà havia d'atraure aquell home per vènce'l.
Però com? Hèracles no era de defugir
4765	combats i també buscava una bona tàctica;
i, al capdavall, per les ganes de confluir,
varen topar novament. De primer la fera
va gallejar a mar obert, amb l'únic desig
d'atraure l'oponent a terreny favorable;
4770	un altre no s'hauria deixat enredar,
però Hèracles volia reprendre el contacte.
Llavors avançà per damunt del llarg talús,
abandonant la platja, primer cames, panxa,
caminant amb dificultat pel constant embat
4775	d'onades llargues que abraçaven la badia;
a punt de no fer peu, el monstre s'apropà
amb rapidesa, per la grandor, inusitada
i, pensant agafar l'home sobtadament,
li ventà un cop de cua de gran transcendència.
4780	Però el nostre heroi, lluny d'estar desprevingut,
brandà rabent la clava que topà amb la cua
que li queia al damunt. Van confluir dos cops
bestials, per tal de destrossar-se un a l'altre,
i el del nostre heroi no tan sols no aturà el rival
4785	sinó que, de tant descomunal, regirava

	el cos de l'oponent marí al seu mitjà,
	sense cap recolzament ni d'on repenjar-se,
	facilità que es girés i, d'estar de culs
	passà a estar de cares a l'home, el qual servint-se
4790	de la sorpresa de l'enemic i veient,
	davant per davant, la gran boca esbatanada
	s'hi deixà entrar amb la glopada d'aigua de mar
	que s'hi escolava. Malgrat la xarbotada
	i l'escuma del combat, tots van veure bé
4795	com el monstre s'empassava aquell valent home,
	i, ja engolit, tornava a dins del fons del mar.
	El clamor i els aücs van passar a ser silenci,
	deixant sentir el mar grandiloqüent,
	i una tristor immensa va ofegar l'esperança
4800	que li havien posat. Només Laodemont
	respirava tranquil, recordant la promesa
	de la que ara en quedava exempt. La resta cap
	no tenia el cor prou encongit i ulls plorosos;
	i més Hesíone, que temia tornar
4805	a ser víctima d'aquell sacrifici públic,
	i premia molt més la mà de Telamó.
	Iolau negava amb el cap allò que la vista
	havia ofert, clavant les ungles als merlets.
	El monstre no tornà a sortir i, amb una estela
4810	d'una aleta del dors, es fongué amb l'horitzó.
	Els forasters, mesclats amb troians, esperaren
	fins l'alt capvespre per abandonar l'aguait,
	seguint designis de Laodemont, amb gran pressa
	per restaurar la conjuntura anterior.
4815	Havien passat tres hores de la desgràcia
	i sols restava Iolau mirant l'infinit,
	bategant al ritme dels crits de les gavines;
	quan de sobte en va veure un estol al confí,
	que voleiaven a l'entorn d'alguna cosa
4820	que s'estava acostant. Primer pensà no fos
	el monstre atacant de nou, però no va veure
	que tot l'horitzó s'enrinxolés, com abans.

| | No. Era un puntet, de primer, però els seus ulls joves
| | no van trigar en clissar el puntet xipollejant
| 4825 | i acostar-se i, ja més a prop, nedant un home.
| | A vista preferent li veia dur quelcom
| | davant seu, i que nedava picant de peus,
| | recolzant-se en la cosa. Ell va donar l'alarma,
| | mentre baixava els graons;   eixí de la ciutat
| 4830 | i va córrer per la platja fins la mar. D'altres
| | dels companys s'hi afegiren, aigua pioc.
| | D'ells, Peleu, de mirada privilegiada,
| | no menesté fer visera per relatar
| | allò que veia abans que fos clar per la resta.
| 4835 | *"No és ell. És un home calb. D'on haurà sortit?"*
| | S'hi van juntar els del seguici amb llurs muntures;
| | en Laodemont encara no. Els seus vilatans
| | tornaven a ser a les muralles, i un silenci,
| | contingut, s'apoderà de totes i tots.
| 4840 | Quan el rei arribava el nouvingut s'alçava
| | de l'aigua, damunt del talús. Llavors cridà:
| | *"Coi, això no vol sortir. Veniu a ajudar-me!"*
| | Per la veu el van conèixer: era el nostre heroi!
| | Els seus companys saltaren a l'aigua a ajudar-lo.
| 4845 | Tot eren preguntes per voler saber el com,
| | se n'havia sortit i de quina manera;
| | què n'havia fet de la barba, sobretot,
| | i dels cabells. Mil preguntes que atabalaven
| | més que no ajudar, perquè eren fetes de cop.
| 4850 | Ara eren molts per tirar i treure de dins l'aigua
| | allò que duia. Es veia una massa de carn,
| | i una altra amb l'aleta igual com la que aquell monstre
| | tenia al dors. Hèracles, quan ja van fer peu,
| | va explicar que sols havia pogut salvar-ne
| 4855 | aquells dos bocins, abans no la fera anés
| | directe al fons, després que esclatés com un càntir.
| | Resulta que quan l'havia engolit, tot ell
| | s'havia agafat a la llengua de la bèstia,
| | abans de caure a la gola i, tot i els llengots

4860 que féu per desfer-se'n, li va arrencar sencera;
per la qual cosa, sense agafall, l'endrapà;
coll avall fins a l'estómac, puix l'envoltaven
restes de tota mena, segons hi palpà,
doncs tot era foscor; allà, entre l'aigua salada
4865 i sucs varis per fer digerir el seu pap
ell s'hi va revoltar i, prenent una gran fusta,
possiblement restes d'un vaixell engolit,
començà a gratar les parets d'aquell estómac
cavernós fins que entre ell i els líquids païdors
4870 van causar en aquell ésser una terrible úlcera,
que fou tant i tant potent com per esberlar
el ventre, panxa i cor sencer d'aquell gran monstre,
que va quedar tot ell fet bocins engrunats
escampats per l'oceà, uns de més grossos que altres,
4875 les proves que, un cop ell fora, va arreplegar
aquella aleta i un tros de la seva llengua;
que més n'hauria dut d'haver una bona nau
a la vora! Iolau, que saltava d'alegria,
hi va afegir que, ben segur, aquells sucs
4880 del ventre del monstre, havien fet com un àcid
corrosiu llevant-li la barba i tot el pèl.
Tothom ho trobà encertat i va estar conforme
en donar per clos el flagell de Posidó.
Tots llevat de Laodemont que, veient prop l'hora
4885 de complir, deixà les promeses inconcluses
i fugí d'estudi cercant mil i una excuses
per fer-se l'orni.

      Nostre home estava avesat
als incompliments dels altres, de fet semblava
que es complien com més socialment amunt
4890 era el deutor. Primer Laodemont va fer creure
que s'hi avenia però oferí uns cavalls
d'allò més normals. La seva enterca insistència
convencé els ciutadans, llevat de l'assessor
dels ulls grossos que va declinar l'assistència

4895 i se'n va perdre el rastre. Hesíone insistí
endebades. Tant cogué al nostre heroi la cosa
que va perdre els papers i féu mil penjaments
decebut i fuent; i en passar prop la roca
del suplici, per tal que no servís mai més
4900 a aquell propòsit, d'un cop de clava formidable
i bestialment contundent, l'esbardellà
en mil bocins i això fou la fi de la penya,
que a la llarga platja dibuixava un relleu;
llavors ell es tombà i va prometre venjar-se
4905 damunt tota la ciutat. I no fou cap farsa,
que aviat va tornar.

                Els esforçats viatgers
posaren rumb al Bòsfor i, un cop van ser a Mísia,
ara ells van pregar ajut a Lico i aquest sí,
fou un rei equànime i retornà l'ajuda
4910 rebuda en favor; oferint homes i naus,
amb l'oculta esperança dels guanys que en durien
del pillatge d'aquella ciutat. Nostre heroi
no tenia això en ment, en ell només obrava
el desig de castigar Laodemont i els seus
4915 descreguts ciutadans, per faltar a llurs promeses.
Aquest cop la seva indignació guanyà
a la seva pietat, i com la primera
era molt d'ofuscació, no va establir
una bona estratègia. Lluny de la vista
4920 dels troians va desembarcar amb el gruix dels seus,
deixant Oicles i uns pocs vigilant els navilis.
Llavors es llença a l'assalt, però no comptà
amb l'habilitat tàctica del rei de Troia.
Laodemont temptà que la ciutat aguantés,
4925 mentre ell i un valent destacament atacava
la flota visitant que, resistí l'atac,
però Oicles caigué i alguna nau fou cremada.
Encara, per més burla, aquests troians, tornant,
van esquivar els atacants, van entrar a la vila

4930 i el seu gruix la féu més costosa d'obtenir.
Durant l'assalt Telamó, frisant per Hesíone,
oblidà els miraments guerrers deguts als caps,
i en trobar una bretxa en un tros de la muralla,
en el moment de passar pels blocs esfondrats,
4935 es trobà Hèracles aprofitant la drecera,
el qual se'l va mirar amb un colèric despit,
demanant-li: *"Quina en portes de cap, tronera?"*
El jove esmunyedís trobà un ràpid recurs
que li salvà la vida: *"Dreço un altar a Hèracles,*
4940 *el vencedor, l'heroi que capeja tot el mal."*
I amb un gest entenedor afegí. *"Tota Troia*
és ben teva per allò que voldràs servar."
El nostre heroi assentí i es llençà al pillatge.
Diuen que matà Laodemont i molts dels seus,
4945 el cert és que va complir la seva promesa
i conquerí Troia i castigà els habitants.
Fins donà Hesíone a Telamó i, mes encara,
atorgà el favor a la noia de salvar
qualsevol vilatà del futur captiveri.
4950 Ella trià Podarces, el germà petit,
abans no li imposés nostre home l'esclavatge,
costum, llavors, dels assaltants de les ciutats.
Hesíone comprà el germà amb un vel que duia;
des d'aleshores Podarces tingué per nom
4955 Príam, que vol dir "afranquit", i de les runes
de la ciutat Hèracles li'n va fer el seu rei,
i els assaltants en van marxar, un cop saquejada.
No passà molt que les amazones, d'encalç
dels fugitius, van ser un nou flagell pel monarca.
4960 I el nen es faria home, refent la ciutat
en digne i envejada, i amb llarga nissaga
de filles i fills valents; i, cap al final
de la seva vida, ho va perdre tot per sempre.

CANT ONZÈ
Geríon

4965 Hera, ja hem vist, que molt sovint males arts empra
contra el nostre heroi, aquest cop, quan l'Hel·lespont
era passat i estant a alta mar, lluny de Mísia,
se'n va anar a trobar Bòreas i li manà
congriar una tempesta amb el malvat propòsit
de desviar-los de la ruta. Aprofità
4970 que Son havia imbuït en la somnolència
el seu marit Zeus, sabent com el nostre heroi
n'era agombolat, cosa que l'exasperava.
Zeus dormia i ella atiava el vent nord
fins aconseguir una ventejada tempesta,
4975 com la que els argonautes havien rebut.
Si bé igual d'impulsiva no fou tan sonada;
aquell cop durà nou dies i Argos volà
una milla terra endins i quedà encallada;
el lloc era tan sec que fins no van trobar
4980 la deu que va fer brollar Hèracles temps enrere,
no van tenir forces per dur la nau al mar.
Bòreas, recentment, havia sabut d'Hèracles,
per tal com havent aparença de cavall,
però per peus cues de serp, i ales vermelles,
4985 havia fet les eugues troianes de Tros,
a les quals salvà del pillatge del nostre home;
i n'engendraria pla més quan hi regnà
Príam, de més gran. D'aquí que totes les eugues
tomben a ell llurs anques, cercant fertilitat.
4990 També havia tingut, d'Orítia d'Atenes:
Cleòpatra i Quion, equi, engendrà Eumolp
amb Posidó, per tant Bòreas era sogre,
del déu dels cabells blaus; a més tingué dos fills,
Calais i Zetes, que heretaren iguals ales
4995 que el seu pare i van coincidir amb nostre heroi
fent d'argonautes, anomenats els Bòreades,
dels quals, es deia, havien obrat contra d'ell

i que els havia matat, en tornar a trobar-los;
el cert és que, dotats d'un do per rastrejar
5000 infalible, els era predestinat que el dia
que no haguessin un encalç tindrien la mort,
i això passà quan van perseguir les harpies
i no les hagueren. Per tant tampoc és cert
que Bòreas ho fes per venjar-se. Era a Hemo,
5005 la cova allà on Ares guardava els seus cavalls.
Li agradava embolcallar-se d'un gran núvol,
rogenc, com les ales. I aquest cop va bufar
menys fort, tement la ira del pare dels olímpics,
quan despertés; i amb tot les naus dels afectats
5010 foren esventades i despullades d'arbres
i d'arboradura. El gendre el va ajudar,
obrint remolins o aixecant alguna mànega,
tot plegat deixà els navilis desballestats
prop l'illa de Cos, al sud de la seva ruta;
5015 i han fet córrer que Hèracles hi fou denigrat;
el cert és que d'aquell tràngol vingué la calma
i amb la quietud es despertà Zeus dorment,
i cal dir que amb un despertar de mala lluna.
De seguida se les va tenir, i fort, amb Son,
5020 l'amenaçà en llençar-lo de l'Olimp com Ate,
però finalment la instigadora sortí
en l'estira i arronsa, i Zeus se centra en ella;
potser fou aquí quan l'estacà pels canells,
lligant-li encluses als turmells; és possible,
5025 molt s'ha contat després, per titllar-lo d'injust;
el que és segur que Hefest intercedí per ella,
pregà per la seva mare, tan vehement
que va molestar Zeus, fins al punt de llençar-lo
a ell. Hefest caigué tot un dia i una nit
5030 sencers, anant prop de Lemnos, on el curaren
i el farien el seu gran protector, com Zeus
havia previst. Mentrestant la deessa Hera
envià Nit, la d'ales negres, a calmar
la fúria del marit. De fet cap olímpic,

5035 s'atrevia a contradir-la, ni tan sols ell;
i, arribà per triplicat, com sempre, la força
de la seva presència guanyà el perdó
tant pel fill comd'Hera. Després, tronant, el Crònida
aplegà una tempesta, formidablement
5040 precisa, que arrencà de Cos tots els navilis
d'Hèracles i els posà en bona direcció,
pel treball dels bous de Geríon fer millor,
que tampoc seria lleu.

                                       La petita flota
dels companys del nostre heroi no va rebre més
5045 atzagaiades fortuïtes d'altra mena;
fins que a la meitat de la ruta recalaren
a costes de Líbia, per manteniment.
L'estada, degut a la calor, fou feixuga;
els gestos dels homes esdevingueren lents,
5050 els rajos solars alentien molt les tasques;
era difícil poder pensar amb claredat,
qualsevol acció es feia molt carregosa,
la pell els cremava, com per ferros roents,
i els ulls se'ls empetitien; alguns dels homes,
5055 de la claror reflectant del mar, van tenir
breus moments de ceguesa preocupant. Semblava
que fossin sota la més extrema fitor,
perquè els rajos solars d'Hèlios just els queien
damunt, perpendicularment, i comportant
5060 que llurs ombres els quedessin sota els peus sempre.
Precisament als humans no els era permès
mirar el déu, mentre traspassava amb el seu carro
- la senda sempiterna d'Ocèan sens fi,
el riu inacabable que cenyeix el cosmos.
5065 Els hauria cremat els ulls. Mes nostre heroi,
era tot una altra cosa. Enfocà la vista
al cel, i gràcies als ulls centellejants,
veié Hèlios menant el seu carro ample,
tot cofoi, amb un tir de quatre cavalls blancs

5070 que alenaven foc pel nas, ungits per les Hores;
i duia el seu casc d'or resplendent; i pels ulls,
desprenia un munt de llampecs de llum daurada,
que compassaven amb uns del pit ben iguals.
El déu, que ho veia tot i res se li passava,
5075 aquell dia s'allargà molt més del normal
en el punt de la fitor, fent-la interminable.
Normalment a migdia hauria de baixar
cap a occident, directe al cor de les Hespèrides,
on enfonsant-se a l'oceà fins l'orient,
5080 ja al vespre, es llevaria al matí d'un nou dia.
Hèracles el va veure badant, pensatiu,
i cridà, sorprenent tothom: "*Prou!*" Amb veu clara
i forta, mentre apuntava una fletxa al cel
que li sortí rabent, afuada i terrible,
5085 colpejant el frontal del casc del jove déu.
Així sortí del seu entotsolament Hèlios,
de sobte, amb gran sorpresa i amb un fort ensurt,
potser per'xò es diu que ho veu tot sense cap cura.
Quan clissà qui era aquell, que havia gosat
5090 amenaçar-lo, es va calmar i va comprendre
que tal poder i aquelles habilitats
li venien exclusivament del seu pare,
la clarividència divina el guià,
llavors va optar obrar emparant-se en la prudència,
5095 pensant que si l'afavoria, ben segur
es guanyaria la influència del Crònida,
senyor de tots. Escoltà la petició
del nostre heroi i avià enllà el resplendent carro,
per alleugerir l'influx dels rajos solars;
5100 prompte les hores de sol baixant es notaren
i els homes de les naus, sense entendre ben res
d'allò que havia estat dient, mirant enlaire
el nostre heroi, van començar a feinejar a gust
per aparellar-les totes. I un cop salparen,
5105 la d'Hèracles seguí les seves directrius,
dirigint-se vers una caleta propera,

allí van veure una mena d'esquif petit,
estranyament daurat, en forma de nenúfar,
on el seu cap volgué ser-hi dipositat.
5110 Ja a dins, l'esquif, que era també com una copa
de libacions, s'amollà, sense cap rem,
mentre ell els manava de tirar-li una amarra.
Un cop rebuda la premé ben fort i la nau
es posà en moviment amb una sotregada,
5115 fent-li encalç en tot moment. Ben aviat
van unir-se amb tota la resta de la flota,
i una amb l'altra es van connectar amb sengles llibants,
i també es van posar en marxa, seguint l'estela
de l'esquif. Aquest singlava com sense esforç,
5120 ni alçant la proa ni enfonsant la popa,
tot i el pes que estirava. La mar actuava
diferent, perquè es comportava amb un lliscar,
que més semblava un navegar damunt de núvols,
ouna espessa boira que s'anés esbargint
5125 tot i haver un dia clar i radiant, envoltant-los.
A mar obert es féu difícil dir quan temps
havien esmerçat del tot en el trajecte,
però la ruta vers l'oest es convertí
en una de les més breus recents singladures.
5130 De fet, aclarirem, amb diàfana llum,
que la naveta d'or d'Hèlios li servia,
un cop post, per dur-lo de l'oest, fins a l'est,
durant la nit, per llevar-se allà, en ser de dia,
navegant pels curs d'Ocèan, tota la nit,
5135 el riu sense fi, que és com un cinyell ben líquid
que envolta tot l'univers i, d'on tots els fluids
n'emanen; siguin profunds o de superfície.
Per'xò Ocèan s'estranyà, en veure aquelles naus
treient profit d'aquella ruta reservada
5140 al déu solar, i intervingué violentament.
Com un llençol doblegant-se féu una arruga
que va apropar-se de dret vers el nostre heroi,
com una ona marina ve entortolligant-se

	des del llunyà horitzó. Hèracles fou alarmat
5145	pels seus, en veure-la venir amb rapidesa.
	Ell va alçar-se de nou, dins l'esquif, aquest cop
	apuntant amb el seu arc a la catifa líquida
	una fletxa enverinada de l'Hidra en sang.
	L'esguard fulgent seu encara era més terrible;
5150	els companys espaordits no entenien res
	però, tal com havia aparegut, de sobte,
	aquell replec d'Ocèan es féu fonedís
	i la mar es tornà ondulant i altre cop plana,
	i el viatge continuà sense incidents.
5155	Prompte semblava que el dia s'allargassava
	per ells, van veure, proa endavant, dos penyals
	on s'adreçava afuada la comitiva,
	un a dreta, altre a l'esquerra i el mar al mig.
	Hèracles amollà els llibants, en acostar-s'hi,
5160	i les nou naus poc a poc es van aturar
	bressolejant-se enmig del mar, com fatigades.
	Llavors nostre home els anuncià, amb veu potent,
	que havia de seguir tot sol que l'esperessin;
	podien recalar a Calpe, al seu costat dret,
5165	o Abila, a l'esquerre i, sobretot, tenint cura
	de mai anar més enllà, on Ocèan, tot ell,
	s'enfonsava amb vertigen per donar la volta
	de nou a l'orient, incansable i constant.
	Després lligà els llibants i en féu un de llarguíssim
5170	que s'endugué navegant pel mig dels penyals,
	sol, seguit per Iolau, de lluny, fent-li encalç
	des d'una mirada tristíssima.

Amb la copa
flotant d'Hèlios, el nostre heroi fondejà
just a Calpe, i un cap del llibant va estacar-hi,
5175 després, amb l'altre, fins Abila i el mateix,
tot seguit es col·locà al mig d'aquelles penyes,
enmig del mar que les banyava, dret dempeus,
damunt la naveta del déu solar, amb els braços

	aguantant les dues puntes d'aquells llibants
5180	sorprenentment allargats, llavors va estirar-los
	sense defallir i, allí varen confluir,

5180   aguantant les dues puntes d'aquells llibants
       sorprenentment allargats, llavors va estirar-los
       sense defallir i, allí varen confluir,
       un instant, forces dels déus que l'agombolaven;
       en aquella saó, el sol, l'oceà i el llamp
       fluïren dins seu en una increïble força,
5185   i les penyes es varen acostar entre si,
       més que mai n'havien estat fins aleshores
       i del que mai, després, deixarien d'estar.
       I aquest apropament puntual va permetre
       que els monstres marins, situats allà al confí
5190   del món conegut, on Oceàn es doblegava,
       no entressin mai més al mar conegut llavors.
       D'aquesta manera, previngut pels olímpics,
       atiats i ordenats pel seu pare també,
       el nostre heroi realitzà una tasca impossible
5195   que salvaria milers de pobles i gents.
       El fons del punt concret, previ a l'oceànic,
       pujà amb el plec que ell va fer, suficientment
       per tal d' impedir que el traspassessin els monstres.
       Ja per sempre aquell punt seria conegut
5200   com les columnes d'Hèracles; no sostindrien
       un sostre, com les seves germanes, sinó
       marcarien el punt de fermesa precisa
       a una navegació segura i normal,
       sens perills. Després de molt temps s'amollarien
5205   les plaques mogudes però, en realitat,
       monstres, com els d'abans, s'haurien acabat;
       lluny són els temps més èpics.

                           Si es flanquejava
       aquell punt la incertesa era ben evident:
       dellà el plec d'Ocèan, que engoleix tota cosa
5210   hi ha una illa, Eritea li diuen, destí
       del present treball del nostre home. La Vermella,
       que això significa aquell nom, té un cim,
       Abas, vers on Hèracles, quan desembava,

	pujà per trobar l'objecte del seu quefer.
5215	Un cop tramuntà veié un prat on pasturava
	un gran ramat de color vermellós, compost
	dels bous que havia vingut a buscar. Calia,
	segons ordres d'Euristeu, prendre'ls sense més;
	cosa que no plaïa a aquell esperit noble,
5220	però era complidor de mena i s'hi prestà.
	Només baixar d'Abas va veure que venia
	allò que semblava un gran quisso enfurismat.
	Bé, els lladrucs ho eren, però l'estrany aspecte
	el va deixar garratibat. Era un gos gros,
5225	però bicèfal i monstruós com el pare
	que tenia, Tifó, el gegant més colossal
	que ha existit. Recordem que n'hem parlat: el pare
	d'Hidra i d'aquell lleó de Nemea, mateix.
	El mal que Hèracles els infligí fou la causa
5230	perquè aquell gegant cerqués venjança cruel:
	matar-li dos fills i un nét no ho toleraria.
	Tanmateix, vingué Ortre, aquell gos de dos caps,
	contra el nostre heroi, bordant i fent mossegades
	i aquest, d'un cop de clava, com molts dels que hem vist,
5235	el matà així que venia; i fent carinades
	morí estridentment, la qual cosa ferí
	l'ànim de Tifó que, mogut ja per venjar-se'n
	topà amb Zeus, el qual defensava el seu fill,
	amb risc d'ell mateix; la mort del gos posà en guàrdia
5240	el pastor de Gerion i cap del ramat,
	un fill d'Ares que es deia Eurició, deforme
	però rabadà eficient, que s'encarà
	lícitament contra el foraster que acabava
	de matar el seu gos d'atura, tan estimat.
5245	Hèracles no va mesurar altre cop l'impacte
	de la seva força, i tot i aguantar els forts cops
	de gaiata del rabadà, fou quan, de sobte,
	l'apartà, com qui lleva una mata de bruc
	del camí i, del batzac Eurició va caure
5250	molt més enllà, i topà amb un roure ample i molt dret

de fusta fortíssima, amb tan mala fortuna
que es trencà l'espinada i va quedar difunt.
De nou una ombra fosca es posà en la mirada
de l'occidor, i amb una frisança, actuà
5255   maquinalment, d'esma, aplegant aquelles feres
que brostaven indiferents als seus quefers.
Diuen que, trescant, li van veure els ulls plorosos,
per refregar-se'ls amb el braç amb un gest brusc,
i ànim ensopit, potser ho va fer córrer així
5260   Menetes, el pastor d'Hades que a prop d'allí,
menava un altre ramat, i que el dirigia,
passant pel lloc, com cada dia, a pasturar;
va veure el nostre heroi i el prengué per un lladre;
prou que d'haver-li-ho preguntat, ell se'n veia un!
5265   L'espieta deixà el seu bestiar i va córrer
llargues gambades de joventut, fins al mas
de l'amo del ramat rogenc, que ara robaven:
Geríon. Assabentat del furt va sortir prest,
després de guarnir-se com per lliurar batalla.
5270   Hem de dir que era tot un guerrer colossal,
la seva capacitat bèl·lica venia
per la seva alta complexió corporal:
no sols dues cames humanes normals, fortes,
llargues i de vitalitat peculiar,
5275   sinó que el seu cos n'eren tres, un tocant l'altre:
sis braços, tres caps; igual que una tija amb flors
de cerfull, de fonoll, matafaluga o orenga...
per una mateixa cintura els tres units,
cadascun amb moviment dispar a la resta,
5280   cadascun amb una habilitat militar
formidable. Fill de Crisaor i Cal·línoe,
un monstre i una oceànide, i més germà
d'Equidna, que hem vist; així no era cosa estranya
que llur monstruositat es perpetués
5285   en aquell monstre triple. Fins llavors vivia
ociós a La Vermella i un viu corc
bel·licós, activat per fi, l'esperonava.

	Amb frèndol sortí imparable rere el pillard
	que li pispava el ramat; no fou fins la riba
5290	del riu Antemunt que els va trobar. A un cert tros
	Menetes, el pastor, molt discret, el seguia,
	però l'amo del ramat no se'n va adonar
	que aquell jove ara tenia molt blancs els braços,
	més que quan l'havia avisat del robament.
5295	Geríon va palesar la seva presència,
	amb un crit triplicat de les seves tres veus
	i Hèracles mirà indiferent d'allà on venia,
	l'esperava i no mostrà gens d'astorament.
	Geríon baixava per una suau ruta
5300	per trobar-lo. Brandava tres espases grans,
	a les mans d'una banda, i tres escuts als braços
	de l'altra oposada. No seria un combat
	igualat, ni molt menys, malgrat ser sols dos homes.
	Els bous rogencs que va trobar es van apartar
5305	i sens més el nouvingut donà un cop d'espasa
	al cap de l'enemic, seguit d'un altre al cos
	i, un tercer que anava just a les cames.
	Hèracles aturà els dos primers presentant
	la clava, que en rebé sengles talls immutable,
5310	mentre el tercerva quedar en l'aire en empentar
	l'oponent amb la clava. Aquesta maniobra
	va sorprendre l'home triple que provà un cop
	consecutiu, ara amb els tres escuts de bronze
	picant l'enemic amb un marcatge insistent.
5315	Aquí veié que el rival no era com els altres,
	perquè el nostre heroi suportà tots aquells cops
	presentant l'avantbraç, ben bé sense immutar-se.
	El tercer aürt l'emprà per agafar-se fort
	d'aquell últim escut, que ara just el picava,
5320	i sense deixar la clava, amb les dues mans
	va girar el cos de cop, amb els braços estesos
	i va fer voleiar, per damunt del seu cap,
	el monstre trimorf, ell i escut, cames enlaire.
	El patac, en caure a terra, va ser imponent

5325	però més va doldre a Geríon la vergonya
	de ser rebotit com una escombra o un coixí;
	les seves cares mesclaven un munt d'efectes,
	des de ràbia, oprobi, fins una d'enuig.
	Poc van durar els dos darrers que amb la primera
5330	es llençava sens fre vers l'intrús d'ulls fulgents.
	Mentre Menetes, el de braços blanquinosos,
	llençà un roc amb la seva fona al nostre heroi
	el qual, sempre en tot combat amatent i alerta
	al més lleu esdeveniment, aturà el roc
5335	amb la mà oberta, i es mirà aquell pastor jove
	amb un esguard que el va estremir de cap a peus.
	Geríon el trobà en front, brandant la gaiata
	del pastor, amb una ganyota de sorneguer,
	que l'encegà més encara. I això el va perdre
5340	perquè en una espasada triple concentrà
	el cop del tall en un sol, sí, de gran feresa,
	mes de poca envergadura en el resultat,
	donat que, simplement, va fer una lleu oscada
	a la gaiata, abans que Hèracles s'afués
5345	contra Geríon amb mans endavant i esteses,
	cosa que obligà l'altre a protegir-se el cos,
	amb els braços dels escuts, i rebre una empenta
	contundent que el va fer recular més d'un pas,
	distància suficient perquè el nostre home
5350	girés cua, i pogués separar-se'n un xic,
	fet que l'altre malinterpretà, puix va creure
	que era un gest covard i es relaxà, confiat,
	mig baixant la guàrdia d'aquells escuts triples.
	Aquest gest lax durà res, un fugaç instant,
5355	però Hèracles ja premia l'arc i hi tibava
	una fletxa sorprenent, oscada i mortal:
	la gaiata, que de guia de bous, passava
	a ser projectil mortífer, ara en les mans
	dels nostre heroi i, s'afuà el bastó directe
5360	al relaxat guerrer triforme; anà entremig
	dels escuts de bronze i es clavà, llarg com era,

transversalment, als tres cossos i, d'un plegat,
en van quedar enastats a l'encop, i de sobte.
Així Geríon va rebre la freda mort.
5365 Les seves tres cares van dibuixar sorpresa,
de formes distintes, i allí s'hi congelà.
Va caure tot, de genolls i després de morros,
amb un repic de metall, d'espases i escuts,
per triplicat i després, res, un llarg silenci.
5370 Quan ja començaven els ocells a piular,
l'heroi sentí una corrent d'aire abalançant-se-li;
era un roc de fona de Menetes de nou;
aquest cop nostre heroi esquivà aquella pedra
i, com a càstig, li tornà, prest com un llamp,
5375 una fletxa, sens verí, al braç que semblava
haver llençat el projectil, errat, per sort;
la seva blancor es tenyí de color vermella,
cosa que el va fer desaparèixer a l'instant.
Hèracles féu una ganyota i amb aspresa
5380 anà vers el ramat, que aliè a la contesa,
brostejava tranquil·lament.
       Encontinent
va encarrilar el bestiar rere la naveta
i en una llarga fila van abandonar,
seguint el lleu camí d'Ocèan, La Vermella.
5385 El ramat no s'immutà del prodigiós
viarany que seguia. Aviat arribaren
a Calpe. Sabent-se a peu ferm i al continent,
reuní els bous, lloà als déus els beneficis
que li havien atorgat i, va tornar
5390 a Hèlios la naveta solar com de copa.
De fet Hèlios prou havia allargassat
la durada del dia, per tal que el nostre home
finís la primera part, d'aquell llarg treball,
que requeria un mitjà de transport marítim
5395 d'acord al camí d'Ocèan. Un cop la tingué,
hi col·locà els seus fatigats cavalls i el carro,

i allí van reposar traslladant-se vers l'est,
pel fluid oceànic, a fi d'encetar un nou dia.
Mentrestant Nit regnà omplint-ho tot de foscor.
5400 Hèracles, amb teulat de milions d'estrelles,
s'agençà a refer-se d'aquell dia tan dur.
Distants veié els fanals de les naus de la colla
i tement trobar aiguamolls, que era en zona molla,
va triar anar-hi pel matí.

                               Allí el temps
5405 sí s'havia comportat amb una absoluta
normalitat, i ja s'havien escolat
força dies de la partida del nostre home,
amb la mancança del qual alguns desacords
havien provocat de sobte alguna renúncia.
5410 Uns quants, entrant pel país, s'hi van establir
fent colònies mercantils; d'altres tornaren
a la pàtria, enyorats d'haver esperat tant.
Novament, com amb els argonautes, es creia
que Hèracles els havia abandonat, o mort,
5415 segons alguns; però hi havia ara un acèrrim
defensor del nostre heroi entre els mariners:
Iolau, que no es cansava en alleujar postures,
amb proves que rebatessin la deserció
del seu oncle. Però el dia que aquest tornava,
5420 precisament, sols quedava una sola nau,
la dels més fidels. De nou, sols en quedà una;
aquella novena al desànim era immune,
i amb tot, insuficient.

                              Hèracles, primer,
s'enfadà, quan es reuní amb els de la colla
5425 que quedaven, puix comptava carregar els bous
a les naus i salpar directe cap a Grècia.
Ara, per dissort, hauria de fer el camí
tothora per terra, que era una gran distància.
Però després es va resignar. El seu nebot

5430   el volia acompanyar a peu i ell va negar-s'hi,
        puix no tenia traça en menar bestiar,
        de fet cap dels mariners amics no en tenia;
        llavors va decidir fer el viatge tot sol,
        i sols consentí que la nau seguís la costa,
5435   i l'avisés en trobar algun punt conflictiu.
        La nau partí, consolant-se amb aquesta tasca.
        No fou fins veure l'Ebre que van actuar;
        era el primer riu de gran cabal del trajecte,
        i calia trobar un mitjà per ultrapassar
5440   les seves aigües. Amunt del delta descobriren
        que un grup d'ilercavons, hi havia dreçat
        com una passera que, a través d'una corda
        transversal, navegava, salvant el corrent.
        Fins deixar-ho tot lligat, amb aquella gent,
5445   no es van fer al nord sens esperar-lo.

                            Els bous rojos
        van seguir sempre la costa, amblant i soferts;
        passaren molts dels pobles ibers sens problemes;
        els bastetans, els contestans, els edetans,
        i, entre ilercavons i cessetans, ja el riu Ebre.
5450   En passar-lo un bou caigué a l'aigua i, sens perill
        va ser recuperat i el ramat seguí ruta,
        costejant fins trobar els seus entre laietans,
        on s'hi havien establert bastint una vila
        que es diria Novena Barca, sols per ells;
5455   Hèracles va seguir nord enllà, a molt bon ritme
        dellà dels pobles ausetans i lacetans;
        i, passats els indigets, fou inevitable
        que fes un recés obligat entre els sordons,
        just en trobar unes espectaculars muntanyes.
5460   Resulta que uns pobles celtes, per aquells temps,
        els volques i els bèbrices es van fer amb la plana
        de més enllà d'aquells cims, destruint ciutats
        d'ibers eliscicis: Enserune i Neronken;
        i els supervivents malvivien amb sordons

5465	de la plana i dels cims, perquè els invasors celtes
	tenien els dos pobles ibers com esclaus;
	damunt tots, el més cruel era el rei dels bèbrices,
	Bèbrix, que es deia; li tenia el cor robat
	la filla del cap sordó, la jove Pirene;
5470	ell la retingué per martiritzar l'orgull
	del pare; els ibers eren fers però molt nobles,
	cosa que contrastava amb el poble invasor.
	En aquest punt arribà Hèracles amb les bèsties,
	per tal de trobar el millor pas on travessar
5475	aquella renglera d'encimades muntanyes,
	tan ben indicades pels companys de la nau.
	Duia fets set mil estadis i la fatiga
	es notava al ramat. Quan Bèbrix el veié
	va desitjar apoderar-se d'aquells bous rojos,
5480	considerant que li darien molt poder
	entre els pobles sotmesos. Així, per guanyar-se
	aquell cepat pastor solitari, vestit
	amb una pell de lleó i, armat d'una clava
	i d'un arc extravagant, el va convidar,
5485	amb la velada intenció d'embriagar-lo.
	Ja a l'àpat, servit per Pirene, el nostre heroi
	pogué comprovar la crueltat retorçada
	del seu hostatger, contra la noia i els seus,
	cosa que li encengué habituals guspires
5490	en la mirada que bé el podien trair
	i que ràpidament prova d'ocultar, en beure
	rere el got que la jove li havia ofert.
	Tot i tota la copiosa beguda rebuda,
	Hèracles es mantingué serè i a l'aguait.
5495	A hores petites l'alarma sotragà Bèbrix
	avisant que la noia s'havia escapat.
	El rei dels bèbrices ordenà una batuda
	i l'hoste s'alegrà quan els perseguidors
	cap al migdia, esbufegant suats a dojo,
5500	van tornar amb les mans buides. Bèbrix no ho paí.
	I poc avesat a no sortir-se amb la seva,

manà incendiar tots els voltants, atiant
les flames perquè consumissin les muntanyes
on, es deia, Pirene s'havia amagat.
5505 Els sordons amb llàgrimes als ulls, es miraven
les seves estimades muntanyes cremar.
Van pensar que les deïtats que allí vivien
salvarien la jove, però van errar.
Hèracles, que havia desbaratat la fuita
5510 folla del ramat, en tenir-lo ja segur,
va decidir posar cullerada a l'assumpte.
Primer rere les flames, després pels costats,
amb alguns dels sordons, intentà sufocar-les
colpejant-les amb branques de bruc, a la fi
5515 van desistir. La impressionant columna encesa,
recorria la carena com una serp
flamejant;la consumí davant la impotència
d'aquells lluitadors. El foc privà ultrapassar
per cap carrerada el ramat durant dies;
5520 fins que les flames es varen esmorteir.
Llavors, abans de marxar, com es feia a Grècia
volgué fer un túmul, per tal de commemorar
la mort de la noia i, va moure moltes pedres
de diferents mides, que es van soldar en un bloc
5525 altíssim, com una muntanya destacada
que es veia del mar estant quedant per damunt
de la serralada socarrada, on Pirene,
diuen, va ser trobada cremada a la fi.
Els sordons van anomenar l'enorme túmul
5530 Roig, en la seva llengua, perquè els recordés
com l'espatllut pastor del ramat de bous rojos
com foc, amb els seus braços l'havia erigit.
Quan aquest anava a deixar-los vingué Bèbrix
amb el gruix de les seves forces, ben armat,
5535 per apoderar-se del ramat. Amb allò Hèracles
es veia lliure d'agrair-li l'acolliment,
i amb la clava esbandí d'un cop, de totes totes,
aquells ocupants orgullosos forasters.

	Tots varen deixar-hi la pell, fins el monarca,
5540	i un cop hagué acabat amb tots ells, confià
	les valls, entre cims, als indígenes més nobles.
	Aquell seu caràcter i sentit dreturer
	li deixaria un record que divulgaria
	entre els seus, tan bon punt tornés al seu país.
5545	Amb aquesta promesa va acomiadar-se
	seguint litoral amunt, d'esquenes al sol.
	Els sordons d'aquella vall on amb ells va estar-se,
	en van dir un bon pas per passar bous en comparsa,
	comptant que un jorn rebrotés de nou.

                                              Els companys

5550   de la nau van considerar que no calia
dar-li cap avís, en tant que al Golf de Lleó
hagueren de suportar els forts embats de Bòreas,
de nou desfermat i entestat en desviar
la colla, seguint les noves directrius d'Hera.
5555   Així els va empentar de la ruta vers l'est
i prou lluny al sud, fins trobar aigües encalmades.
D'altra banda Hèracles, anant costerejant:
passà l'antic país devastat eliscici,
ocupat pels celtes, els quals ja en tot el Golf
5560   tenien costum de matar aquells que hi passaven,
fossin un perill o no; en aquest cas l'heroi
fet pastor, els sorprengué oferint-se a ajudar en tasques
moltes allà on fos requerit, sempre amatent
del ramat de bous vermells. D'aquesta manera
5565   ajudà a construir Alèsia, ciutat
que es conservà durant molt temps ben orgullosa
d'haver obtingut la seva empenta inicial.
Això acabà amb aquell bàrbar costum tan rude.
Ja més enllà trobà els lígurs, poble felló
5570   que seguia les traces dels veïns, respecte
al tracte amb els passavolants. Doncs aquí, diuen,
que el nostre heroi, xerí de fletxes pel seu arc,
esllomat, per manca de descans, es va veure

                    totalment superat i alçà l'esguard al cel
5575   clamant ajuda. Malgrat que Hera entretenia
                    el seu marit, la potent veu del fill trobà
                    la forma d'entrar a les seves fines orelles.
                    Llavors prest Zeus, congrià una tempestat
                    com ningú a la zona mai més no veuria;
5580   d'antuvi Hèracles ja havia arrecerat
                    sota una enorme balma tot el seu ramat,
                    puix venia el cel negre, com si una nit fóra
                    per endavant vinguda; de cop llums de llamps
                    esclatant i el so eixordador de trons terribles
5585   van desfermar una calamarsa inusual;
                    rocs grossos com punys queien damunt caps i esquenes
                    dels lígurs atacants, i nostre heroi comprengué
                    l'ajut providencial que se li brindava,
                    i s'afegí, recollint pedres, per ventar
5590   pedregades a dojo, contra aquells inhòspits
                    enemics. Des d'aleshores aquells terrenys
                    han conservat ja per sempre una fesomia,
                    que cobreix del poble lígur una gran part,
                    i que encara es coneix com Plana Pedregosa,
5595   d'ençà d'aquella mítica pluja famosa,
                    on molts d'ells van finir.

                                                    Sense indicacions,
                    faltat d'amics, entrà a la península itàlica,
                    i si bé passà una nova barrera amb cims
                    més impressionants; i destrets de tota mena,
5600   pels feréstecs trets naturals d'aquell terreny,
                    no hi perdé ni un cap de bestiar. Sort!, que dòcils
                    varen seguir el seu pastor, i això que un munt
                    d'ocasions van ser assaltats per moltes bandes
                    de bandits, atrets per aquella carn, un bé
5605   escàs als Alps Lígurs. Hagué d'obrir passatges
                    en indrets inaccessibles. Després, suaus
                    paisatges l'acompanyaren guanyant la costa,
                    amb una serralada a l'esquerra tostemps,

	però lluny. No va pas trigar a trobar alguns pobles
5610	més pacífics que els lígurs, que havia patit,
	entrant a la península. Ara, ja a les planes,
	primer veié els tirrens, altrament dits etruscs,
	que convivien amb els faliscs, aquells eren
	pla més hospitalaris que aquests, i de cor
5615	joiós, despreocupat i feliç; coneixien
	el costum que mostrava sovint nostre heroi
	en arribar en senyal de pau, de dur una branca
	d'olivera. Això li obrí moltes de les llars
	i constatà que eren refinades i artístiques,
5620	un clar senyal del seu interès cultural;
	tot i que desconeixien l'esmerç del marbre,
	llurs construccions eren sòlids bastiments
	fets de fusta i terra cuita, sense emprar pedres;
	i per tant d'una sorprenent fragilitat;
5625	això sí, la majoria plens de pintures
	de colors blaus, vermells i negres amb detalls
	florals de fulles de lotus i acants, i gràcils
	figures d'homes en negre i dones en blanc,
	en festes o fent esport, que els apassionava.
5630	Deixà Etrúria i, havent passat un gran llac,
	se sabé al país dels àusons, no lluny dels umbris,
	creuat per un delitós riu; des d'un dels cims,
	i val a dir que de turons en veié força,
	igual que una plana sorrenca de marjal,
5635	copsà el que els riberencs llatins en deien el gran Laci,
	on molts pobles s'hi malmesclaven per l'espai:
	els faliscs, a tocar el riu, neutrals amb Etrúria;,
	els llatins, després, fins la costa, entre ells i els volcs
	els rútuls, del rei Turn, a la ciutat d'Ardea,
5640	i ja cap avall: àusons, sidicis, auruncs;
	just tota una amalgama de pobles diversos,
	enfrontats entre si; però el que realment
	va sorprendre molt al nostre heroi fou trobar-hi
	un ferm grup de compatriotes establerts
5645	en un dels molts turons escampats pel gran Laci.

Una colònia arcàdia que hi fundà
Palanteu, el mateix nom que la seva vila
natal, que amb el temps li'n dirien Palatí.
Evandre era el cap, els argius grecs l'expulsaren
5650 per homicidi involuntari, i ara allí
recordava la pàtria el millor possible.
Arribant-hi es guanyà, pels seus, el favor
del déu Pan, aquell fill de Canent i de Picus,
un home que va ser convertit en picot
5655 per Circe la fetillera. Pan donaria
un lloc privilegiat a aquells nouvinguts;
clarivident dels beneficis que la terra
n'obtindria de llur mestratge. Més tard Pan
daria a llum Llatí amb la nimfa Marica,
5660 aquest coneixeria Eneas, nova estirp
provinent de Troia i fonament d'un imperi.
Mes tornem a Evandre, que es trobà el nostre heroi;
de seguida l'ajudà a protegir el seguici
bovenc, també l'acollí a la seva llar.
5665 Mes ningú sabia que ocult sota d'aquella
raïa un monstre, dit Cacus, que era el causant
de les desaparicions misterioses
ancestrals dels qui poblaven tots aquells cims:
fossin persones o animals, el discret monstre
5670 en feia perdre tot rastre, col·leccionant
tant cossos com cranis per la muntanya buida,
alimentant-se'n de la carn i de la sang.
El misteri ara atuïa els de la vila
i el jove Evandre ho comunicà al nostre heroi,
5675 el qual, de seguida, n'agraí la franquesa.
Tement que el seu ramat en sortís afectat
va voler dormir amb ell, a frec d'una vedella
molt espantadissa. Rendit pel cansament,
al poc caigué en un son profund. A hores petites
5680 Cacus sortí de la cova, que era el portal
de les entranyes d'aquella innocent muntanya.
Prompte ensumà els bous que dormien com uns socs,

| | indiferents al perill; tement una trampa,
| | Cacus fou discret, sols s'emportà, arrossegant
| 5685 | per la cua, quatre bous magnífics d'estampa
| | i tres vedelles rogenques; tan suaument
| | que cap animal s'adonà del robatori.
| | Altra cosa fou la vedella que era a part,
| | amb el nostre heroi, tota ella va esgarrifar-se
| 5690 | d'un atac sobtat de paüra, despertant
| | el seu pastor en tenir-ne per coixí la panxa;
| | tota ella braolà i ja no volgué callar.
| | Com el monstre havia estat curós no va témer
| | haver deixat rastre, en petjades ni refrecs;
| 5695 | però va obviar que, en les punxes d'unes mates
| | d'argelaga, hi quedés un lleu manyoc de pèl
| | d'un dels braus en passar, amb tanta poca fortuna,
| | que era al pas d'un cau ocultat per esbarzers,
| | i una de les entrades de l'immens subterrani,
| 5700 | palau secret de Cacus. El lladre sagaç,
| | pulcre, l'havia taponat amb una roca
| | d'enormes dimensions. Un home qualsevol
| | s'hauria rendit fatalment a l'evidència,
| | però Hèracles no n'era pas, quan feia encalç:
| 5705 | mogué la pedra amb una soltesa increïble;
| | i malgrat que l'obertura era un lloc planer,
| | el pas ja queia a les entranyes de la terra
| | i només Cacus sabia arribar al relleix,
| | on anava a encetar el sacrifici de víctimes
| 5710 | bovines. Nostre home el veié, distant i avall,
| | fora del seu abast, però no de les fletxes
| | del seu arc letal. Li'n llençà un intents ruixat
| | i llavors pogué veure les característiques
| | de per què aquell monstre era tan horripilant:
| 5715 | a mida que les fletxes se li abraonaven
| | Cacus, de les tres boques, dels respectius caps,
| | exhalava flames ardents que les cremaven
| | al vol, esmicolant-se en espurnes brillants,
| | pel toc d'un foc fulgent totalment espantable.

5720 Així, mentre anaven consumint-se aquells dards,
      es podian veure, en les tres cares del monstre,
      una malèvola rialla de plaer
      satisfet; Hèracles lluny, des de la talaia,
      el veia a baix, rient a cor que vols, i els bous
5725 pel riure cavernós, varen neguitejar-se
      i van començar a mugir llastimosament.
      Això arrencà l'intrús de la seva impotència
      i, veient que les fletxes no feien el fet,
      i esperonat, com pare que sent la canalla
5730 enmig d'un perill, saltà amb les mans endavant;
      tan prest ell com sorprès l'altre, d'aquella audàcia,
      davant la qual quedà petrificat, amb gest
      de sorpresa, deixant inoperants els braços;
      cosa que aprofità el nostre heroi per quedar
5735 penjant com un collaret, i amb l'avinentesa
      de cop, trobant-se ensems, un pel coll escanyat
      i l'altre garfint-li i tenallant la gola
      del mig, sentint a frec el fort alè pudent
      de les altres dues testes, a ambdues bandes.
5740 Aviat el cap central quedà enravenat,
      de tanta força aplicada, però les goles
      dels dos caps vius es varen apressar a escopir
      ingents bafarades, senyal de la impotència
      del dol per la seva germana. Tot el foc
5745 s'orientà al rostre del nostre heroi, amb força
      que dóna la fúria, i li cremà alguns pèls
      de celles i cabells de la gran cabellera
      que ara lluia, després d'haver-la perdut.
      Però un nou moviment més ràpid sobtà al monstre,
5750 quan les poderoses mans d'aquell enemic,
      prenent els sota barba de les dues testes
      les obligà a mirar-se entre si, tant de cop,
      tant de sobte que les flamarades, que encara
      estaven escopint, varen socarrimar
5755 les dues cares, com llurs fonts provocadores;
      sengles crits de greu dolor varen tallar el doll

        de vòmits candents; sols degut a aquella causa
        les mans inoperants del monstre es van obrir
        i van deixar caure els estris pel sacrifici,
5760 que tot aquest temps havia tinguts garfits,
        que enyoraven les macabres carnisseries;
        fou en va, aquelles mans occidores potents
        tornaren a prendre una altra d'aquelles goles,
        i retorçant-la la van deixar sense alè.
5765 Més fàcil fou acabar igual amb la tercera
        puix, encegada pel foc del cap més central,
        no va reaccionar a temps i amb suficiència
        d'evitar la pròpia mort, per tercer cop
        i concloent. Ofegades les alenades
5770 que mantenien viu el monstre s'apagà
        l'hàlit del seu cos, i caigué tot ell de morros,
        llarg com era i amb els braços als dos costats,
        fent-se un silenci. L'home va fer una ganyota,
        i es dirigí al bestiar amb els passos lents,
5775 mans endavant, demanant calma amb veu tranquil·la;
        i els bous rogencs, tan punt van veure aproximar
        aquell seu pastor, amb la capa estrafolària
        de lleó a l'esquena, ja es van veure salvats
        i el van seguir dòcilment al llarg de les voltes
5780 pètrees amb reflexos fantàstics de llums,
        on estalactites i estalagmites humides,
        lluïen amb tantes calaveres penjant.
        Fet un llarg recorregut trobà la sortida,
        i el pastor els pogué reunir ja amb el bestiar
5785 que calm l'esperava sota la vigilància
        de la gent d'Evandre. Els arcàdics, en saber
        la proesa del rescat i la mort del monstre,
        insistiren en la seva hospitalitat,
        i el nostre heroi hagué de romandre-hi uns quants dies.
5790 Evandre instaurà una gran celebració
        anual, per tal de commemorar la gesta.
        Aquella primera fou sonada amb escreix,
        i al llarg dels temps no varen decaure ben gota;

                    ja en època que es presentaren els troians
5795   ho van poder constatar en les seves persones.
            Després d'uns dies Hèracles va decidir
            fer-se fonedís, i acabar de raure a Grècia,
            tot i que li quedava encara un llarg camí,
            prou feixuc! Després dels volscs i auruncs deixà el Laci,
5800   i anant al sud notà calor i un cel rosaci,
            ja un xic més familiar.
                                    Els penya-segats
            el van fer allunyar de la costa, vers les terres
            dels oscs, agricultors tenaços i soferts;
            tant baixà vers el sud que per fi va trobar-se
5805   el mar obert i va decidir descansar.
            Al costat d'un modest rierol dormitava,
            guanyat el son reparador, quan un concert
            sobtat de grills, eixordador va xerricar-hi
            monòton i inacabable el seu discordant
5810   fraseig festejador. Tan sonor, tant durava
            que el nostre heroi, exhaust va suplicar a l'Olimp
            un ajut contundent en forma de silenci.
            Val a dir que els déus ben prest li ho van concedir
            podent dormir tota la nit d'una tirada.
5815   Aquell privilegi encara és viu; ja en temps
            d'uns colons de Lòcrida, que hi fundaren Locros,
            van trobar el país exempt de xerrics dels grills
            i cigales. L'endemà Hèracles va llevar-se
            i, en fer el recompte habitual del bestiar,
5820   va trobar a faltar un brau, sempre molt problemàtic.
            Va tenir sort, perquè, buscant-lo, mirà al mar
            i el va veure nedant vers una illa propera
            que resultà ser Sicília; a més trobà
            un eixerit vailet que per allí passava.
5825   Nostre home el convencé de vigilar el ramat,
            a canvi de quanta llet pogués empassar-se.
            El noi, engrescat, obrí uns ulls grossos com plats,
            prengué la gaiata d'Hèracles i féu guàrdia.

	Seient en un roc que dominava el relleix
5830	li grinyolà l'estómac pensant en el beure;
	i lluny, d'un cingle, on no hi grimparia ni una heura,
	veié el nostre heroi saltar a mar.

                                                    No va trigar
aquell inconscient, a guanyar nedant l'illa
i es va posar a buscar aquell brau malestatger.
5835   Les referències el van dur a cercar-lo
a la primera població que trobà,
entre el ramat del rei Èrix, fill d'Afrodita.
El brau s'havia entossudit en festejar
una vedella i Hèracles, per molt que intentava
5840   no els podia pas migpartir. Incansablement
el prenia i en fer mig camí reculava
i tornava a la quadra, entremig dels vedells.
Quan no era un, era l'altra que s'entossudia
sens fi. I ho va saber el rei Èrix, que era amant
5845   del pugilat. Per la passió de la lluita,
a cops de puny, no va perdre l'ocasió
desafiant el nostre heroi a un combat quíntuple.
Confiat, posà el regne a la punta del brau
i el nouvingut s'hi avingué, però a desgana.
5850   Aquest volgué que li embenessin els ulls,
per com, desconeixent que era fill de deessa
el seu contrincant, no en sortís afavorit,
conscient de la seva força aclaparadora,
i com a gest deferent al rei oponent.
5855   Èrix somrigué i amagant el propi origen,
començà el combat. Quatre cops derrotà el rei
al seu adversari, qui sols ventava l'aire,
en va. Al cinquè Èrix va estar massa confiat,
i un moment donat disminuí la distància,
5860   i el nostre heroi el prengué tot desprevingut;
d'un cop no mortal el deixà en la inconsciència,
i sabent-lo sense esma el volgué alliçonar
i prengué el rei i el va alçar per damunt l'espatlla

llençant-lo a terra, llarg com era, en un res.
5865 Després es treié la bena, mentre somreia,
i va veure amb horror allò que havia passat:
Èrix jeia sobre un bassal de sang, la testa
li havia quedat esbardellada en un roc.
Hèracles quedà abatut i la gent del públic,
5870 que els havia envoltat, tingueren molts treballs
perquè veiés que havia estat involuntari,
aquell fatal desenllaç. Passats llargs moments,
d'estira i arronsa, s'avingué a la tornada
i recomençà el periple amb el brau tossut;
5875 les anades i vingudes s'allargassaren,
de tal manera que les petjades del brau
s'imprimiren al sòl petri, com si fos cera;
i avui sembla talment com si molts animals
que hi haguessin passat, i la gent ho contempla
5880 com senyal d'acció immortal. Hèracles, doncs,
consternat de passejar la seva presència
davant d'aquell poble en dol, d'ànims afligits,
prengué el brau a coll be i es llençà a l'aigua freda
i així l'enterc animal oblidà la cleda
5885 i nedà prop del seu pastor.

                               Ja al continent
van anar a trobar el ramat i el noi que el cuidava.
Al nostre heroi li va costar un xic trobar el grup,
puix una espessa boira tot ho embolcallava;
fou el bou fugitiu que el conduí de dret
5890 amb tots els altres. El noi va somriure en veure'l
i li empescà una història extravagant
d'un bandit que allí rondava volent robar-li
el bestiar; havia vist els seus braços blancs
lluir en la nit, i ell, com bon devot d'Atena,
5895 li pregà ajut i va obtenir-ne aquell boirim
que els havia ocultat durant tots aquells dies.
Hèracles ho veié fantasia infantil,
mes li agraí el servei amb un somriure

i en prengué comiat. La boira s'esbargí
5900 quan ja enfilaven camí, ell i el seguici;
enrere deixà el noi; més enllà, en un turó,
una dona l'observava amb mirada encesa;
va tronar i ella els braços desplegà amb aspresa,
d'una blancor xocant.
                    Per la planta del peu
5905 de la península, arribà al taló, a Apúlia,
allí trobà la colla perduda esperant.
Resulta que després d'un periple llarguíssim,
havien aconseguit arribar de nou
a Grècia i noliejar la companyia,
5910 més o menys completa. El perseverant Iolau
havia convençut els companys indecisos,
i el temps li havia donat el compromís
de la majoria. En resum, la seva colla
era allí i de seguida varen carregar
5915 tots aquells bous rogencs a les naus oportunes.
Val a dir que fins Iolau va quedar sorprès
que no faltés ni un cap, des dels llunyans inicis,
i el seu oncle el guanyà en més admiració,
si poca li'n tenia. Aquella singladura
5920 no va comptar amb més incidents dignes d'esment;
Hèracles intentà guanyar un repòs per sobre
Iolau, que l'omplia dels fets propis viscuts,
des que van separar-se; foren dies plàcids
puix, si uns núvols de vent es formaven, al poc
5925 uns trons llunyans semblava com si els desfessin,
com una pugna d'olímpics celestials.
Ja en sòl grec va passar una cosa molt estranya:
una pagesa del mercat, fixat al port,
duia una gàbia d'ocells cantors per vendre;
5930 mostrant-los, segons va dir, a un passavolant
de cop, contà, s'havien convertit en tàvecs;
el núvol d'insectes s'adreçà, tot fiblant,
als bous del nostre home quan ja desembarcaven;

	i hi hagué una corredissa que cap bover
5935	no pogué aturar. El trasbals fou considerable
	i l'estampida es dispersà en molts petits grups,
	seguits per insistents tàvecs dant sols martiri.
	Costà una colla de dies tornar a reunir
	el ramat complet d'animals. La paciència
5940	del nostre heroi va esdevenir primordial
	per resoldre el fet. El nebot Iolau, fill d'Íficles,
	va voler saber com havia començat;
	indagà i per fi trobà aquella venedora,
	la qual li jurà haver dut ocells al mercat
5945	i veure com s'havien convertit en tàvecs
	davant d'aquell foraster; Iolau la cregué,
	mes no trobà aquell home com a testimoni;
	sí que uns li veieren, entre ells un matrimoni,
	uns braços tremendament blancs.

                                        El bestiar,
5950   un cop reunit, feia una fila lamentable,
        per les fiblades i ferides en fugir,
        però hi eren tots, el fet que més importava,
        per tant el va conduir davant d'Euristeu.
        El monarca estava sorprès de la vinguda
5955   del seu martiritzat parent. Feia tant temps
        que n'havia perdut el senyal, que pensava
        seria mort; ho desitjava fermament,
        i quan li van dir que havia entrat a l'Argòlida,
        amb un gran seguici de bous, va quedar fred,
5960   incrèdul, puix n'havia esborrat l'existència
        del seu dia a dia i se n'estava refent.
        Quasi el seu record, com el d'una ombra vague,
        ben bé es perdia amb el viure quotidià,
        que guanyant plenitud existencial seva
5965   s'engrandia sense aquella perfecció
        representada, en l'ésser ferm, del nostre home;
        en no veure's amenaçat per aquells trets
        del seu cosí, poc a poc havia crescut

	per l'espai interior que l'empetitia
5970	com a persona, havent refet la confiança;
	no havia perdut pas el seu regust cruel,
	ans al contrari, però sense la presència
	del cepat justicier podia actuar
	lliurement, sense remordiments de cap mena.
5975	Havia pagat als seus súbdits més fidels
	amb el dolor del menyspreu, i per la cruesa
	s'havia desfet dels servents reials propers,
	puix llur servei evocava pors superades;
	la resistència d'alguns, records d'aquell
5980	sofert, símptoma de traïció propera;
	havia caigut Copreu amb els seus, i molts
	esperaven el seu torn, sabent-ne les traces;
	mogut sense aturador aterria el palau
	i els súbdits d'arreu, que ni tan sols coneixia.
5985	I ara tornava a tenir por, estava insegur,
	la desconfiança li tornava a aparèixer;
	el goig de fer mal estava descontrolat,
	i novament amenaçat, per les sospites
	que el treien de pollegera. Guardava un dard
5990	encara per causar-li dolor i llevar-li
	el triomf que ara ostentava, tant evident,
	just per refregar-li als morros. No seria
	ell qui riuria l'últim. N'estava segur.
	Nostre home, després de deixar els bous a les quadres,
5995	es dirigí a la sala d'aquell palau
	on li coïen tant al cor les audiències,
	d'aquell ombrívol, sorrut, i escardalenc rei.
	Francament havia perdut tota supèrbia
	juvenil inicial, de considerar
6000	aquell monarca indigne de poder sotmetre'l
	als seus antulls, forçant el seu desassossec.
	De la sala havia marxat la llum somorta
	d'altres vegades, i ara una ínfima claror
	d'una sola espelma il·luminava al monarca
6005	amb prou feines, que seia inclinat dalt del tron.

El nouvingut sentí la soledat immensa
de l'estança, en contrast amb tot el batibull
que havia deixat enrere, fora a la plaça,
que ara semblava tan i tan llunyana. Els dos
6010 es varen mirar llargament en un silenci
volgut etern que, finalment, el rei trencà,
no pas per lloar un xic la fita aconseguida;
no per ponderar els canvis físics per l'esforç
en el seu odiat parent, no; tan sols foren
6015 mots, després d'escurar-se la gola, estridents
i carregats de fel inflamada d'enveja.
Començà recordant-li que aquells dos treballs,
primer el de l'Hidra i els dels estables d'Augias,
per haver estat ajudat, i per voler un sou,
6020 aquell segon, no es podien comptar com vàlids
i, per tant, en calia efectuar dos més
perquè fossin els deu acordats en principi.
Li va recalcar que ja era prou generós,
en considerar el present dels bous com correcte,
6025 puix el tram final l'havia fet embarcant
el bestiar en unes naus, però l'eximia
que eren les mateixes amb les que va partir
de Grècia i, això feia el treball comptable.
Hèracles intentava mantenir un posat
6030 calm i s'abandonà al cansament per mostrar-se
impertèrrit. Euristeu canvià, per fi,
el to monòton del seu llarg discurs tan pèrfid,
cosa que anunciava sens dubte el treball
proper que havia ordit aquella ment malalta.
6035 En sentir-lo, nostre heroi confirmà del cert
que aquell rei no tenia remei amb tant d'odi.

CANT DOTZÈ
El jardí de les Hespèrides

    Ara volem referir d'Hera un episodi
    que marcarà el nostre relat en aquest punt;
    en el vague temps conformatiu, passejava
6040 pel bosc i Zeus provocà un xàfec ben fort
    que va fer-la aixoplugar-se sota un gran arbre;
    a l'empara de la capçada coincidí
    amb un cucut que s'abrigà a la seva roba.
    Mentre aquella pluja s'apaivagava, Zeus
6045 deixà la seva forma d'ocell i va prendre
    Hera amb voluntat d'esdevenir-ne el marit,
    i tenir-la com a dona formal en vida.
    El casament fou superb, van rebre-hi regals
    esplèndids dels grans déus primigenis olímpics.
6050 Ben abans que el caràcter no se li agrís,
    ella era un referent clau en els matrimonis
    i en les vides de les dones; amb el regal
    de pomes, magranes es lloaven les núvies
    via el seu favor, tots fruits a ella consagrats.
6055 Gea, la Mare Terra, de pregones sines,
    li havia regalat unes pomes d'or
    i Hera havia dissenyat, amb la seva ajuda,
    tant viva i frondosa, com era exuberant,
    un magnífic jardí on, a part de les pomes,
6060 sempre d'or, hi creixien munts de tarongers,
    cirerers, magraners, llimoners, àdhuc mangles;
    perquè el jardí era una terra verdejant,
    planura sens sorrenques vores ni carenes,
    encatifada d'herba i arbres gegantins,
6065 amb fines lianes nuadisses gronxant-s'hi;
    cabres n'esbrotaven la verdor i bisons
    menjaven a cor que vols, mentre gegants cérvols
    acollien en llurs banyes ocells cantors;
    fora, lleons o gaseles, a més campaven

| 6070 | per tota l'illa, allunyats i discretament,
| | molts animals gegants de l'antigor llunyana,
| | ja esvanits arreu del món, que hi feien bivac,
| | convivint amb tots els veïns de forma plàcida
| | i pacífica, perquè aquell jardí ufanós
| 6075 | era el recer calm, ben a gust de la deessa;
| | i allò que més estimava i era important:
| | la pomera amb pomes d'or, el regal de Gea.
| | L'augusta Hera havia amagat amb molt de zel
| | on es trobava el jardí, i per si molt poc fóra
| 6080 | l'ocultament, hi havia posat la serp,
| | de nom Ladó, com a guarda de la pomera
| | i unes nimfes geloses, set filles d'Atlant,
| | agombolaven el verger sencer tothora.
| | Si bé elles eren de caràcter tranquil
| 6085 | dòcil, calm i amoroses amb els seus dominis,
| | la serpent Ladó que, diguem-ho clar, era un drac
| | de cent caps, era resolta a complir el deure
| | amb la deessa, un afany l'omplia sencer
| | d'una obstinada paciència infinita.
| 6090 | Cap dels seus caps no aclucava els ulls puix la son
| | li era innecessària; a més, les cent llengües
| | de sengles goles tenien l'habilitat
| | de proferir mots dispars en cent idiomes
| | de la major part del món llavors conegut,
| 6095 | la qual cosa era un portent més que formidable.
| | Ara potser sí és bon moment d'aclarir
| | que Hera, a través de l'odi que Euristeu guardava
| | envers el seu cepat cosí, es va servir
| | de l'apostolat de la seva filla Admeta
| 6100 | per inocular al pare el voler d'Hera, i com
| | es delia pel seu jardí de les Hespèrides,
| | recer secret, ignot on trobava la pau
| | dels neguits conjugals, del qual les seves pomes,
| | conformades d'or, n'eren tot el seu orgull,
| 6105 | va ordenar al sofert trescador, una nova tasca
| | plena de perills, fruit de la mentalitat

```
         recargolada d'aquell rei mancat d'escrúpols:
         portar-li tres pomes d'aquell mític jardí.
         Ningú sabia on era, o d'on prendre el camí,
6110     i essent d'Hera el repte era immens.

                                          Pontos i Gea,
         el mar i la terra; fill i mare, van engendrar
         deïtats marines; Nereu, de totes elles,
         serà fonamental pel transcurs del relat
         en el moment present. Heretà de sa mare
6115     els dons profètics i del pare els canviants,
         es podia transformar en qualsevol figura;
         per tot plegat rebia el nom de El Vell del Mar.
         La seva mare li confià molts misteris
         que ell es guardà i no va trametre a ningú mai,
6120     ni a les seves cinquanta filles Nerèides,
         que vivien amb ell en cataus submarins
         i que era rar poder-les veure en superfície.
         Totes eren belles i Tetis més que cap;
         havia estat requerida per molts olímpics:
6125     Posidó, ... Zeus...; però estava pronosticat
         que daria un fill més important que el seu pare,
         cosa que ja hem vist a Prometeu prevenir
         al Crònida, el qual, li imposaria un casori
         d'ella amb un humà: Peleu, passant-li el mal;
6130     vingut Aquil·les, llur fruit, Peleu va enxampar-la
         mentre comprovava si la immortalitat
         d'ella havia passat al seu fill, submergint-lo
         en aigua de l'Estix; després del ruixat d'ell,
         i tot pensant que llur fill ja era invulnerable,
6135     deixaria el marit i el nen per tornar al mar.
         Però ara, abans d'això, Tetis amb les germanes
         estava joguinejant, com feien sovint,
         damunt del mar, ara enfonsant-se, adés eixint,
         no lluny d'on meditava Hèracles.

                                              Feia dies
```

6140 que el nostre heroi cercava una forma eficaç
 per trobar on raïa el Jardí de les Hespèrides.
 Passà per tota Il·líria bruixolejant,
 seguint referents vagues que enlloc portaven
 segur; sols trobava dificultats, com quan
6145 l'havia reptat Cicne, un fill arrauxat d'Ares.
 Resulta que Cicne volia construir
 un temple especial dedicat al seu pare,
 però com a carreus feia servir els caps
 dels pobres pelegrins que anaven fins a Delfos,
6150 a l'Oracle, Cicne els treia els cranis ja morts
 i en feia les columnes i parets de l'obra.
 Hèracles va saber d'aquesta iniquitat
 i el desafià a un combat personal on Ares,
 el déu guerrer mateix, s'oferí com padrí;
6155 el combat fou breu i el fill d'Ares va morir-hi,
 de forma vergonyant, llavors el déu guerrer
 reclamà el dret de venjança de pare
 i va trobar en el nostre heroi l'assentiment.
 Es va atiar de nou la lluita apassionada
6160 però, en el moment culminant va caure un llamp
 entremig dels dos combatents, senyal que el Crònida
 no acceptava per res un combat de fills seus.
 I ara, al punt del Po, on aigües salades i dolces
 s'amalgamen, Hèracles s'havia assegut
6165 amb el cap a tres quarts de quinze. Just tenia
 davant i enllà un escull marí. El nostre heroi
 hi llançava d'esma còdols tot fent sopetes,
 meditabund, sense veure-hi l'activitat
 que rere l'escull hi manegaven les Nerèides;
6170 amb tan mala xamba que un d'aquells rocs llançats,
 per aquella tremenda força va allunyar-se
 més del compte de l'escull i, fent bots constants
 sense fi topà amb el cap de la pobre Tetis,
 just quan sortia d'un profund capbussament.
6175 Els crits i els plors de ses germanes desperταren
 del seu entotsolament el confús heroi.

Alarmat, tement el pitjor, es va llençar a l'aigua
i nedà rabent fins allà rere l'escull,
d'on eren els plors que van callar en arribar-hi.
6180 Sols trobà surant Tetis i se l'endugué
fins la platja. No va caldre reanimar-la,
aquell cop havia estat superficial
i recuperà els sentits. Després de disculpar-se,
Hèracles li féu saber què estava cercant
6185 i Tetis agraïda l'adreçà al seu pare,
Nereu, el Vell del Mar, convençuda que allò
seria un dels molts coneixements que ell tenia,
sobre secrets inexpugnables a tothom.
La nimfa també estava molt interessada
6190 en que el nostre heroi obtingués el seu trofeu,
donat que una de les pomes d'or d'aquell arbre,
durant el seu casament, seria llavor
discordant, per dur gravat el nom de la dea
més bella de totes, i el procés resultant
6195 portaria fatalment la guerra de Troia,
on el seu futur fill hauria de morir;
raó per voler fondre la disputa aquella.
Així Tetis advertí de com superar
els poders de Nereu multiforme a Hèracles,
6200 i amb aquell alliçonament tan oportú
s'acomiadà mentre al mar es capbussava.
Hèracles, ja informat, deixà aquell nord sens trava
i al sud cercà el vell déu informe.

                                                          Rarament
el Vell del Mar pujava fins a la superfície;
6205 en fer-ho era amb una clara intenció
de guiar, aigua cel, els mariners que es trobessin
en perill. Solien ser consells paternals,
indicacions plenes de gran saviesa.
Era l'únic moment d'accessibilitat,
6210 i encara sota una aparença sense forma,
canviant de peix, o gran o petit, parlant,

| | a calamar que entintava tot d'evidències
| | comprensibles; des d'una balena o un rorqual
| | que es feia entendre, a una ona saltant o escuma
| 6215 | dibuixant un trajecte, ben clar i evident.
| | Doncs bé, Hèracles, sabedor per boca de Tetis,
| | de com trobar i, sobretot, contactar amb Nereu,
| | s'hagué d'empescar una sagaç estratagema:
| | per obtenir el seu propòsit s'enrolà
| 6220 | en una barca de pescadors de la zona,
| | i es féu portar on Tetis li havia indicat
| | veuria son pare; enmig de la mar immensa,
| | on hi havia uns niells que afloraven poc;
| | allí el varen deixar, per boig i amb recança,
| 6225 | sense entendre-hi res, i dolguts d'abandonar
| | aquell cepat operari, que tant havia
| | ajudat a recollir l'art tot fent camí;
| | però ell se n'acomiadà amb un somriure
| | i quedà sol, amb l'aigua als turmells dalt dels rocs.
| 6230 | L'advertiren de la marea, però Tetis
| | també l'havia instruït dels millors moments
| | per trobar baixamar. No passà gaire estona
| | quan, de sobte, eixí del fons del mar un gros tronc
| | ple d'algues, com si acabés d'alliberar-se'n
| 6235 | i veiés la superfície. Encontinent
| | un escumall blanc i un remolí incomprensibles
| | el van moure i redreçar just al punt aquell
| | on la barca dels amics havia fet ruta;
| | era ben entenedor aquell remenament
| 6240 | però el nostre home es féu el desentès i l'orni;
| | no era el moment. Al poc una flama encengué
| | un extrem del tronc i Hèracles va restar immòbil,
| | badant, mirant enlaire. No gaire després
| | l'esquitxà un peix bot com si volgués despertar-lo;
| 6245 | el dofí féu cabrioles força a prop seu,
| | xisclà sorneguer i s'encabrità anant d'esquenes,
| | enfonsant-se i eixint de nou, més de vint cops
| | fins que s'apropà i quedà quiet una estona:

	llavors fou el moment! Nostre heroi com un llamp
6250	se li llençà al damunt i el prengué entre els seus braços,
	abraçant de forma impossible de desfer.

       llavors fou el moment! Nostre heroi com un llamp
6250   se li llençà al damunt i el prengué entre els seus braços,
       abraçant de forma impossible de desfer.
       El peix bot es trasmudà, sorprès, en una àliga,
       aletejant frenètica; l'au es tornà
       cabussot, gavina, calamar, pop enorme,
6255   en lleó marí de grans barbes, en esquitx
       d'aigua de mar. . . , punt que, amb l'advertiment de Tetis,
       que li servia com avantatge provat,
       significava un començament de fatiga
       i que havia de retenir-ne un glop per tal
6260   que en provar, després de metamorfosejar-se
       en escuma del mar pogués subjectar
       una volva, ni que fos petita, a l'almosta.
       Tal dit tal fet, nostre heroi es mantingué ferm
       i el Vell del Mar, vençut i cansat, prengué forma
6265   humana divinal corpòria i patent.
       Llavors Hèracles el deixà anar, seguint l'ordre
       de la nimfa, i Nereu, veient-lo tan expert,
       volgué saber quin déu o deessa l'havia
       previngut tan encertadament. Nostre heroi,
6270   com havia promès, ho callà, demanant-li,
       ja que el tenia sotmès, havent-lo vençut,
       allò que delejava i l'altre no podia
       negar-li explicar. El vell detallà el camí,
       i els llocs millors per passar sense cap marrada
6275   i, amb tot, el trajecte era imponentment ben lluny.
       Euristeu sabia treure'l de polleguera!
       Pacient escoltà els consells del Vell del Mar,
       sense poder reprimir una clara ganyota
       d'enuig. L'itinerari era llarg i el lloc,
6280   si l'abastava, tenia un perill notori
       pel guarda del pomer, que Nereu deixà entès,
       costaria prou de vèncer. La seva aptesa
       raïa en allò menys evident a cop d'ull,
       i aconsellà guanyar més per la intel·ligència
6285   que amb la força, detall que el nostre home agraí,

encara que no li aclarís la manera.
Satisfet de l'ajut i de tots els consells
del Vell del Mar, Hèracles obrí els seus braços
en senyal, dit per Tetis, de franc comiat
6290 i Nereu es veié lliure d'una presència
de frèndol descomunal, i es capbussà al mar,
deixant una estela de bombolles enrere.
El nostre heroi s'assegué llavors al niell
esperant, previ acord, reveure el vaixell
6295 que l'havia dut, gaudint de calma.

               Impossible.
Hem de ser categòrics amb rotunditat:
no podem dir amb seguretat on raïa
aquell jardí meravellós perquè, en concret,
on situar-lo fidelment no té importància;
6300 de fet no implica en res el seu emplaçament
ni en l'exuberància del seu floratge,
ni en el tipus d'arbrat que el revesteix tot,
ni tampoc en la confecció del caràcter
dels éssers que es troben de sempre allí vivint.
6305 I tot perquè era un verger concebut, i gràcies
a la voluntat divina de la muller
del Crònida, fruit del desig de fer-lo incògnit,
secret, inaccessible i recòndit que es vol,
perquè aquesta és la voluntat d'Hera divina.
6310 Direm tan sols que està en una illa enmig del mar,
i que localitzar-la és del tot impossible,
i un esforç inútil, perquè no es pot comptar
amb cap indici per trobar-la. Quan nostre home
hi féu peu hi accedí guiat per Nereu,
6315 des de llavors molt més caut a deixar-se veure;
a la primera llambregada li semblà
una illa gran com tantes havia vist sempre,
però un cop hi afinà el seu esguard veié
una munió de plantes dispars i rares
6320 que no coneixia; primer arran just de mar:

el fonoll marí floria blavós, el càdec
grisenc, quasi blanc; l'argelaga i romaní
bescanviaven llurs colors; la farigola
i els caps d'ase envermellien com gladiols;
6325   en fi tot semblava disposat a caprici
i extravagància d'un ànim rampellut.
Remuntà un sender d'un rierol que baixava
fins la platja, rost amunt, traspassà el turó
d'on naixia i veié una gran planura fèrtil,
6330   tota poblada de plantes ornamentals
que escampaven sentors, sols guanyar la collada;
d'allà vingué Hèracles, tramuntant-la i baixant,
amidà el clos que encerclava una gran muralla
no gaire alta. Al primer moment li va semblar
6335   veure a dins, circulant pels camins i les feixes
d'aquella plantació ordenada, quelcom
llargarut, enfosquit, vaporós com un núvol,
veloç, girant entre rengleres del sembrat,
com resseguint un camí sabut, on va perdre's
6340   darrera una filera de xiprers, i això
va fer oblidar al nostre home aquell estrany fenomen;
i més encara quan sortí del clos barrat
una noia atrafegada carregant branques
d'on queien fulles, junt amb un gros feix de troncs.
6345   El musculós nouvingut prest anà prop d'ella,
per tal de brindar-li un generós cop de mà,
però en ser-hi a tocar li veié la traça
i la facilitat amb què duia el fardell,
malgrat mostrar una fragilitat i estatura
6350   petita i escarransida. Li va adreçar
un franc elogi, que va alçar dins la muralla
un cert sotragueig, només començar els seus mots;
com l'avís d'un gos guardià, que evidencia
la seva presència a un mer passavolant,
6355   circulant massa prop del camp que gelós guarda.
Egle, la noia menuda, va anar de poc
que es torna un saule, tal era la seva gràcia

que, com les seves germanes, tenia ensems;
sobretot per l'aparició d'aquell home
6360 i el seu esguard torbador d'ulls guspirejants;
però la seva veu tronant, però encalmada,
trobà un replec ocult al seu cor que la féu
mirar-lo amb un esguard rialler i ben laxe.
De seguida la seva presència omplí
6365 de conversa plaent l'afer que l'ocupava.
Es va asseure en un roc fiter i el va escoltar
extasiada. Ell va ser sincer, no volia,
amagar el seu propòsit, però va farcir
de detalls el relat d'algun dels seus viatges,
6370 per fer-se agradós, tal com plaïa a Iolau,
el seu nebot. No trigà en obrir-se la reixa
del mur i en sortí una altra noia, posat greu,
que va renyar la seva germana menuda,
la qual perdé el seu embadaliment de cop
6375 i s'apressà a reprendre la tasca deixada.
Erícia, de les germanes, punt mitger,
era tan bella com Egle, i del posat rude
i agrest de camperola, traspuava un dolç
regust de bellesa feréstega indomable.
6380 Tota encesa escridassà sorollosament
Egle, recriminant-li tanta confiança
envers aquell desconegut. El nostre heroi
mirà de suavitzar allò penjant-se la culpa,
de poc serví Erícia tenia trets
6385 ben arrelats profundament insociables;
i amb tot, per sort Egle fou l'última en entrar
al jardí, quan ja totes dues hi tornaren,
perquè va deixar mig entreobert el reixat
de la tanca, i Hèracles va poder escolar-s'hi.
6390 No tingué l'oportunitat de fer un pas dins,
ni de flairar les sentors que s'hi cultivaven,
que notà com una aparença inquietant
es manifestà en un fum grisenc, llarg i gèlid,
de forma tubular que es perdia pels rengs

6395	de la florida. I ja davant va conformar-se
	un cos sòlid bigarrat d'un enorme drac.
	Era molt difícil apartar la mirada
	del monstre, per la grandària, sobretot,
	de la seva horripilant presència física,
6400	però, en realitat corprenia el munt de caps
	que t'estaven mirant. Nostre home es quedà en guàrdia,
	amb tots els muscles tibants, en previsió.
	Petit com era, al seu costat, cridà en veu alta
	per fer notar la seva presència allí.
6405	No calia perquè el drac amplament clissava
	qualsevol cosa al voltant seu. Llavors parlà,
	amb veu melosa i un to proper, quasi tendre,
	i malgrat tot Hèracles seguí a l'aguait.
	El guarda preguntà si venia a matar-lo
6410	i nostre heroi fou franc de primer, obrint el cor
	narrà les seves intencions veritables.
	El drac no mostrà enuig en sentir aquells mots
	ans, com si els esperés, tot calm va agrair-los.
	Confessa que havien estat pocs els herois
6415	que s'havien presentat amb aquell propòsit,
	però va callar allò que els havia passat.
	L'home suposà que no era res agradable,
	i continuà conversant, pacientment,
	per veure si li trobava algunes resquícies
6420	d'aconseguir l'objectiu, que l'havia dut
	tant lluny de tot, en aquell paradís recòndit.
	Però el guardià de cent caps era rebec
	de mena, i no abaixava ben gota la guàrdia.
	De bell antuvi posà a prova aquell cepat
6425	mirant de trobar, al seu torn, una escletxa dèbil
	per guanyar-lo intel·ligentment, tot el més prest,
	pressuposant que un ésser forçut estaria,
	sobradament mancat d'enginy convenient.
	Tal com havia advertit a temps al nostre home
6430	el Vell del Mar, Ladó estava dotat d'un gran
	cabal lingüístic natural, d'un gruix enorme.

Així que llençà una exclamació pensant
que se n'escaparia el sentit veritable,
i podria burlar-se del seu oponent.
6435 Per contra, i amb satisfacció i amb sorpresa,
aquell forçut el va entendre, i no sols això,
que el replicà en el mateix context i al moment.
Hèracles agraí, dintre seu, aquells dies
passats entre els sordons, sufocant aquell foc
6440 que colgà Pirene, les seves veus restaven
vives a la seva memòria i ben endins.
Ladó s'abocà a parlar en iber més estona,
cofoi de poder esplaiar aquell llenguatge viu.
Van conversar, que pocs moments se li brindava.
6445 Durant la conversa Hèracles pogué copsar
l'interès gran del monstre per la xerrameca,
i va comprendre el sentit dels mots de Nereu
en que no el venceria per la força bruta
i, recordant-ho, s'esmerçà en fer-lo content
6450 de totes totes, dant-li un solaç agradable.
No fou l'única llengua que van esplaiar,
un altre cap s'afegí enmig la conversa
amb el deix dels bèbrices més orientals,
que havia sentit defensant el nét de Tàntal;
6455 això feia bullir el cap al nostre heroi,
i ell mateix se sorprengué de la seva tècnica
lingüística en recordar tants accents dispars,
fruit de breus moments al llarg dels feixucs viatges.
Més caps, més llengües diverses, van entaular
6460 diàleg amb el pacient heroi, i en totes
l'home demostrà un col·lotge prou convincent.
Però passada una llarga estona es va veure
que aquella xerrameca no era transcendent,
per tal d'aconseguir els seus únics propòsits,
6465 i Hèracles es començà a desmoralitzar.
Va ser un esment innocent del drac, del tot vague,
que cridà l'atenció per obrir un camí
no desbrossat abans, en aquella conversa.

	El drac mostrà un menyspreu visceral i profund
6470	vers l'evident benefici que els exercicis
	sovintejats proporcionen, tant al cos
	com, de retruc i, sobretot, a l'intel·lecte.
	Va ser categòric al respecte, posant
	mil exemples planers, prou senzills de comprendre,
6475	perquè el contertulià humà ho pogués capir.

"Has de pensar en la pèrdua de temps que implica
la dedicació que en demana el cultiu,
fendint les estones de viu aprenentatge,
davant les meravelles que es poden copsar
6480   i es baden al món. També el fruit que pot guanyar-se
és un benefici que obté sols un mateix,
no implica cap guany en la humanitat mateixa;
és més la beneficència no es veu pas
sinó en l'ostentació del propi individu.
6485   També la sanitat obtinguda malmet
el cos que es vol elevar, desgastant-ne zones
que posen en risc tota la complexió.
Mira't tu, el teu cos és simplement magnífic,
però llevat d'allò que has experimentat,
6490   ignores altres realitats adquirides,
pel tramat de coneixements que ens han dotat
la xarxa d'investigadors que, abans nosaltres,
ens han legat, i ens permeten avançar més"
Hèracles callava assaborint les paraules;
6495   va recordar els temps d'aprenentatge, tan lluny
llavors que esdevenien records del tot vagues.
Sentí de nou aquell cuc del coneixement
que aleshores l'omplia, i pensà que aquell savi
tan de bo hagués estat el seu mestre aquell temps.
6500   I es veié debilitat de capacitats
amb què comptava per vènce'l amb l'intel·lecte,
i desistí i va considerar-se vençut,
aquell cop, en aquell combat, aquella volta.
Va regalar-se escoltant-lo d'altres afers,
6505   els mots l'omplien igual que dolços queviures

de sobretaula, amb tot ple de girs excitants,
d'embarbussaments a alambinats trencaclosques
que demostraven el gran domini del drac,
en temes lingüístics i paremiològics.
6510 Entre tants jocs llençà un enigma curiós
que va portar Hèracles de corcoll molta estona;
li narrà com un savi pedant trobà uns nois
que grataven i li van dir: *"Tants com la vista
n'ha clissat hem agafat i els hem ben perdut,*
6515 *i els que no hem vist ni fet presa els duem a sobre."*
Val a dir que el savi es quedà esmaperdut
i no esbrinà la juguesca de la canalla,
que van fer-se un tip de riure corrent carrer avall.
"D'això es desprèn que cal apagar la supèrbia
6520 *amb més raó que un incendi i, amb tot, raons*
ningú pot esgrimir que un savi quedi impune
i separat de les coses més trivials.
Recorda: els millors, del tot, trien una cosa:
la gran glòria inestroncable dels mortals;
6525 *en canvi, s'atipa de molt la majoria,*
com el bestiar golut. Per mi val deu mil,
quan veig que és el millor. El progrés real vol veure'ns
parlar i actuar, no pas com uns dignes fills
dels nostres pares; però el ver aprenentatge
6530 *són vista i oïda;, els prefereixo, jo,*
tot i que els ulls precisen més que les orelles.
Sensacions: un camí amunt, l'altre avall
i de fet són un i el mateix. Com la natura
sola i única, té un dia, tots ben iguals;
6535 *davant d'un Sol nou cada dia; ja em pots creure*
si tot es tornés fum seria el nostre nas
qui tot ho capiria." I arribà la fosca,
i Hèracles començà a pesar figues un poc
i, com el drac no tenia son ni parpelles,
6540 el va bressolar amb tot de contalles d'antic;
amb veu dolça i to melodiós i bonic,
que dins la ment va engrandir-se.

                    Arribà l'Aurora
        i amb els dits tacà, a més, els ulls del nostre heroi,
        que es deixondí veient la fosca acolorir-se
6545   d'abigarrades tonalitats de vermell;
        no trigà en adonar-se que la vigilància
        gelosa de Ladó no l'havia deixat
        de petja. Les seves cinquanta testes lliures
        n'havien vetllat el son, les cinquanta més,
6550   per tal com el seu cos, de forma tubular
        vaporosa, podia per tot personar-se,
        no es van perdre gens, com sempre, les novetats
        que es manifestaven a aquell jardí esplèndid:
        li agradava veure cadascun dels brots
6555   que despuntaven de les tiges, tocar soques
        dels arbres fruiters per sentir-ne nous anells
        dins dels troncs, o alçar la vista a l'enforcadura
        per veure-hi i comptar cada branca dels cimals;
        circulant vaporosament tot ell s'abstreia
6560   mirant les flors, renovades eternament,
        en aquell paradís vegetal, cada pètal
        de les diferents corol·les, digne d'esment
        per la seva gran fascinació diària.
        Però aquest agitament no ens penséssim pas
6565   que el fes negligir gens la seva vigilància.
        Ara aquest seu delit estava compartit,
        resseguint cada moviment que feia Hèracles;
        i malgrat el seu estricte deure en el zel
        encara pesava la seva bonhomia.
6570   Li va dur tot de fruits suculents matiners
        i abandonà el passeig, per veure'l delectar-se
        d'aquell nutritiu i gens frugal esmorzar.
        Els seus recels habituals van activar-se
        quan veié l'home contemplar els fruits més rodons,
6575   giravoltant-los en les seves mans molsudes,
        com si li suggerissin un record fugit.
        Quan l'homenet acabà l'àpat va aixecar-se

i Ladó es posà en guàrdia tot seriós,
però el venturer encara el podia sorprendre.
6580 Va excusar-se, agrair el seu gest i sortí
del jardí, seguit per Ladó, que no es va perdre
cap dels seus moviments, fins que no traspassà
la tanca del clos i es féu fonedís enllà,
per la senda d'on havia vingut.

                                              Doncs Hèracles
6585 s'havia considerat del tot derrotat.
Aquella serp i els seus caps plens d'intel·ligència,
l'havien vençut. Sinó hagués rebut l'avís
del Vell del Mar ara mateix se sentiria
aclaparat, incapaç de pensar un sol pla
6590 efectiu per llevar-li tot aquell oprobi
que duia enganxat. Ho tenia merescut,
n'havia fet cas omís i com un milhomes
es topà amb una forma de fer diferent,
pacífica, intel·ligent, res de força bruta;
6595 no hi valia ni clava ni dards amb la sang
enverinada, ni mastegots, sols la cosa
per la qual estava menys preparat: l'enginy.
Donat el seu fracàs era el moment d'emprendre
el recurs que li havia pronosticat
6600 el multiforme. Calia recórrer a un savi
més preparat i disciplinat que pas ell.
Sabia que el Tità Atlant era el seu home;
desconeixia com convèncer a aquell germà
de Prometeu, i es preparà per tota cosa.
6605 Gea la terra i Urà el cel, avis de Zeus,
havien tingut tres poderoses fillades:
llevat de la primera, els enèrgics Titans,
uns dotze en total, sis mascles i sis femelles,
les altres dues, els ciclops, gegants d'un ull,
6610 i els alts Hecatonquirs, de cent mans i cent braços,
varen ser tancats, pel seu pare, tant bon punt
van néixer, al si de la seva mare la Terra.

	Però els Titans tenien afany de poder
	i el més ambiciós, Cronos, va matar el pare
6615	i s'erigí totpoderós. Tingué sis fills,

Però els Titans tenien afany de poder
i el més ambiciós, Cronos, va matar el pare
6615   i s'erigí totpoderós. Tingué sis fills,
tots ells amb la seva germana Rea; entre altres,
Zeus, el qual, al seu torn prendria el poder
matant el seu propi pare amb l'ajut dels oncles,
aquells titans empresonats pel seu germà,
6620   rescatats d'allà sota la capa terrestre.
Naturalment als oncles Titans no agradà
supeditar-se a aquell nebot insaciable,
i van alçar una guerra dita dels Titans.
Zeus i els seus van guanyar aquella fratricida
6625   guerra entre parents, i els vençuts van entomar
feixucs càstigs diversos. Pel que ens interessa
Atlant, un dels Titans, va haver de carrussar
tot el pes de l'univers damunt les espatlles.
Aquests eren els informes que havien dat
6630   al nostre heroi abans de venir cap a l'illa.
Però havien obviat detalls importants.
Tot i el seu exili, el Tità i una nimfa,
Hèsperis, havien infantat totes set
nimfes guardianes d'aquell paradís d'Hera;,
6635   aquesta, degut al càstig que el seu marit
va imposar a Atlant, li havia vedat l'entrada
al jardí i, per tant feia temps que era allunyat
de la seva prole, fet ignorat per Hèracles,
que es va presentar davant d'ell seguint el fum,
6640   que des de la seva cova, molt a prop l'aigua
del mar, sortia del seu modest casalot.
Val a dir que si bé es tractava d'un estatge
senzill era de dimensions colossals,
d'acord amb la condició tan gegantina
6645   del germà de Prometeu. Tant a ran de mar
era que una sentor ben poderosa d'algues
omplia l'estança; s'il·luminava amb llum
d'un viu carboncle a tocar del Tità en exili,
que li feia una ombra de grandària ingent.

6650 Arran de volta seia Atlant prop d'una taula
rudimentària construïda amb uns troncs
desiguals que la feien ballar a un constant ritme,
segons la tasca que estava fent el gegant;
tan capficat que no sentí arribar l'hoste.
6655 El nostre heroi el va veure manipular
tot de branquillons duts pel mar en mil oratges;
doblegant-los o allisant-los per fabricar
allò que volia ser una mena de bola
amb tot d'aros, superposats, fixos girant.
6660 En acostar-se Hèracles veié quan maldestre
l'operari era, artesanalment parlant:
les peces ballaven de malament fixades,
i moltes queien, fiblant l'enuig de l'autor;
amb tot quan el nostre heroi més a prop el tenia
6665 li sentí cridar un visca que reverberà,
repetint-se extenuant, pels plecs de la balma.
Llavors es tombà i veié aquell fort visitant,
i amb veu calmada li donà la benvinguda;
i endolcint el to afablementel convidà
6670 a seure en una estalactita fracturada
on feia bo reposar-hi. Ell obeí
i Atlant començà a desgranar la teoria
que semblava ben bé l'havia capficat,
just fins aquell moment. Es referia al cosmos.
6675 L'implicava fent-li preguntes que ell mateix
es responia en un èxtasi frenètic,
desdoblant-se en mil dubtes i afirmacions
progressius. Començà recordant un aspecte
que han observat tots els navegants mariners,
6680 si més no curiós; aquell quan hom s'acosta
a la terra llunyana on s'observa primer
aparèixer a l'horitzó els cims de les muntanyes,
abans de tot allò que tenen sota els peus,
i a mida que ens acostem, llavors sí, sorgeixen
6685 de mica en mica aquells punts que no havíem vist
del paisatge. *"Per contra, si mirem de terra*

          al mar veurem primer, quan s'acosti una nau,
          la vela de l'arbre i, després tot el navili
          sencer. O aquells navegants que han viatjat molt
 6690   poden explicar que han vist, allà on estiguessin,
          com més al nord o més al sud, diferentment,
          uns estels o altres; inclús, durant un eclipsi,
          dels que la lluna queda enfosquida del tot,
          que allò que la tapa, a poc a poc, o destapa,
 6695   hi dibuixa una cortina corba passant
          que l'engoleix; tots aquests evidents fenòmens,
          vistos a ull nu, ens proven que la crosta on som,
          la superfície de la terra és esfèrica;
          d'aquí quan la circumval·la aquella nau,
 6700   siguem damunt seu, o la veiem des de terra,
          li'n veiem els efectes que abans hem descrit;
          o en l'eclipsi, aquella cortina és la Terra
          que, tot passant per davant del Sol, enfosqueix
          i fa ombra a la Lluna igualment tan rodona,
 6705   com el Sol, i ho deuen ser els astres de la nit.
          Això ens diu que el replec de l'horitzó no és brusca
          pendent sobtada, com si fos d'un pla o un quadrat,
          que, en arribar al seu caire, cauríem de sobte;
          no, és pendent suau, que des de qualsevol punt
 6710   de la seva esfera veiem aquestes coses
          d'igual manera. També ho diu la llum solar.
          La fitor cau perpendicular igual sempre;
          ara, he sentit dir que hi ha un pou peculiar,
          on al migdia entra la llum sens fer cap ombra
 6715   a les seves parets, i al solstici d'estiu!
          Mentre, ho deus haver vist, en tots els llocs, la norma
          és, per poca que sigui, trobar-ne un lleu fil;
          això vol dir que aquell pou tan característic
          es troba en un indret de l'esfera des d'on
 6720   la curvatura, cap a un costat o a l'altre
          comença. " Dient això movia les mans
          com embolcallant quelcom rodó, per exemple
          una síndria, una carabassa. . . un nabiu. . .

　　　　　una poma. Aquesta imatge portà Hèracles
6725　　de nou a la realitat del seu treball.
　　　　　Just fins aquell moment tots aquells comentaris
　　　　　l'havien embadalit. Havia après molt;
　　　　　n'estava agraït però calia prudència,
　　　　　sens que és notés la cura en obrar resolut.
6730　　Desplegà dos fronts: s'interessà per la tasca
　　　　　que havia ocupat la llarga vida al Tità;
　　　　　de fet no li calia perquè sabia
　　　　　la dissort que el mantenia allí condemnat.
　　　　　Però ho volia saber amb les seves paraules
6735　　i no va trigar en reeixir el seu envit.
　　　　　El va emprendre aquell formidable solitari
　　　　　rememorant el seguit d'ancestres divins
　　　　　i com el seu pare, primer, i un cosí jove,
　　　　　ignorant tractar del pare del nostre heroi,
6740　　havien mort sengles progenitors tirànics;
　　　　　i com ell i els seus germans van voler venjar
　　　　　la mort de llur pare i van emprendre una guerra,
　　　　　que varen perdre traïts. Aquell cosí seu,
　　　　　tan despòtic, va ordir una humiliant venjança
6745　　a tots els cosins als qui havia vençut;
　　　　　a ell el condemnà a un afany sempre insaciable
　　　　　per la cosmografia, encara que això no
　　　　　resultés el pitjor del seu indigne càstig,
　　　　　sinó separar-lo per sempre eternament
6750　　de les seves boniques i amoroses filles.
　　　　　Just aquí el gegantàs tingué un ennuec,
　　　　　que li va fer sortir un fil de veu, rar i tendre;
　　　　　en va dir noms, detalls físics, com present,
　　　　　poders; tan precís, com havent-les vist diàriament...;
6755　　mes de seguida escurà la gola i seguí,
　　　　　amb un renovat i estrany impuls, la seva ànsia
　　　　　de coneixement astrològic. Repescà
　　　　　la seva dissertació d'ençà la pausa
　　　　　obligada. Incidí en aquell pou susdit
6760　　que demostrava així un fet dispar, la qual cosa

volia dir que si el Sol queia inclinat,
més en uns punts que no pas d'altres, a la Terra
volia dir que aquesta tenia segur
una superfície totalment rodona.
6765 I els seus dits tornaren, aquest cop com punxant
en punts dispars, la seva esfera imaginària,
gesticulant nerviosament sens parar.
Encara els movia quan el tallà el nostre home
amb un breu incís, però del tot contundent:
6770 *"Jo he vist vostres filles aquesta matinada
mateix"*. El desfici de l'altre s'aturà
sobtadament. I va asseure's en una roca
del tot farcida d'antics crustacis ressecs.
Es quedà mut, rar en ell; llençà una mirada
6775 ferotge envers aquell musculós visitant;
però les espurnes de la ira es desferen
en veure'n unes molt més brillants en els ulls
del seu interlocutor i, com mar contra esculls,
hi xocà fins que va calmar-se.

       No fou fàcil,
6780 mes l'heroi aconseguí extreure de dins
la disposició del Tità de la cova
d'anar al jardí de les pomes d'or enlloc seu.
Amb paraules amables cultivà en ell l'ànsia
que ja tenia, amb desfici desmesurat,
6785 al seu favor, canviant-la per la fal·lera,
de pare amorós enyorat, des de molt temps,
per veure les seves idolatrades filles.
Resulta que Hera havia tret partit
del càstig que va infringir al Tità el seu home;
6790 li arrabassà les noies de curta edat
i les preparà al seu gust com a jardineres,
vigilades sempre i amatent per Ladó,
el drac insomne. Amb un gran delit per la feina,
les mosses varen oblidar-se dels parents
6795 i que havien un pare afectiu i una mare,

que morí d'enyorar-les i rau a occident,
ben a prop d'elles i del marit, que ho ignoren.
L'home, com a descàrrec, va jurar al Tità
que li construiria, mentre estigués fora,
6800 una esfera, seguint els precisos detalls
que havia ell precisat en la seva xerrada,
per tal que pogués demostrar, físicament,
les seves teories de forma fàcil.
L'acord fou fermat i respectat per tots dos;
6805 el Tità partí de l'habitatge, la cova,
que li havia estat recer tants i tants d'anys,
i anà amb afany al jardí de l'extrem de l'illa
tant proper, tant veí i, amb tot, massa llunyà,
on creixien les seves preuades poncelles.
6810 Hèracles restà a la caverna, arreplegant
tot allò que li permetés bastir l'esfera
que es proposava. Aplegà tot de branquillons,
amollats per les grans llevantades i els tràngols.
Després separà aquells que eren més adients
6815 pel seu propòsit i va començar a estacar-los
intentant formar una esfera amb munts de vectors
al seu interior, que fessin de carcassa
a una cobertura curvilínia al cim;
tots aquells que no tenien prou curvatura
6820 els vinclà amb foc, girant-los, pacientment,
fins obtenir unes peces que sí s'ajustaven
amb més precisió. L'obra prenia els trets
d'una xarxa esfèrica, consistent però apta
per manipular-la mans com les del Tità.
6825 Obrava amb gran seguretat, com seguint pautes
marcades prèviament. Durant la labor
demostrà gaudir d'una gran suficiència
en manualitats, que fins a ell sorprengué.
Altra cop la seva força aquí era inútil;
6830 i es bastà amb les seves pròpies aptituds,
adquirides observant treballs de tants pobles
com havia conegut. Els dits rodanxons,

       les mans grosses i aspres no van ser problema,
       i al cap d'allò que li va semblar un temps ben curt
6835   ho tingué tot llest; a temps de tenir un ensurt,
       pel sobtat retorn d'Atlant.

                                 Amb ulls vermellosos
       i llàgrimes seques a les galtes va entrar,
       sobtadament a la cova, i se'n va anar a asseure's
       al seu escambell de treball, que era bacant.
6840   El nostre home intentava veure si li duia
       l'acordat, però tenia buides les mans,
       amb les quals, nerviós, es fregava les cames.
       Després d'un moment, que al nostre li semblà etern,
       fou ell qui trencà el silenci: "*Són precioses.*
6845   *Més belles que no recordava. Si visqués*
       la seva mare estaria ben orgullosa. "
       Hèracles callà dir que la seva muller
       no era lluny, observant-los, amb la tasca eterna
       d'avisar l'arribada d'Hèlios a jòc
6850   d'occident, a frec de l'illa. Ho considerava
       un patiment sobrer, en no poder-lo eludir.
       "*Les seves veus canten feinejant melodies*
       que la seva mare els inculcà en el bressol;
       i, segurament, sense saber aquest origen.
6855   *Ai sí, com són les coses; no es poden predir.*
       Amb això la dea olímpica no hi comptava,
       aquest és el pòsit que no ha pogut callar. "
       Va continuar el Tità i, amb aquesta idea
       dibuixà al seu rostre un somrís amargament,
6860   seguit d'una exhalació, que va allunyar-se
       allà on la seva mirada havia quedat.
       De cop la tornà a allà mateix fixa a la taula
       bellugadissa que li feia d'obrador.
       Somrigué i passà la mà per sobre la galta,
6865   per estroncar una llàgrima que es feia avall;
       prengué l'artefacte construït pel seu hoste
       i se'l mirà embadalit. "*Francament brillant.*

	Hi queda explicada la meva teoria,
	visualment, sense caldre cap afegit
6870	*addicional. Resulta una obra fantàstica.*
	Qualsevol profà en quedarà convençut
	fàcilment. és un treball magnífic."
	"*No he fet res més que complir el tracte establert.*"
	La intenció del cepat viatger era clara
6875	amb el comentari, i trobà el corresponent
	retorn que havia forçat. El seu contertuli
	es va treure de sota la toga un farcell,
	i obrí el bolic desfent les puntes dels nusos.
	Tres grans pomes d'or groc magnífic i brillant,
6880	al llum del carboncle fix, van insinuar-se
	dins les ninetes del nostre home però en va;
	per ell eren sols un record de la cobdícia
	d'Euristeu, i un pas envers l'alliberament
	dels seus dispars capricis. Mentre relligava
6885	els nusos, recomponent aquell farcellet,
	va demanar al Tità el secret del seu sistema
	per burlar la vigilància de Ladó,
	el drac insomne. "*No ha estat pas gaire difícil.*
	Els estudis astronòmics porten això
6890	*d'implícit. Tot vigilant gelós necessita*
	llum solar per fer òptim el seu objectiu.
	Només cal aprofitar un oportú eclipsi
	solar regular per a trobar-lo mancat
	del seu avantatge acostumat. I la resta
6895	*es ben senzill. Que em visités un viatger,*
	significava persecució sempre
	d'allò tan preuat que té l'illa. Evidentment
	amb el fracàs recent d'una visita prèvia
	al jardí. Però ha estat un regal de ta part
6900	*haver-nos bescanviat els papers, i amable*
	el teu oferiment en voler construir
	l'esfera, que ha omplert tant temps els meus somnis,
	i ara veig materialitzada davant.
	Dins la cova has estat tan absort amb la feina,

6905   que no has vist l'eclipsi que ja havia previst.
        Mentre a l'illa i al món totalment s'estenia
        la mirada fulgurant que els celestials
        tenim, i que he pogut observar tu gaudeixes,
        a més d'altres trets que em són molt familiars,
6910   m'ha servit per acostar-me al jardí, ben fàcilment,
        i burlar el zel d'aquell drac tostemps vigilant.
        Tant ell com les meves apreciades filles
        avui sols hauran vist uns estels, els meus ulls,
        recórrer, estranyament i propera, les feixes
6915   del verger, atribuint-los el robament,
        de les pomes d'or, demà. Ara emprèn el viatge
        de retorn, i recorda sempre que has estat
        ajudant-me a suportar el pes de nostra esfera
        terràqüia, a la teva pròpia manera,
6920   cosa que t'honora als meus ulls."

                                    Ja encaminat,
        amb el retorn possible, va sortir de l'illa
        i va retre la barca que l'havia dut
        als pescadors del continent. L'assabentaren
        d'un navili que feia cap vers l'orient
6925   i va embarcar-s'hi. El seu ajut, sempre esplèndid,
        li pagà el passatge d'escreix, i als mariners
        els va doldre quan el van deixar a terra ferma,
        i van prosseguir. L'Argòlida no era lluny
        i a Argos trobà Euristeu impartint edictes.
6930   La seva mirada li estroncà aquell jorn
        i enutjat el va rebre, molest i a desgana.
        Sense floritures acceptà com a bo
        el treball, però no va voler pas les pomes
        d'or. El rei rebutjà tocar-les, tot seguint
6935   els prudents consells de la seva filla Admeta,
        que ara, feta una dona, obrava els rituals
        deguts a la deessa Hera. Digué al pare
        que aquelles pomes eren de propietat
        permanent de la seva senyora divina,

6940	i qui les hagués tocat rebria un cruel
	càstig diví. Euristeu posà la presència
	sola del seu cosí allí d'incrementar
	el malefici, i se'l tragué del davant ràpid,
	com havia aparegut. Heracles sortí,
6945	conservant la sensació preconcebuda
	que aquell treball era solament un parany.
	Per'xò el satisfeia haver tingut la sospita,
	i no haver tocat les pomes en cap moment,
	que es conservaven igual al farcell encara,
6950	tal com les havia donat Atlant, el Tità.
	Llavors s'adreçà a un temple de la dea Atena
	i les lliurà a la sacerdotessa, les mans
	experimentades de la qual se'n varen fer càrrec
	adequadament. Arribada la nit
6955	una òliba que solia freqüentar el temple
	prengué el bolic i ningú el veié mai més.
	Resulta que Eris, la deessa mare d'Ate,
	molt ressentida per com s'havia expulsat
	de l'Olimp la seva filla, va apoderar-se,
6960	secretament, d'una d'aquelles pomes d'or,
	i la mantingué fins trobar l'avinentesa
	de fer mal entre les divinitats del cel.
	Així, esgarriant tots els previs projectes
	de Tetis, mare d'Aquil·les, que es creia ja
6965	haver-lo lliurat de perills, vingué de sobte,
	sense haver estat convidada al casament
	d'aquesta Nerèida i Peleu, els futurs pares
	de l'heroi infaust, i la llençà al mig de tots
	els convidats, assegurant dur-hi escrita
6970	el nom de la dea més bella de l'Olimp.
	Dels déus convidats, Hera, Atena i Afrodita
	varen reclamar aquell dret, si estava escrit;
	però Zeus anomenà un humà com àrbitre,
	per a jutjar l'afer i trià Paris, el fill
6975	de Príam, rei de Troia. Totes tres deesses
	varen subornar el jutge, però el resultat

sols fou favorable a Afrodita, que l'havia
comprat prometent-li obtenir com a muller,
cegament enamorada, la més formosa
6980   dona que campava i vivia al món humà.
Paris, encegat pel premi, obtingué Helena,
la dona de Menelau i, amb ella guanyà
una guerra que acabà amb la ciutat del pare
i de tots els troians, així com de l'heroi
6985   campió dels grecs, Aquil·les, el fill de Tetis.
Tot això ho va desencadenar un sol dels fruits
obtinguts per Hèracles; les altres dues pomes
varen retornar al jardí i millor que els homes
no les treguin mai d'allí.

      Fet aquest treball
6990   tot feia pensar que el proper i darrer seria
de més bon portar; ho fóra si qui el dictés
no tingués aquesta inclinació al sadisme;
no era el cas, i Euristeu envià nostre heroi
a l'infern, esperant que ja no en tornaria.

CANT TRETZÈ
Cèrber i de bocamolls diversos.

6995 Era el darrer treball, mes de categoria
      superior, puix calia entrar dins l'infern
      i treure'n Cèrber, el guardià de les portes
      infernals. Cèrber és un gos descomunal,
      no tan gros com el seu germà Ortre, també un quisso,
7000 que hem vist, cuidant ramats de Geríon, abans;
      diferentment al seu germà gran primogènit,
      Cèrber, enlloc de tenir dos caps, en té tres,
      cadascun més ferotge i agressiu que l'altre.
      Amb tot, si bé el seu aspecte sempre infon por,
7005 per la forma de rondar el llindar és incansable;
      espera els nous visitants, quan els té davant
      és manyac i els fa festes amb la cua baixa
      i orelles cotes, fent petits bots i alirets;
      però, ai quan han travessat aquella entrada,
7010 la imatge de bon jan desapareix del tot
      i desplega uns atributs d'allò més terribles.
      Els seus lladrucs metàl·lics s'adiuen ben bé
      amb tot de guspires blavoses que desprenen
      els ferotges ulls, com les que arrenca un ferrer
7015 dant forma al ferro, a cops de mall a l'enclusa.
      La cua és una serp que actua a voluntat,
      el tarannà de la qual sols té l'avinença,
      amb el voler del seu hoste per a matar
      a qui tingui a l'abast, només una estona.
7020 El gos infernal, enlloc de pèls al seu llom,
      porta una gran rastellera de serpents vives,
      afamades sempre, prestes a devorar
      les víctimes que aquells caps els proporcionen.
      En conjunt, tot plegat, les boques de tants caps
7025 tenen també una mossegada verinosa
      mortal, d'una dolor insofrible i fulminant.
      Va ser el fill cuer de la dona serp Equidna

i Tifó, el monstre que tallà els tendons a Zeus,
en el primer dels seus tres combats. Ell carrega
7030 trets d'ambdós, però amb fúria pla més creixent.
D'ara, feia poc, havia patit l'efecte
de la lira d'Orfeu qui l'havia amansit
per rescatar del món subterrani Eurídice,
la seva dona tràcia. L'amansiment,
7035 per la música i el cant, ja no el conservava,
ans un afany de vigilància més gran,
de no deixar passar ningú més endavant,
el feia un guarda temible.

A la subterrània
presó dels morts hi regna Hades, el germà
7040 mitger de Zeus, fent de carceller sens rostre,
ocult rere un casc que fa invisible el seu cap.
Del lloc, molts en diuen infern, són moltes cambres
de grandíssimes i enormes dimensions,
al fons de les quals, ple de tenebres eternes,
7045 hi ha el Tàrtar, on van els que han faltat als déus,
i hi sofreixen eternament sengles suplicis;
allí, a part dels Titans, els germans d'Atlant,
pateixen els seus Tàntal, Sísif, Tici i d'altres
sofrents sens nombre. A la resta de l'inframón
7050 els morts, bons o dolents, hi resten i conviuen
independentment. Els morts són ombres d'aquells
que havien estat quan vivien. Hi arriben
quan la vida els ha abandonat, tots per igual,
sens sang, extreta per Tànatos a llurs tombes,
7055 com hem vist; sense consciència cap d'ells
van a romandre eternament al Pla d'Asfòdel,
on sens fi realitzen, mecànicament,
les mateixes rutines que feien en vida,
mancats de relacions socials entre ells.
7060 El conjunt és envoltat d'aigües tenebroses,
rius i estanys de corrents tant calmosos com lents.
Un d'aquests rius és l'Estix, que és una deessa

```
         que hi entra mentre es divideix en molts ramals,
         i lliscant per tot arreu hi dóna nou voltes;
7065     a l'Aqueront, un altre, hi navega Caront,
         a bord d'una enorme i tenebrosa barcassa,
         on transporta els nouvinguts que poden pagar
         el dret al passatge que exigeix: la moneda
         que els vius desen a la boca o ulls dels difunts,
7070     al moment de morir-se;  qui no pot pagar-lo
         resta a la riba, vagant-hi eternament.
         El viatge és sens retorn perquè la sortida
         queda vigilada per Cèrber; i al final
         del sinistre trajecte els morts han d'encarar-se
7075     als jutges infernals, implacables en dret;
         dos són els severs germans Radamant i Minos,
         que hem vist;  sí, el padrastre d'Hèracles i el rei
         de Creta,  que havia patit el Minotaure;
         tot ho hem vist, fins i tot, de l'últim, el cruel
7080     despit envers aquella que va enamorar-se'n,
         a la qui ofegà sota la quilla, a la mar;
         però tot li havia perdonat el Crònida,
         pare seu, perquè, puntual, li dava lleis
         de com regir Creta que el féu model i savi.
7085     I el tercer és Èac, home honrat com n'hi ha pocs,
         que repoblà una illa plena abans de formigues
         per homes i que va ser pare de Peleu,
         conegut nostre. El resultat de llur judici,
         o filtra anar a l'Illa dels Benaventurats
7090     o Elisi, o bé de quedar-se al Pla d'Asfòdel;
         el primer dels quals és un indret més plaent,
         lluminós, musicat i amb festes agradables;
         al voltant dels seus límits té uns jardins ben verds
         on, gràcies a les seves clarors i músiques,
7095     el so de les quals tenen vedat els humans,
         s'hi fan plantes bellíssimes que són cuidades
         per un gran estol de jardiners molts exigents;
         a l'Illa dels Benaventurats fa bo estar-hi,
         des d'on els morts, si ho volen, poden retornar
```

7100   a la Terra; però cap mai n'ha pres la senda,
per'xò aquest dret guanyat, pels vius sols és llegenda
i ningú en fa cabal.

                    Hades duu una clau,
perquè és el carceller del submón subterrani.
Aidoneu, n'han dit alguns, allí ho mana tot,
7105   però ni ell qüestiona cap dels judicis
dels jutges infernals, perquè obren d'acord a ell.
Fill de Cronos i Rea és germà mitger mascle
de Zeus a Posidó; com Hèstia, enmig
de les deesses femelles, d'Hera a Demèter;
7110   és imprevisible, amb rostre desconegut,
perquè té un obscur elm de visera sinistra
que li dóna al cap plena invisibilitat,
la qual cosa, si no se'l treu, el fa insondable
i de tarannà difícil de prevenir.
7115   Arrelat als seus dominis poques vegades
n'ha sortit; dos cops mogut per l'escalf d'amor;
el primer en caure enamorat de Leuce, nimfa
filla d'Ocèan, morta prematurament,
al ben poc de conviure-hi, i que va convertir-se
7120   en un àlber preciós que ell va trasplantar
al bell mig de l'Elisi, on anava a parlar-hi;
això abans que el seu cor quedés novament pres
de l'amor, quan va enamorar-se de Persèfone
la filla de la seva germana de sang,
7125   Demèter, que us direm era una ànima càndida,
confiada i sens malícia, però és clar,
en algun lloc roman el frèndol de deessa.
Un cop Eriction volia decorar
la seva sala de banquets i va adreçar-se,
7130   amb una colla de llenyataires al bosc
de Dotio, que era consagrat a la dea;
ella prengué vàries formes personals
per tal de dir-los, bonament, que no el talessin;
insistí, estremint-se-li el cor, veient

7135	com estassaven arbres que tant estimava;
fins al punt que prengué el seu aspecte més dur,
i condemnà l'instigador a la fam perpètua,
sense poder satisfer-la i, a quedar prim;
tal era el seu afany que arruïnà la hisenda
7140	i hagué de pidolar pels carrers i menjar
escombraries. Demèter, la de falç àuria,
és portadora de fruits esplèndids, regeix
el temps de l'any i estacions, i és temorenca,
com tota mare; a Persèfone la guardà
7145	en un bosc ignot, vetllada per Oceànides,
tement el pitjor. Hades, convençut
que amb l'amor sols no es guanyaria aquella mare,
anà a sol·licitar ajut al seu germà Zeus;
calia tota l'astúcia per convèncer
7150	les dues deesses, i a la jove molt més,
puix prenent Hades per marit el sacrifici
seria deixar superfície i verdor,
per viure amb ell a les penombres subterrànies.
Zeus, sempre era sol·lícit amb el germà,
7155	perquè ocupava, gustosament, les tenebres,
tan necessàries. Tement que aquells treballs
feixucs quedessin bacants, mancats de requesta,
per totes les raons que hem dit, desesperat,
consentí i preparà un parany per a la noia.
7160	Un dia que ella i les guardianes del bosc
juntes cercaven flors, Persèfone, allunyant-se
un xic de la resta, va trobar un gran narcís,
bonic de veure; estant així extasiada
davant d'aquella desconcertant flor de Zeus,
7165	s'esbardellà el sòl i en sortí Hades magnífic,
damunt del seu carro de cavalls flamejants
i prengué la noia i el sòl els colgà alhora,
quedant tot com si no res hagués passat mai.
Una nimfa que ho veié protestà i, de sobte,
7170	un llamp sense tempesta la transforma en doll
d'aigua clara del bosc, que cau sense soroll,

emmudida té la parla.
            Una gran frisança
      prengué Demèter en no trobar, dins del grup,
      la seva filla Persèfone. Aquella mare
7175 no obrà distint a qualsevol mare del món,
      d'ençà d'aquest nostre món és món i té mares:
      plorà, es trencà per dins i es va desesperar.
      Va recórrer les terres, els rius i muntanyes
      i, és clar, no va trobar-la. Al cap de força temps,
7180 tota esllanguida, arribà a la ciutat d'Eleusis;
      allí unes criades se'n varen compadir,
      pel deure dels humans a acceptar aquells que envien
      els déus; com vella estèril, d'Afrodita en dons,
      la van recomanar de clauera d'armaris
7185 i llocs, a ser afable mainadera, després;
       en passar el llindar tot va il·luminar-se;
      refusà el vi i prengué una polenta, i entrà
      ja al servei del palau reial, cuidant un príncep
      nou nat, Demofont. Sempre morruda i distant
7190 la resta la tenien per de mala jeia;
      però lambe, una criada, coixa i audaç,
      sempre a punt de broma, va alçar-se la faldilla
      recitant un vers obscè, solemne i d'antany,
      i arrancà una gran riallada de Demèter
7195 que s'implicà, des de llavors, en el futur
      de tots els petits prínceps del palau: Triptòlem,
      un d'ells, malestatger de mena, allí contà
      que havia sentit d'un porquerol una estranya
      contalla: de com una rasa enmig del camp
7200 li havia engolit els porcs i, tot darrere,
      el porquer assegurava també un carro ungit
      per cavalls bruns flamejants, i que el seu auriga,
      de cara invisible, retenia pel braç
      una noia de llarga cabellera roja
7205 que cridava socors. El públic de l'infant
      aquí va riure per la seva eloqüència,

llevat de Demèter que marxà del palau,
convençuda d'haver trobat, si més no el rastre,
de la seva filla. Cercà complicitat
7210 en Hècate, deessa de tres cossos fases
lunars, fetillera entesa en saber infernal,
i plegades varen anar a consultar Hèlios,
que arreu mira i ho veu tot, tant sia dels déus
com dels homes. Demèter així va collar-lo:
7215 *"Oh déu que cremes amb tan resplendent llampec,*
saps que sóc mare i ara me'n cou molt la pèrdua;
sigues franc, si un cop jo he alegrat el teu cor,
que així em consta, i vols conservar la justa fama
de puresa transparent, digues qui m'ha pres
7220 *la filla".* Forçat aquest els digué del rapte
perpetrat per Hades amb vistiplau de Zeus.
Demèter, enfurida, manà als arbres i herbes
no reverdir i, sobretot, no créixer mai més.
Això posà als humans en perill de col·lapse,
7225 quasi en l'extinció. Zeus no va trigar
en enviar manta delegacions a Hades,
baldament. Finalment Hermes, el déu troter,
arrencà l'avinença del déu subterrani,
amb la premissa que la seva hostatge mai
7230 no hagués del submón infernal menjat cap cosa.
Aquí un jardiner d'Hades, Ascàlaf de nom,
esbombà que havia vist, i ben bé, a Persèfone
xarrupant sis grans de magrana d'amagat.
Temps després el dissortat incís tan maldestre
7235 d'aquest bocamoll arribaria a saber
Demèter, la qual el colgaria de terra,
soterrant-lo amb una gran pedra damunt seu.
Ella, que esperava abraçar la seva filla,
veié com Hades la tornava a retenir,
7240 i dolguda i enfurismada no alçà el seu tracte
i la humanitat se'n va ressentir pla més.
D'enyor la terra tingué una anyada terrible,
cap llavor brotava i la rella, baldament,

	feria els camps; ella, deixant també ambrosies
7245	i el nèctar, va malmetre el seu cos immortal.

Llavors fou quan Zeus intervingué en persona,
i arrancà un acord per satisfer ambdues parts:
aconseguí que la noia passés sis mesos
l'any amb Hades, el déu dels morts, regnant al Tàrtar,
7250 com a reina dels damnats ofensors dels déus,
i els sis mesos restants els visqués amb la mare.
Des de llavors, quan Demèter no té al costat
Persèfone, la seva filla, el seu caràcter
es torna malenconiós i això fa el temps
7255 molt més rúfol i la natura està entristida,
com ella; quan ja recobra tot el goig
omple de colors i joia tota la Terra.
Hècate, la dels juraments, s'encarregà,
amb tot el zel, que de resultes tenia,
7260 del compliment de l'acord. Demèter tornà
a dins l'Olimp, però instruí, abans, Triptòlem
en els misteriosos cultes secrets
que es fan, des de llavors, a la ciutat d'Eleusis.
Amb la implicació de Persèfone, aquests
7265 guien com entrar i sortir en passos complets
de les cavernes infernals.

                Camí d'Eleusis,
la ciutat planera, Hèracles buidava el pap
amb Iolau, tot sondrollats damunt del seu carro;
ambdós sabien prou bé que l'oncle tot sol
7270 hauria de fer aquell treball i, acompanyant-lo,
el nebot, sols volia gaudir del company
que tant apreciava. El deixà dins la vila,
on començava el camí llarg i costerut
cap al temple de Demèter. Era el setembre
7275 i la bonior del temps estava finint;
el fill d'Íficles, Iolau, fixà la trobada
d'un amic d'un amic que coneixia bé
un hierofanta, que aquell any podia incloure

	un iniciat als misteris anuals
7280	majors. El sacerdot l'esperà amb l'aspecte
	seriós a tocar el camí. Nostre heroi

7280 majors. El sacerdot l'esperà amb l'aspecte
      seriós a tocar el camí. Nostre heroi
      no digué res, ni es presentà, la gran capa
      de lleó era inconfusible. Van caminar
      de costat, amb delit i grans gambades.
7285 En passar pel costat d'un potent rierol,
      que davallava del turó, l'hierofanta
      l'assenyalà i, amb un cop amunt del mentó
      invità al flamant novici a submergir-s'hi.
      Hèracles obeí. No es despullà i, tal qual
7290 es ficà dins l'aigua glaçada de l'Ilissos,
      en una ampla gorga, a fi d'aquell ritual.
      Un cop net d'impureses tornà a la riba
      i reprengueren aquell costerut camí.
      Davant seu s'erigien columnes del temple,
7295 i el seu instructor li va fer jurar guardar
      en secret tot allò que anava a revelar-se-li;
      acostant-s'hi parlà de l'ànima i el cos
      de la seva unió i d'allò que els lligava;
      ho féu de pressa, perquè estava alliçonat
7300 de l'extrema urgència d'aquell seu novici,
      i la brama que el precedia en els seus fets
      eren prova suficient que compliria
      tots els preceptes. Llavors, més a poc a poc,
      varen entrar al silenci d'aquell santuari.
7305 Els rituals, que portaven un temps degut,
      solien ser de deu dies i es renovaven
      un cop l'any, vàries saons. No va ser el cas.
      A Hèracles, excepcionalment, se li va admetre
      recollir la saviesa dels grans sabers
7310 en la intimitat, sí, com tothom, però intensa
      fou la instrucció, en veure la capacitat
      receptiva. Feta l'admissió vingué
      la rastellera de ritus i sacrificis,
      després la festa en honor d'Asclepi, model
7315 entre els humans de com la mort pot ser superada;

nostre heroi participà presencialment,
com a cosa excepcional, donat que els novicis
restaven en una sala. Així que ell, també
sacsejà els branquillons, com iniciat destre,
7320 i va seure en un tro amb el cap cobert d'un vel
tenint darrera, vetllant-lo, la imatge santa
de la fundadora dels cerimonials,
asseguda en un cistell tancat on guardaven
els objectes sagrats del culte, resseguint
7325 severa els ritus; també establí avinença
amb la serp de la deessa i, ja en processó,
plegats van fer camí fins a Atenes mateix,
just al cementiri on, entre les tombes,
es feien libacions seriosament,
7330 i, camí de tornada, en un punt, recitaven
versos obscens, com lambe a Demèter, igual,
en rebre-la a palau. Després la comitiva
es purificà en les aigües del Faleron
i varen tornar a Eleusis per fer la vigília,
7335 havent ingerit la civada i el poliol.
A l'albada els sacerdots feien una ofrena
d'un seguit d'objectes sagrats, que no direm
per no cometre un indecent sacrilegi,
al centre del temple, mentre els no iniciats,
7340 encara resaven al llindar les salmòdies
apreses a la vetlla. Ja seguidament
s'indicava el lloc on es plantà la primera
llavor de la natura, i acuradament,
es dramatitzaven escenes de Demèter
7345 i Persèfone, més serioses o menys;
després es feien libacions a les tombes
d'Eleusis, i hi mostraven objectes sagrats.
El secret més gran que es mostrava era l'espiga
collida en silenci, sempre verda i lluent.
7350 Potser ens hem excedit, sobrats de confiança,
revelant tants preceptes; perquè és merescut
un càstig al qui massa detalls en divulga,

	però sabem que no en direu res a ningú,
	com llavors Hèracles, que es mantingué segur,
7355	preparat per entrar a l'infern.

	Cal dir una cosa
	abans de continuar. És respecte a en Teseu,
	que acabà amb el monstre del laberint a Creta,
	quan regnava Minos. No agraït per aquest
	se li va endur una filla, la bella Ariadna,
7360	però l'abandonà, trobant-la Dionís,
	i el déu disbauxat i alegre va enamorar-se'n,
	i la féu la seva reina. Doncs bé Teseu,
	tenia un amic, un rei d'amistat eterna,
	Pirítous al qui, durant el seu casament,
7365	va salvar la dona d'un rapte dels centaures;
	Pirítous es trobà deutor i tornà el favor
	ajudant Teseu en el segrest d'Helena,
	per tal manera que tots dos fossin casats;
	però Helena era massa jove i no s'esqueia,
7370	que una nena no formada en atributs madurs,
	esdevingués la muller de ningú, encara,
	i Teseu també la deixà; llavors fou quan
	tots dos varen coincidir amb el nostre home,
	allà a l'Hel·lespont; fou durant aquell treball
7375	de les amazones, i des d'on en Teseu
	tornà amb Antíope, germana de la reina
	Hipòlita, morta per Hèracles allí.
	En Teseu amb Antíope van tenir Hipòlit;
	ella va morir, recordem-ho, tot lluitant
7380	contra les seves germanes, les amazones,
	quan varen venir de tant lluny al seu rescat.
	El seu fill heretà, a més del nom de la tia,
	una certa i seriosa repulsió,
	en el seu cas concret, per totes les femelles.
7385	Teseu, de segones núpcies, es casà
	amb Fedra, de la qual va tenir dos fills mascles;
	resulta que la madrastra es va enamorar

```
              d'Hipòlit, el fill d'aquell primer matrimoni;
              es veu que era incitada pel poder diví
     7390     d'Afrodita, dolguda d'aquell desig cèlibe
              del noi que, de fet, seguia devotament
              el precepte de la dea silvestre Àrtemis,
              l'amant dels animals i la virginitat.
              Fedra incapaç de trencar aquella resistència
     7395     s'empescà acusar aquell noi d'haver-la forçat.
              Regirà la cambra, esquinçà llençols i roba
              i cridà, cridà molt explicant a Teseu
              la seva mentida, fins fer-la creure certa.
              Llavors el marit es rebotà contra el fill
     7400     de l'amazona, i es va creure la perfídia;
              i, nul pel càstig, cercà ajut en Posidó,
              el seu padrí, qui l'imbuí exiliar-lo.
              Camí de l'exili, Hipòlit, arran de mar,
              prop de Trezè, va topar amb un brau blanc i enorme,
     7405     enviat pel déu blau, que espantà els cavalls
              del seu carro, el qual, junt amb el seu auriga,
              es van precipitar avall d'un penya-segat.
              Quan Fedra va saber la mort del seu Hipòlit
              va penjar-se en una acàcia del jardí.
     7410     Pirítous, coneixedor d'aquella desgràcia
              del seu amic, decidí trobar un bon motiu
              per fer-li oblidar, com fos, la seva pena;
              tibà llur viduïtat i afany de perills,
              perquè l'ajudés a obtenir una nova esposa,
     7415     la tria, un problema: Persèfone, muller
              d'Hades, déu dels morts. Era tota una follia,
              mes aquell eixelebrat rei, tant com amic,
              el va convèncer i plegats van cercar la ruta
              més ràpida per aconseguir l'objectiu:
     7420     plens de gosadia van decidir jugar-se-la
              i entrar a l'infern i endur-se'n la reina dels morts,
              sense deixar-hi la pell. Cal dir que emprengueren
              aquella empresa sense preparació
              convenient, tal com hem vist es feia a Eleusis,
```

7425 per'xò tot apuntava a sortir malament.
Van enganyar Caront i Cèrber, amb monedes
i llaminadures cruixents. Van esquivar
el judici dels jutges i van entrar al Tàrtar.
Havia estat tant fàcil que tot semblava afí
7430 a llur propòsit. I llavors els va rebre Hades.
Com duia el rostre ocult semblava mansoi
i conforme; sols, al seu darrere, Persèfone
retorçava les mans, esbatanava els ulls,
s'obria reveixins, mossegant-se les ungles,
7435 amb clares mostres d'un evident patiment.
Hades escoltà llurs raons, tan temeràries
com enfollides, circumspecte i seriós,
amb molta atenció i amb el casc assentia,
mentre la seva muller movia el seu cap
7440 de dreta a esquerra. Quan Pirítous va concloure
el seu al·legat, Hades, que havia romàs
tostemps dempeus, davant del seu tro, va oferir-los
seient en unes cadires que van sorgir
del no-res, tant bon punt que ell el braç allargava,
7445 indicant-los-les. La confortabilitat
convidava a seure-hi i, quan ho van fer, els dos joves
van veure, impotents, com de sengles respatllers
i reposabraços van sorgir unes motllures
adaptant-se a llurs cossos i formant-ne part,
7450 com una nova carn viva que els retenia
als seients, compacta inamovible i pitjor. . .
eterna. Llavors van comprendre com no havien
sospitat res perquè, entre el deix tan melós
d'Hades i una foscor sobtada impenetrable,
7455 passaren per alt Persèfone i els seus tics
nerviosos d'avís. Els dos joves van comprendre
que d'allà no en sortirien mai ni mai més,
tret que una voluntat més potent hi anés,
cosa ben improbable.

D'això que ara us dèiem

7460	ens trobem que havien passat quatre llargs anys.
	Hèracles sortia d'Eleusis vers la feina
	que havia dictat Euristeu. Tot fent camí,
	vers les coves de Tènar, molt a prop d'Esparta,
	va trobar un jovenet i una noia mirant
7465	quelcom del camí que semblava fascinar-los.
	Quan el cepat els abastà pogué clissar
	dues serps que es barallaven, mentre aquell jove
	els deia paraules meloses intentant
	convèncer-les perquè desistissin la lluita.
7470	La noia sols semblà sentir el foraster,
	i es girà per mirar-se'l amb dos ulls ben grossos,
	com els d'una òliba, fent-li un acolliment
	amb una rialla silent, ben franca i càlida,
	posant-se el dit índex al davant del nas,
7475	amb els llavis premuts demanant-li silenci.
	L'instint barroer, ben propi del nostre heroi,
	li va fer alçar el peu per aixafar aquelles bèsties
	llefiscoses, ningú sap per què. Però el noi,
	amb un moviment ràpid, que ni es va veure,
7480	l'empentà de tal manera que aquell cepat,
	bregat en mil combats, es va veure d'esquenes
	a terra i cames enlaire, com un nadó.
	Els joves el miraren amb cara enutjada
	i sengles ulls intensament guspirejants.
7485	*"Per què aquesta dèria a esclafar sempre els rèptils*
	i tot animal salvatge?- Replicà el noi. -
	No podem conviure-hi i prou? Poden ensenyar-nos
	un munt de coses, encara. " Per nostre heroi
	recorregué al cos tota una estranya frisança
7490	i es posà dempeus, avergonyit del rampell
	que l'havia ridiculitzat, i va veure
	com les dues serps s'enfilaven al bastó
	del noi, s'hi entortolligaven i hi quedaven
	petrificades, estèticament. Llavors
7495	Hèracles va comprendre que es trobava
	davant de dos éssers divins, segurament.

Pel ceptre, ell era Hermes i ella, molt se semblava
a la nena que al Pla de Flegra el va guiar
en la lluita dels gegants, però més crescuda.
7500 *"T'hem vingut a guiar vers el teu objectiu,
que ara és el nostre, germanet."* Va dir-li ella,
amb un somriure que li feia dos clotets
a cada galta. L'home, segur dels seus guies,
es deixà aconsellar. Hermes ja estava bregat
7505 al submón, tot sovint als morts acompanyava;
era el seu atribut, per tant duia el pas ferm;
sabia el punt just d'entrar a la cova de Tènar,
l'única entrada que és ben seca, en no ser un llac.
La balma s'endinsava directa a la terra,
7510 i després de grans giragonses perdé llum
i els tres valents varen seguir sense problemes,
guspirejant-los els ulls, com va dir Atlant.
I gràcies a això van veure com entraven
en un coval que, altrament seria negre nit,
7515 fet d'unes enormes galeries humitejades
pel regalimar constant de profundes deus,
que a fora devien omplir-ho tot de joia.
Hèracles perdé l'esma del temps caminat
a les pregoneses del sòl. Quan ja arribaren
7520 es feia evident haver fet ja peu a lloc:
la balma del camí, a sengles flancs, bastia
l'arc d'un portal esbatanat enorme i gran,
que es perdia enllà l'obscuritat de l'alçada.
Allí quelcom, bellugadís i d'embalum,
7525 s'entreveia, anant frisós d'un costat a l'altre.
Fins no ser-hi a prop no es veia res prou clar:
la penombra de la part feta, des d'entrar-hi
que s'havia anat enfosquint, era un besllum
grisos com de boira, que aquell punt aclaria
7530 anant interior enllà del portal obert,
la qual cosa diferenciava el darrere
ja caminat. Al llindar doncs van veure el gos,
prou distingit per aquella llum com somorta

7535 i quieta, el cos del qual omplia de por
els visitants. Però aquells d'ara no tenien
temperància com la resta dels mortals
i, si bé una certa frisança va recórrer
l'espinada dels nostre heroi, en cap cas fou
res més que el gran afany de posar la mà a sobre
7540 a aquell monstre i finalitzar aquell seu treball,
d'una vegada. Atena preveié el desfici
del seu protegit i se li posà al costat,
amb una mà suaument damunt l'espatlla,
dient paraules alades que el van calmar:
7545 *"És millor obrar amb el permís ben explícit d'Hades,*
perquè el caràcter de Cèrber sigui proper
al teu propòsit. Altrament ni dues passes
podràs fer amb el gos al teu poder." Així
el nostre home s'omplí d'estranya paciència
7550 en ell, i destesà els muscles rígids tibats.
Hermes allargà la mà envers l'enorme quisso
i el gos li llepà frisos i amistosament.
El déu era un habitual d'aquella porta,
i el bestial mastí el coneixia prou
7555 i li guardava afecte i confiança.
Li llepà la mà movent la cua temible
i perillosa, somicant alegrement;
els visitants van creuar el llindar i, al moment
el gos manyac deixà de ser-ho.

                              Un tramat d'aigües,
7560 de formes dispars, s'escampaven davant seu:
rierols, llacs perpendiculars rectilinis,
rius cabalosos esbiaixats, amb el curs
regular, i marjals amples de poc calatge;
amb brolladors sobtats, apareixent de cop,
7565 sense avís, que es disparaven a gran alçària
aquí i allà; tots fets d'aigües calmes silents,
la visió dels quals produïa somnolència
hipnòtica, molt difícil doncs de superar.

| | Hèracles baixà l'esguard, com li va marcar Hermes,
| 7570 | i així no es va abduir per la inclinació
| | a l'ensopiment. Portant així la mirada
| | van dirigir-se a un dels grans llacs del planiol,
| | a la ribera del qual s'hi veien, entre ombres,
| | unes formes passavolants tot circulant
| 7575 | en direccions diverses, atribolades,
| | que omplien el somort silenci de grans planys.
| | Hermes, el del bastó caduceu, va explicar-li
| | que aquelles eren ànimes sense permís
| | de creuar el riu Aqueront, que allí transcorria,
| 7580 | per no haver pogut pagar el passatge al barquer;
| | tota la zona sens fi que els era atorgada
| | per a vagar era l'Èreb, un indret més fosc
| | negre i aterridor, si més era possible,
| | faltats del delme hi raurien l'eternitat.
| 7585 | El nostre heroi se sentí ple de repugnància
| | per la tasca que l'havia portat allí,
| | quan hi havia éssers que quedaven al marge
| | d'un bé col·lectiu, pel fet de no tenir res,
| | o d'haver estat les víctimes de la desídia,
| 7590 | d'aquells que havien de vetllar pel compliment
| | dels detalls completius d'una vetlla correcta.
| | El sentit de la justícia l'amoïnà
| | no podia suportar no fer alguna cosa,
| | i pensà que havia de fer quelcom, per tots
| 7595 | aquells oblidats, pal·liant la negligència
| | que els condemnava. Atena el calmà novament,
| | amb paraules meloses, fins a fer-li veure
| | la tasca colossal davant de tanta gent
| | necessitada. A contra cor, ell va avenir-se
| 7600 | als seus assenyats raonaments. Just llavors
| | dues ombres, deleroses d'abraçar els cossos
| | dels vius, i els muscles que abans havien tingut,
| | en veure els seus membres poderosos flexibles,
| | se li van abraonar i ell, tot comprensiu,
| 7605 | les va acollir amb una rialla de còmplice.

Estant així de propers les ombres sens cos
van xiuxiuejar-li els noms d'aquells que foren.
Medusa era ella, morta per l'heroi Perseu,
el qual li tallà el cap de mirada fatídica.
7610 A cau d'orella li digué que aquella amb qui
es feia acompanyar li tenia la testa,
com emblema del seu escut. El nostre heroi
li va prometre intercedir per obtenir-la,
i que així podria descansar eternament.
7615 Llavors, quan ja va sentir allò que volia,
Medusa desféu l'abraçada i va tornar
amb les ànimes torbades de la ribera.
Més llarga fou la conversa que mantingué,
després d'aquella primera, igual de propera,
7620 amb l'altre difunt: Meleagre, era el seu nom;
confià al nostre home la forma dissortada
de com havia mort. Un cop matà el senglar,
que atemoria el regne dels seus pobres pares,
dos oncles seus s'atribuïren l'acció
7625 i ell discutí amb ells, per reivindicar-se,
llavors van morir tots dos, sota el seu punyal;
la seva pròpia mare, en prengué venjança:
recuperà el tió, predestinat al seu fill
a fer-lo morir, un cop es consumís per flames,
7630 i el tornà a posar al foc, per venjar els seus germans;
un cop es cremà el tronc i va desaparèixer,
engolit per les brases i fet un caliu,
Meleagre morí, sens saber què passava.
La seva germana Deianira, complí
7635 el ritual de col·locar-li un lluent òbol
damunt la llengua, per pagar al barquer dels morts;
però Ate havia abduït la seva mare,
amb la feresa cega que ella sap tan bé,
la dona l'hi tragué i l'amagà enlloc recòndit;
7640 i ara el barquer no el volia pas embarcar,
i havia de romandre a terra per sempre.
Llavors l'ombra de Meleagre va informar

	Hèracles de l'amagatall d'aquell seu òbol,
	donat que aquestes coses poden saber els morts,
7645	i un cop arrencà la promesa del nostre home,
	que ho diria a la seva germana en sortir,
	afluixà l'abraçada i va tornar ben de pressa,
	amb la resta d'ànimes de la riba enllà.
	En aquest punt Hermes li recriminà aquella
7650	seva actitud, per forassenyada en excés;
	per molt altruista que fos no era possible
	acontentar tota aquella gernació
	de morts. Hèracles, superat, vinclà la testa
	i aclucà els ulls un moment. Llavors van sentir
7655	el xipolleig característic acostant-se
	d'uns rems, bogant vers on eren, de dins el llac.
	Les aigües grises, textura de teranyina,
	sumat al boirim espès que s'anava alçant,
	no permetien veure prou clar qui venia,
7660	i amb tot, per a tots tres, era prou evident
	de qui es tractava. Finalment va aclarir-se
	la fumera i es va veure un barquer alt,
	llarguíssim i prim, però de gran robustesa,
	dret a la popa d'una barcassa amb un rem,
7665	a mode de perxa, fendint poc a poc l'aigua,
	amb un ritme constant però determinat.
	El nostre home mirà de reüll els seus guies:
	a Hermes, avesat a veure'l fer-se present,
	Caront, el barquer, no semblà gens immutar-lo,
7670	joguinejava a la gatzoneta amb el pal
	caduceu, dibuixant ratlletes a la sorra
	d'aquella macabra platja. Atena, dempeus,
	mirava el seu protegit i n'estudiava
	les reaccions. De fet era el primer cop
7675	que entrava al submón, però el seu grau de sorpresa
	no es manifestava pas, pel seu tarannà
	indiferent deífic. Seguia les pautes
	dades pel seu pare: protegir-li el fill,
	copsant tantes impressions com fos possible.

7680 Els trets magres d'aquell vell barquer llargarut
denotaven una edat incommensurable,
flocs de cabells blancs sortien de dins
la caputxa negra acord amb la vestimenta
que portava. En arribar la proa tallà
7685 l'arena aigua pioc i, amb prou feines, ni ones,
per l'embranzida, es varen alçar, ni un soroll.
Caront deixà el seu lloc per anar cap a proa
i, des d'allà allargà la seva ossada mà,
amb el palmell amunt esperant rebre paga.
7690 Hermes va alçar-se, a polit, recolzant el pal,
va semblar que les serps trenades s'hi movien
i parlà, assenyalant Hèracles. Foren mots
breus i precisos que varen semblar complaure
al barquer, el qual va retornar a popa i prengué
7695 la perxa, i l'enfonsà en una nova estrebada,
que arrencà la barcassa de l'aigua pioc,
just a temps quan havien fet peu a coberta
els tres visitants. Al poc la barca enfilà
les aigües somortes de nou, amb rapidesa
7700 i silenciosament. Uns cops secs constants
colpejaven la quilla tot fent el trajecte.
Atena i el seu agombolat van mirar,
recolzats a la borda, i els va semblar veure-hi
cares d'esguards desesperats, i van deixar
7705 de mirar per mirar-se entre ells, amb gran silenci.
Aviat la barcassa arribà al seu destí,
una mena de port construït amb grans pedres;
allí els tres passavolants van davallar
i la nau, en un tres i no res, va esmunyir-se,
7710 dins del boirim de nou. Una gran quantitat
d'ombres fantasmes, dels que han basquejat la terra,
s'aplegaven amuntegades esperant,
movent-se, ara i adés, com estols d'aus frisoses
que dibuixen mil formes negroses al cel.
7715 Allò era la Platja del Judici, informà Hermes,
on les ànimes s'enfrontaven als destins

eterns, i sabrien quina era la sentència
dels jutges infernals: fruir comoditats,
ja per sempre, a l'Illa dels Benaventurats,
7720   o oblit etern al Pla d'Asfòdel.

Al supòsit
suara primer esmentat hi rauen herois
sense màcula, que han respectat els déus sempre.
Ai, si els rics fossin conscients del futur
i el seu esdevenidor com ànimes mortes,
7725   que allí hi són punides al moment per algú
que en judica, o les faltes o gestes comeses
al regne de Zeus, i pronuncia els dictats
de condemna flagrant, dictant justa sentència
inapel·lable. Potser serien millors,
7730   com els grans herois, exempts de faltes passades,
que rauen a l'Illa dels Benaventurats.
En nits iguals, dies de sols invariables;
és just que els més bons obtinguin honors eterns,
perquè siguin referents a poder imitar-los.
7735   Allí una plàcida existència sens fi
tenen reservada; no els cal torbar la terra
amb el vigor de les mans, ni tampoc els mars
per tal d'obtenir un menjar sempre inesgotable,
mai insuficient; aquests morts, amb el gest
7740   insatisfet per bona fe, hi fan l'existència
sense plors ni neguits; aquests perseverants
a sostenir l'ànima justa en la injustícia,
gaudeixen de brises d'Ocèan, que en són
senyals d'un cel clar, i pradells de flors oloroses
7745   els proporcionen garlandes per les mans
consagrades, i una música els apaivaga
els delits, millorant el seu enteniment.
Llevat d'aquests casos susdits, tota la resta
seran judicats a romandre eternament
7750   al Pla d'Asfòdel; menys els que van dins del Tàrtar,
perquè han faltat als déus, aquests patiran

	així tortures eternes dictades pels jutges,
	uns magistrats equànimes que eren davant
	dels tres nouvinguts. Tots sis cossos en presència
7755	estaven envoltats d'un gran nombre de bufs,
	que voleiaven al seu entorn i xisclaven,
	com les ratapinyades al fons d'un catau,
	en caure una del rastell que les té a la roca,
	i volen sortir i giren, giren sense fi,
7760	xisclant. Però Hermes, el cil·leni, amb la vara
	alçada amb la qual encanta els ulls de la gent,
	o quan estan ben adormides els desperta,
	tot fent-la giravoltar damunt del seu cap,
	va fer que els bufs callessin de cop i de sobte.
7765	Llavors parlà el jutge que era el més ros de tots:
	"Ben trobat, fill. Estic content de tornar a veure't
	- va dir Radamant, el padrastre de l'heroi-
	Sabia que vindries. Aquesta comesa
	judicial permet estar ben informat
7770	de les vides personals de totes les ànimes
	que haurem al davant, quan arribi el moment,
	i tenen destinat per obra de les Parques.
	Sense aquesta informació el judici fet
	aquí no seria just. El teu fil de vida
7775	encara és prou llarg i sabem què et porta aquí.
	Estudiat el teu cas, els meus dos confrares
	i jo no hi veiem pas cap inconvenient
	en deixar-te continuar fins davant d'Hades;
	el veredicte és unànime i amb tot, fill,
7780	vull fer-te una apreciació, com a pare,
	per la gran estima que en vida et vaig tenir
	i que no puc estar-me de donar-te, com sempre.
	Aquí val molt ser prudent, de fet el temor
	et podrà resultar la millor assegurança;
7785	confia, però sense posar-te davant
	dels sentiments que et portin al perill; trenca
	amb la fatxenderia i omple't tot de seny,
	però sense fer orelles sordes a la rauxa,

	mai dels mais fent mal a ningú; sé que el teu cor
7790	*et durà al camí recte, defuig ser insensible*
	i seràs tot tu un tresor. I res més, fill meu,
	rep la meva benedicció més sincera
	que sé ben bé que la sabràs fer madurar."
	"La veu del teu pare ens ha dut a l'avinença
7795	- així parlà Èac, la presència del qual
	imposava, per una veu greu i profunda
	que infonia respecte- *Però et volem dir*
	compte amb el teu treball del gos que ens és custodi,
	et caldrà tota la perícia verbal
7800	*davant del nostre rei carceller, i guanyar-li*
	el vistiplau no serà pas gota senzill.
	Aquí som molt gelosos per la seva tasca
	de guardià impassible. Tots els seus serveis
	són fonamentals puix si faltés més d'un dia,
7805	*es produiria un èxode perillós*
	d'ànimes, vers el regne dels vius, que podria
	posar en risc la convivència dels dos móns."
	Hèracles assentí, mostrant-se comprensible.
	Èac tenia raó. Havia estat suau,
7810	per algú que havia ponderat un possible,
	més que una amenaça, un prec a l'heroi present.
	A aquest Atena xiuxiuejà uns mots calmant-lo:
	"*Estigues tranquil nostre pare ha contemplat*
	les eventualitats, més o menys provables.
7815	*Confia en ell perquè la seva ubiqüitat*
	no el deixa abandonar els seus fills estimadíssims."
	També Minos n'era un, el d'Europa engendrat,
	al qui el nostre esforçat alliberà el regne;
	encara que llavors era un vague record,
7820	li ho tornà a agrair i no va poder pas estar-se'n
	d'afegir uns mots, encoratjant-lo vivament:
	"*Nosaltres tres, com jutges del món subterrani,*
	tenim el deure de complir i fer complir
	la comesa deguda a Hades, sense cap tracte
7825	*de favor, puix la nostra imparcialitat*

no ha d'estar lligada a cap sentimentalisme
         que ens hagi mogut en vida humana, i amb tot
         el teu cas és excepcional, donat que l'ànima
         no t'ha abandonat el cos, dels quals judiquem
7830   *la primera i del segon no ens és d'incumbència.*
         Per tant, per nostra part, tens passatge de franc
         i pots amidar-te al carceller imperceptible,
         nostre senyor olímpic i amo dels mortals morts,
         dins la seva casa de podridura horrible
7835   *i d'estances espantoses, on fins als déus*
         imperibles els resulta llar odiosa. "
         Totes aquelles advertències no van
         acovardir ni mica l'ànim del nostre home,
         el qual, encara amb el pas molt més decidit,
7840   es féu acompanyar, sens dar ni un sol respit,
         pels dos déus que li eren guies.

                                                    Es clissava,
         vagament, pels bromalls sulfurats de l'entorn,
         que enllà hi havia una claror esbiaixada
         que es volia obrir pas. Van caminar un xic més
7845   i la claror tentinejant es va fer intensa,
         i van deixar la boira i van entrar a una llum
         que emmarcava un jardí immens que potser eren varis,
         puix mancaven de termes en no haver-hi murs.
         Semblava impossible trobar aquella florística
7850   dins la cavitat de la terra, faltant sol,
         però era un verger esplèndid ple d'exuberància
         en fonts d'aigua, en plantes, en flors i arbres fruiters;
         s'hi veien feinejant gran nombre de figures
         que tenien cura extrema en treure profit
7855   de cada espècie; i tot amb el sol propòsit
         de complaure la reina Persèfone sols,
         per ordre del seu marit, el qual resseguia
         zelosament les tasques diàriament;
         a més dels jardins uns prats, on pasturaven vaques
7860   excel·lents guardades per pastors a sou d'ell.

Hermes, discretament, va fer notar al nostre home
la presència d'una figura imponent,
entre tot un gran cúmul de jardiners fixos;
un ésser pertorbador i regi, que amb la mà
7865 senyalava aquí i allà a aquells operaris,
que feinejaven seguint-ne les indicacions.
El més sorprenent d'aquella estranya figura
era que al cim del cossatge no havia cap;
Hèracles va comprendre que eren en presència
7870 del carceller de l'infern, rei del món obscur
i va dirigir-s'hi de forma decidida.
Els dos déus que l'acompanyaven van seguir
estretament l'home puix certament temien,
i molt, la reacció del déu del subsòl,
7875 quan el seu acompanyant li fes la demanda;
creien difícil casar l'arteria d'un
amb la traça del germà humà tan rampelluda;
per'xò en la conversa no els van deixar mai sols.
Hèracles va plantejar de forma correcta
7880 la seva petició, i fins va semblar
que el to, les paraules triades obtindrien
un resultat favorable, però Hades sols
va tombar-se i féu gest de sortir per anar-se'n;
això sí, demanà que el seguissin tots tres.
7885 Van sortir del jardí, en sentit contrari
d'on ells havien arribat, devers la llum
esclatant, d'esquenes a la fosca llunyana.
Davant seu es van alçar unes torres i uns murs
baixos, perimetrals, donat que no hi calia
7890 vigilància, ningú hi podria entrar mai
sens permís del déu dels morts i del món subterrani;
a part ningú gosaria voler entrar
en aquella estructura totalment decrèpita
i ruïnosa, una mena de casalot
7895 que semblava haver estat devorat per les flames,
tal era el color i aspecte de socarrim
amb embans esfondrats, menjats per la decadència.

	Hèracles es mirà Hermes i li va semblar
	que somreia, com intuint-li els escrúpols,
7900	i llavors sentí la mà d'Atena damunt
	la seva espatlla i una gran onada de calma
	li va recórrer tota l'esquena, un moment,
	tranquil·litzant-lo. Un cop van flanquejar l'entrada
	tot l'edifici va canviar i Hermes ja
7905	somreia obertament, amb ulls petits de murri.
	Les estances eren bellíssimes, millors
	que qualsevol dels palaus que mai el nostre home
	hagués vist. L'efecte del canvi era excels,
	i la vista es regalava a mida que sales
7910	i sales anaven recorrent. Pels racons,
	les parets, els sostres, tot un seguit d'objectes
	decoratius embellien del tot el gust:
	obres d'art, estris exquisits, decoratives
	teles i armes encalmaven tot ple els sentits.
7915	La raó de perquè era sempre la mateixa:
	complaure la reina Persèfone. Era allà
	dempeus, enmig d'una de les vistoses sales.
	El seu cabell llarg i roig emmarcava uns trets
	d'una formosor excelsa però melancòlica,
7920	puix res del submón la podia satisfer,
	ni fer-li abandonar mai la melangia.
	Hades la presentà orgullós i ple d'amor,
	semblava, ocult rere el seu casc que n'impedia
	veure'n les traces i, amb tot allò era cert,
7925	perquè tot quant fes refència a la reina
	era d'una gran franquesa i tendresa veraç.
	Hèracles renovà en un prec la seva instància,
	provant d'obtenir una empenta, pel vistiplau,
	de la reina dels morts present, però altra volta
7930	Hades es negava a concedir cap favor
	que l'allunyés, per un sol instant, d'aquell guarda
	efectiu i terrible. Persèfone instà
	llargament sens reeixir, i llavors va excusar-se,
	i sortí de la sala envers el seu jardí.

7935 Aleshores una part de la sala, fosca
fins aquell moment, es va fer del tot vistent;
hi havia com una mena de cadires,
amb unes formes humanes vives seient;
amb trets plens d'angoixa, però reconeixibles,
7940 que semblaven allargar els seus braços de buf
cap al nostre heroi, suplicant la seva ajuda.
Ell no trigà en reconèixer els seus companys,
en el treball del cinyell de les amazones:
Teseu i Pirítous, els quals, malgrat tenir
7945 vedada la parla, van expressar l'angoixa
que el seu estat els corprenia actualment,
puix feia quatre anys que així presoners estaven.
Hèracles féu la seva ganyota d'enuig
i perdé les formes, malgrat que Hermes i Atena
7950 van fer el gest d'aturar-lo, ell es va llençar
a socórrer els amics. No hauria estat possible
sense la complicitat d'Hades; intrigat
se'l mirava desafiant, segur i burleta,
amb els braços plegats. Primer acudí a Teseu,
7955 la seva forma etèria prengué fermesa
al seu contacte i fou tot ú: l'arrencà
d'aquell seient malèfic i etern, abans que Hades
revertís aquell breu estat material,
com causa que havia obrat per fatxenderia.
7960 Amb tot l'heroi invertí tal força de cop,
que aquelles parts toves de Teseu en contacte
amb el seient restaren dolorosament
allí enganxades. Per'xò fan córrer encara,
que els hereus de Teseu tenen minvades parts
7965 de la carn, que tots tenim al moment d'asseure'ns.
Hades s'enfurismà molt però el nostre heroi
ja tenia presa l'efímera matèria
de Pirítous quan, aplicant la força igual
i ja estirava, el déu dels morts ventà una cossa
7970 contra el sòl que va fer retrunyir el palau.
Fart d'esberlar la terra d'aquesta manera

	l'Aidoneu, molest amb aquell fort nouvingut,
	provocà un terratrèmol, amb el qual el nostre home
	perdé l'aguant i tota possibilitat
7975	d'alliberar el seu segon amic d'aventures.
	Pirítous restà condemnat al seu seient
	i així hi deu estar, segurament, a hores d'ara.
	Hèracles llençà una mirada llampegant
	al déu dels morts qui l'entomà amb una rialla.
7980	Això encengué la fúria, sempre latent,
	del nostre cepat heroi. I va dirigir-se
	a un embà tot ple d'objectes decoratius,
	i abans que els seus déus acompanyants no poguessin
	privar-li'n, llençà una fletxa d'un arc robust
7985	ornamental, però prou mortífer, contra Hades,
	qui, pres per l'estupor l'entomà al muscle dret,
	amb una barreja de dolor, odi i fúria.
	Ara sí que els dos déus visitants varen poder
	calmar el déu dels morts que ja esclatava de ràbia.
7990	D'aquesta ell va entreveure un temperament viu,
	que recordava clarament el que tenia
	el seu germà, en aquell nebot seu tan ardit,
	i no trigà en afluixar el desig de venjar-se'n.
	La natura divina féu la resta al poc,
7995	i el dolor quasi va del tot desaparèixer.
	Amb tot li va caldre assistir, cert temps després,
	a l'Olimp, amb el remeier dels déus Peéon,
	perquè el dolor va revertir, i amb uns ungüents,
	aplicats per aquest vell savi, va trobar-hi,
8000	no sense molt d'esforç i dedicació,
	la millora, i la fiblada, que el turmentava
	desaparagué per fi. Però ara, llavors,
	quedà convençut de la feresa terrible
	d'aquell home tan cepat, que es volia endur
8005	el seu gos guardià. D'això prou va arrencar-ne
	la promesa que sols l'obtindria vencent
	sense armes ni enganys, només amb les mans nues
	i de la pròpia força que fos capaç;

	home contra fera, amb resultat improbable;
8010	així ho va creure Hades i així ho emparaulà.
	Atena estava satisfeta perquè l'home
	al qui protegia havia obtingut tot sol,
	sense el seu ajut diví, un magnífic bon tracte
	encarrilant el seu propòsit, i els dos ulls
8015	li brillaren d'emoció poc continguda,
	donant la sensació de ser molt més grans
	del compte. Hermes somreia, per la perspectiva
	d'allò que ell prou veia estava a punt de passar.
	Hèracles sortí del palau mentre el seguien
8020	els tres déus i Teseu, que enyorava l'amic,
	veient-lo punit i sense cap esperança.
	El cepat heroi desentumia les mans,
	ambdós braços i els muscles, mentre caminava.
	En passar pel jardí, direcció al boirim,
8025	van passar prop d'on era la reina Persèfone
	i el nostre heroi acotà el cap, tot agraint
	el somriure amarg, que ella dibuixà en mirar-lo.
	El grup es va topar amb un reduït ramat
	de bous i els seus cuidadors, pasturant als límits
8030	de la zona esclarida, més enllà aquells bufs,
	que desesperats i famèlics esperaven
	el seu torn pel judici dels tres magistrats.
	Fart d'impotència i encès de gosadia
	l'home, fill de Zeus, es dirigí vers un bou
8035	i ja anava a sacrificar-lo per donar-ne
	la sang als morts que gemegaven al seu pas,
	assedegats de la mancança que els faltava,
	quan un dels majorals se li plantà al davant
	amb els braços oberts, i suplicà l'ajut d'Hades,
8040	perquè l'assistís i refrenés el cepat
	lladregot del bestiar, que ell tant estimava.
	Hèracles reconegué Menetes, pastor
	que se li havia enfrontat a La Vermella; ,
	en va reconèixer els trets i els seus dos braços blancs
8045	i li va entrar una gran còlera irrefrenable,

         aquella que solen provocar els bocamolls,
         però en el seu cas, del nostre heroi, segur seria
         avantsala d'un càstig espectacular.
         En efecte, abans que Hades digués cap paraula,
8050   aquell agosarat hoste sense cap fre,
         prengué Menetes, alçant-lo com si cap cosa,
         per damunt del seu cap i, quan ja estava a punt
         d'esbardellar-lo contra el terra subterrani
         es trobà davant seu Persèfone amb l'esguard
8055   suplicant, que augmentava encara més la pena
         de la seva mirada. Hèracles desistí
         de donar un bon escarment a aquell xerrapetes,
         tot i que el mereixia prou contundentment,
         i el deixà al sòl sa i estalvi. Llavors la reina
8060   dels morts li tornà a estampar un somriure agraït,
         sabent el sacrifici que l'humà acabava
         de brindar-li. Però la ràbia d'aquest
         encara recorria el seu ésser i d'esma,
         pel mateix impuls que el mantenia encès,
8065   donà un cop de peu terrible contra una roca
         plana i enorme que hi havia enmig del pas,
         fent-la esclatar a bocins, cosa que va sorprendre
         a les deïtats congregades, i a Teseu
         que li augmentà encara molt més el seu respecte
8070   envers el seu salvador, amic i protector.
         De sobte, i sols va durar un instant, de tant ràpid
         com va produir-se, davant s'aparegué
         al mig del pas Persèfone, que amb un breu signe
         de les seves mans va fer caure el nostre heroi
8075   de culs a terra. La sorpresa fou majúscula
         entre tots, i ella amb la seva veu suau,
         melodiosa i encisant contà la causa
         del seu acte arrauxat. Resulta que davall
         d'aquella roca, ara trencada, romania
8080   condemnat per Demèter aquell bocafluix
         d'Ascàlaf, aquell jardiner i confident d'Hades,
         que li havia revelat el gran pecat

d'haver xuclat el suc d'uns quants grans de magrana,
motiu pel qual ara ella havia de restar
8085 sis mesos interminables amb el seu home,
al submón, enyorant veure el sempre constant
doll de gràcies que provoca la seva mare
a dalt la terra. Per'xò calia deixar
aquell llengut soterrat, i fer-lo exemple
8090 fefaent d'allò que els pot passar a altres com ell,
que revelen secrets innocents que condemnen
d'un res a per vida. *"Si bé he après a estimar
el meu marit, que és bo amb mi, atent, i amable
el seu regne és ben difícil de suportar,*
8095 *per la persona que ha vist tantes meravelles
que desfilen clarament per davant dels ulls
amb la veritable llum, així com la pena
que tothora es respira, obra dels condemnats.
No és un regne agradable, si bé necessari,*
8100 *per molt concorregut que sigui. És molt trist
judicar condemnes i resultar-ne immune."*
Dit això callà i ajuntà les mans al pit,
i de seguida la va abraçar el seu marit,
mentre els altres feien silenci.

                              Llavors Hèracles,
8105 posat dempeus, reprengué camí, decidit,
vers la sortida del submón on l'esperava,
barrant-li el pas, aquell gossàs tan monstruós.
De la claror a la penombra i, després a l'Èreb;
abans però foren recollits per Caront,
8110 l'ossut basquer, esprimatxat i desagradable,
que els va portar a l'altra riba, tot malcarat,
potser per haver de fer de franc el trajecte,
cosa que el posava furiós, francament,
o per conèixer el poder que li tenia Hades.
8115 Tancaven el grup els tres olímpics, marxant
mirant l'home, amb pas ferm i passa majestàtica,
tots amb diferents sentiments contraposats:

```
        Hades, l'Alcineu, compromès pel pacte amb l'home,
        adolorit per la sageta romanent,
8120    esperava que el nouvingut no eixís indemne
        de l'encontre amb el seu fidel gos guardià.
        Hermes, el cil·leni, que havia el sagrat deure
        de protegir els viatgers en qualsevol
        part extensa del món, tenia l'ordre expressa
8125    del seu pare Zeus, que li va regalar
        el bàcul d'herald, símbol d'un degut respecte,
        d'aplanar al seu germà tot entrebanc i cosa,
        davant tota dificultat i quan calgués,
        ara temia que tot no es girés en contra.
8130    I Atena, Tritogenia, que des d'infant,
        guardava aquell germà seu, duia exprés encàrrec
        de ser ulls, orelles i escalf per referir
        a llur pare tots els detalls d'aquella tasca,
        tant perillosa. Ara, ni venint cap borrasca
8135    no alçaria tanta expectació.
                                        Davant,
        aquell gossàs, ensenyant les dents, l'esperava.
        El tallant d'una dalla, per molt esmolat,
        no trinxaria tant com una sola d'elles.
        I bordava i carrisquejava ara i adés,
8140    alternativament, amb jaups com metàl·lics,
        proferits entre dringadisses i grinyols.
        Feia saltirons a l'encop, de quatre potes,
        com un ball provocador, amb els sis ulls fixats
        en aquell vivent més avançat que la resta.
8145    No va trigar en produir-se l'encontre entre ells.
        En veure que el nouvingut no feia manera
        d'acoquinar-se, al contrari, més decidit
        anava a trobar-lo, aquell gos sentinella,
        veient envair-se-li el propi terreny,
8150    saltà amb les gargamelles ben esbatanades
        els colls tibants, eriçats els pèls, escumejant
        verí per l'aire durant tot el seu trajecte,
```

           amb fils d'escuma d'un color groc, verd i blanc
           mortals; les potes del davant ben estirades,
8155   tallant l'aire enrarit, prestes a esgarrapar,
           amb peülles vastes, d'unglots dispars, de monstre.
           Sens la clava aquell vol no es podia parar,
           ni protegir-se de l'embat que li venia
           a sobre, tot i amb això, el tracte abans contret
8160   amb Hades impedia emprar qualsevol arma,
           davant la tasca; si ni tan sols n'havia dut,
           perquè, sense saber per què, ja s'ho pensava
           que hauria de ser un treball net i sense trucs.
           I llavors l'home actuà de forma impensable;
8165   en un prest moviment de força habitual
           saltà amunt, a l'hora que ventava una cossa
           terrible, ben oberta, a un cap d'aquell gossàs,
           el qual, pres totalment de sobte, i per sorpresa,
           entomà la cleca del peu del musculós
8170   oponent que l'importunava, amb un mal terrible,
           i un sotragueig dins del cap que el deixà confós,
           incapaç de reaccionar. A terra els dos altres
           caps, paorosos encara, van reaccionar
           intentant bordar més fort que els grinyols que feia
8175   el cap colpejat. No trigà en estar dempeus
           altre cop, però aquell breu instant momentani,
           que havia estat mig ajagut, deixà vistent
           la seva panxa de pèl sedós, blanc, potser la banda
           del seu cos menys repulsiva, la més plaent
8180   d'amanyagar, si per atzar es volgués fer-ho.
           A peu dret, de nou estava a punt d'atacar,
           els grinyols es van tornar més i més metàl·lics
           i ressonaven estridents per les parets,
           perdent-se enllà, en la immensitat que els envoltava;
8185   els ulls, llevat dels dos mig fora de combat,
           desprenien dimoniets, guspires blaves
           que queien a terra, com ho fa el metall fos
           de l'enclusa del ferrer, botrien com pluja
           fosforescent, fent bassals per on el gos ja

8190	s'apropava de nou, amb ganes de revenja.
	Havia rebut al cap, més al costat dret,
	estava com mig desorientat, no obrava
	d'acord amb els altres dos, havia perdut
	el nord; l'home ho veié i va voler aprofitar-ho,
8195	així com venia estengué els braços oberts
	de bat a bat i, en tenir-lo ben accessible,
	quan el gossàs paledejava degustar
	la gola d'aquell cepat intrús que tenia
	allí davant palplantat, mofeta indiscret,
8200	quan ja era pels aires ensalivant la vena
	del coll que aviat queixalaria, es trobà
	amb dues mans prou ferrenyes i poderoses,
	una a dreta del cap mitger i, una altra al dret,
	per l'esquerra, que amb dues sengles bufetades,
8205	de potència terrible, els hi va ajuntar,
	entre si, amb un fort patac de trencadissa;
	i els ossos de les dues testes van cruixir
	fent que Hades clogués els ulls, veient ben possible
	la derrota. La patacada va deixar
8210	mig atordit el gos de l'infern i aquell home,
	cepat i magnífic, no semblà haver-ne prou.
	Havent deixat de moment immobilitzades
	dues testes d'aquell tricèfal guardià,
	sens deixar un respir, aprofità la feblesa
8215	passatgera per agafar-li fort els pèls
	sedosos de la panxa blanca, a l'altra banda,
	i lluny, d'on l'esperaven aquells caps de serp
	que frisaven per clavar-li dents esmolades.
	Garfí la pelussera blanca i un bon tros
8220	de pelleringa i, estirant amunt amb força,
	va fer perdre peu al gos i el va tombar al sòl,
	de panxa enlaire, amb l'esquena tan perillosa
	contra terra, amb tots aquells ofidis xiulant,
	clamant recuperar la postura perduda
8225	de privilegi. Les dues mans de l'heroi,
	ràpidament premeren el coll de la testa

tercera indemne, prement fort amb el genoll
les altres dues, mentre atordides encara,
no sabien què passava. Jo us ho diré:
8230 l'home era damunt del gos, el qual jeia a terra,
panxa enlaire i suportant les ferrenyes mans
del seu oponent, indefens, que l'escanyaven.
El gos infernal intentà un abrivament
desesperat; mentre es debatia, la cua
8235 ferma i serpentina s'escapolí de cop
i, un cop lliure prengué embranzida per llançar-se,
badant la boca i traient ben llargs els ullals,
contra l'esquena del nostre heroi, qui ignorant-ho,
premia els colls cànids ben fort, per triplicat,
8240 sense defallir ni per un segon la força,
esperant una rendició; massa absort
no sentí la fuetada que li venia
a l'esquena, de fet no fou res alarmant
perquè, si bé el ullals van mossegar una cosa,
8245 no fou pas la pell d'aquell molest contrincant
ans la pell de lleó que li feia de capa.
Veient que els seus actes defensius eren vans
Cèrber va proferir unes febles carinades
amb els caps atordits, en clara intenció
8250 de rendir-se. Va amollar el cos, abandonant-se
a la voluntat del seu rival vencedor,
llavors grinyolà, per tal d'obtenir clemència
i, quan es veié lliure d'aquell oponent,
prest va córrer a arraulir-se entre les cames d'Hades,
8255 cercant protecció, comprensió i favor.
Hades l'amanyagà, amb una clara ganyota
de dolor per haver oblidat aquell seu mal
al muscle. Va parlar tendrament a l'enorme
gos guardià, i aquest s'avingué a ser servil,
8260 i va ajeure's al mig del seu llindar tranquil,
esperant acompanyar Hèracles.

La sortida

| | no presentà cap mena de dificultat,
| | llevat que eixiren per un lloc recòndit,
| | desconegut pels dos homes, tal com va dir
| 8265 | en Teseu, més endavant, quan li ho preguntaren
| | a Atenes. Allí s'encaminà en deixar el grup,
| | amb ganes de reprendre l'anterior vida.
| | Però tot havia canviat. Menesteu
| | li havia usurpat el tron reial d'Atenes
| 8270 | i hagué d'exiliar-se sens recolzament;
| | orfe de Pirítous, cap rei va acollir-lo,
| | llevat de Licomedes d'Esciros, el qual
| | mogut per enveja, i sobretot per temença
| | que no el deposés a ell, enganyà Teseu,
| 8275 | duent-lo a contemplar l'amplitud del seu regne
| | des d'un alt penya-segat, des d'on improvís
| | l'empenyé, precipitant-lo, i perdé la vida;
| | i hagué de tornar al regne dels morts, que no amida
| | un rei d'un pobre o un bo d'un foll.

| | El grup restant,
| 8280 | un cop fora del submón, sabien l'efímera
| | que havia de ser la seva germandat;
| | acomplerta la missió, n'Hermes cil·leni
| | ja frisava per un nou treball de troter,
| | trametent missatges de l'Olimp pel seu pare,
| 8285 | i no trigà en fer-se fonedís deixant sols
| | Atena i nostre heroi. Llavors aquest va veure
| | el moment oportú de complir el promès
| | a Medusa, i començà a teixir, en paraules,
| | la fina xarxa que atrapés l'acompanyant
| 8290 | per aconseguir el seu generós propòsit.
| | *"He de reconèixer el viu agosarament*
| | *que algunes femelles teniu davant tasques*
| | *perilloses; algunes, no pas en conjunt;*
| | *tu has demostrat una enorme valentia*
| 8295 | *dins les cavernes infernals; generalment*
| | *el vostre valor queda eclipsat per la fama,*

       la bellesa o, al contrari, per la gran por
       que inspiren en els homes trets incomprensibles
       d'una natura deforme, donat el cas.
8300   *Això pot ser emprat per atemorir el contrari,*
       normalment enemics mascles, però jo crec
       que fóra impropi d'una femella que es valgui;
       és denigrar la forma femenina en pro
       d'una fortitud que cal demostrar en batalla,
8305   *no a la prèvia; si més no fóra més bo*
       emprar l'efígie d'un ésser prou temible
       i esgarrifós, que rebaixar el cos deformat
       d'una dona, per aquest infecte propòsit.
       Mira, pèr exemple, més que un rostre o la faç
8310   *d'una dissortada dona, millor seria*
       brandir, com a símbol ferotge espantadís,
       capaç d'infondre a l'enemic pura temença,
       aquest gos de l'infern; sí Cèrber és millor
       emblema per espantar als contraris d'antuvi;
8315   *no trobes que el seu aspecte infon més la por*
       que es pretén?" Cèrber mirà l'opressor que el duia
       cofoi de la gran por que exercia en tothom;
       Atena no digué res, quedà decebuda
       de la visió que el seu sempre protegit
8320   tenia de les del seu gènere. Aleshores,
       d'ençà que van prendre comiat, el seu cap
       es quedà barrinant aquelles paraules dites.
       Més tard canvià l'efígie de l'escut
       per la de Cèrber; ella fou de les primeres
8325   que el varen emprar, per simblitzar el terror
       que volien infondre. I Medusa, a l'Hades,
       recuperà la testa i ja, des de llavors,
       que provoca la por entre els morts que s'hi presenten,
       sobretot en els mascles, pels qui té disgust,
8330   i, exercint la venjança, retorna l'ajust
       que en tantes dones poqueja.

                          Al llarg del trajecte

                vers Tirint, en molts trams, Cèrber udolà al sol,
                com objecte estrany al seu estatge a les fosques,
                i escumejà pels camins basses de verí
8335   de les quals nasqueren les flors de tora blava
                o acònit, que tenen alta toxicitat.
                Malgrat el seu dòcil tarannà, quan entraren
                a aquella ciutat, sols la seva visió
                produí una desbandada extraordinària
8340   entre els vilatans, avanç de com a palau
                seria vista, segur, la seva presència.
                En efecte, Euristeu, poruc més que altres cops,
                no va voler veure el trofeu que li portava
                el seu cepat cosí i, ja avisat de ben lluny,
8345   li va fer un rebuf i anà a fer ofrenes al temple.
                A mig sacrifici es presentà l'heroi;
                havia deixat Cèrber a palau ben dòcil,
                esperant. Euristeu, en veure el seu cosí,
                s'enutjà, i més quan li demanà acompanyar-lo
8350   per mostrar-li el gos infernal, el trofeu
                del seu últim treball, la darrera comanda.
                El rei acabà de fer les particions;
                les donà, com de costum, primer a la família
                abans que a ningú, després les parts dels esclaus
8355   de la llar, l'última de les quals fou per a Hèracles,
                cosa que ocasionà un rebombori de molts,
                però el nostre home ho entomà sense fer gaires
                escarafalls, tothora pensant que aviat
                es trauria de sobre aquell rei tan horrible.
8360   Acabats els cerimonials van tornar
                a Tirint; però Euristeu jamai arribava
                i la seva audiència es va posposar,
                incomprensiblement, fins ben bé entrat el vespre.
                Fou llavors que va anunciar-li, un nou herald,
8365   jove i ambiciós, encara amb veu sensible,
                que el rei considerava acabats els treballs,
                que els lligaven mútuament en aquell tracte,
                i el deixava alliberat d'obligacions

	futures amb ell. Hèracles també ho va prendre
8370	en calma, no era la fórmula més plaent

d'afranquir-lo. Aquell punt no l'imaginava
pas mai així però, si venia d'aquell
monarca despòtic, era ben impossible
esperar altra cosa. Llavors agafà el gos
8375 i va repescar el mateix camí de tornada.
Resulta que Euristeu s'havia construït
una urna de bronze, amb estrany mecanisme
d'obertura, sols per la banda interior,
i l'havia fet soterrar, rere deu portes,
8380 en una cava subterrània d'un pou
del palau. Allí havia romàs tothora
fins rebre l'avís de la marxa del cosí,
per un viaducte secret fet a propòsit.
Llur tracte entre tots dos deixaria un bon pòsit
8385 que brollaria més endavant.

                                            Altre cop
a la cova d'Aquerúsia, la ignorada
entrada al regne d'Hades per part dels mortals,
Cèrber començà a bellugar la seva cua
serpentina en saber-se a casa altre cop.
8390 Aviat es van trobar davant del monarca
del submón el qual va rebre amb festes al gos
infernal, amb ben poca continguda alegria,
que traspuava de sota el seu elm lluent.
Agraí el ferm compliment de la paraula
8395 donada d'Hèracles i, malgrat els punxents
dolors al muscle, fruit del seu atac de rauxa,
considerà el seu nebot un home fiat
i com cal, val a dir que el seu obscur caràcter
sempre s'assuajava en tenir proximitat
8400 o tan sols el simple contacte de Persèfone,
com era llavors el cas, que amb la seva mà,
perfumada amb plantes del seu jardí, tocava
amorosament el canell del seu marit.

	Arribat aquell punt i la tasca acomplerta,
8405	nostre home trobà bo aquell moment per partir,
	i abans de tornar als flocs blancs de boira esblaimada,
	quan era entre arbres i plantes, va reparar
	en un pollancre cuidat i ben solitari,
	extremadament ben cuidat; s'hi apropà
8410	i prengué un feix de fulles caigudes de l'arbre,
	verdes encara i, anant refent el camí
	de sortida, s'esplaià fent-se una corona
	com les que són trenades per als vencedors
	dels jocs, i se la posà al cap, així, com d'esma,
8415	o potser frisant per un subtil reconeixement,
	el cert és que, damunt del seu front, aquell ceptre,
	verdosenc, fins aleshores, es va tornar
	d'una color blanca i intensa, com l'escuma
	de la mar tan llunyana que era el viu record
8420	flagrant de Leuce, la nimfa convertida
	en pollancre, al bell mig del regne dels difunts.
	Quan ja fou en plena llum del sol va adonar-se,
	amb un gest de sorpresa, en ell molt contingut,
	que ara havia sortit per la cova de Tènar,
8425	la del primer cop; hi trobà Iolau dormint,
	amb el seu cap recolzat al nou flamant carro;
	ja en veure el seu oncle li llençà un franc somrís
	i, mentre s'enfilaven al vehicle, Hèracles
	es preparà pel feix de preguntes del noi;
8430	quan el carro arrencà ho féu amb una estrebada
	que va fer voleiar la corona del cap
	del nostre heroi, però ell, de fet, no va adonar-se'n,
	la seva pensa estava fixada en el futur,
	en recuperar pel pobre mort Meleagre
8435	l'òbol, paga del barquer i, donar-lo, després,
	a la germana, que es deia, com? Deianira?

CANT CATORZÈ
A la pell de les dones

Apol·lo, el déu arquer, que va inventar la lira,
va preparar en la tècnica de l'arc a Eurit,
fill de Melani, reis d'Eucàlia; com l'alumne
8440 avantatjà el mestre i mostrà el seu art als seus
destres quatre fills, imbuït per la supèrbia,
organitzà un concurs, convocant campions
de tot Grècia, posant la filla com a premi.
Iole, que així es deia, la princesa del rei,
8445 com era tan bella i assenyada, que es deia,
va ser un bon reclam que va recórrer el país.
Hera, que sabia quelcom, que per nosaltres
se'ns fa desconegut, fins que ens ho fa evident,
tornà a interferir en la pensa del nostre home
8450 i, enlloc d'ocupar-se de l'òbol amagat
de Meleagre acudí entre tants a Eucàlia,
per participar en aquell campionat d'Eurit.
Aquest, en veure'l, tot ell va sobresaltar-se,
puix coneixia la seva fama, així com
8455 la basarda que provocava per l'assumpte
d'haver mort la dona i els fills; per tot plegat,
com a pare, temia lliurar-li la filla,
en el cas ben provable de ser el guanyador.
Decidí acceptar-lo, amb gran malfiança,
8460 i arribat el moment ja obraria segons
els esdeveniments futurs. Així quan Hèracles
veié Iole, creient haver-se alliberat,
després de tants anys i tantes i més penúries,
de la culpabilitat, del corc i el rau-rau,
8465 reféu el desig de conviure amb una dona,
que segons com era aquella obtindria pau
i l'estabilitat, llargament merescuda.
La competició fou lluïda i de gran
complexitat i tècnica, però el nostre Hèracles

| 8470 | en resultà el vencedor evident i absolut.
| | Guanyà no tan sols a Eurit i els fills, sinó amb sorna
| | es vantà d'haver vençut al mateix mestre de tots,
| | al mateix Apol·lo. Aquest no va actuar encara,
| | però sí ho féu Eurit que es va esplaiar infamant
| 8475 | la persona del guanyador i el seu caràcter:
| | *"Diuen que ets fill de Zeus, per'xò no et pots pas*
| | *comparar amb mi ni cap dels meus fills que són íntegres;*
| | *segur que has vençut amb martingales de déus*
| | *i fletxes màgiques que sempre toquen fita.*
| 8480 | *Degut a això i, més que callo, com a rei just*
| | *declaro nul·la la competició feta,*
| | *i pels motius que guardo jo dins del meu pap*
| | *refuso donar-te la meva única filla,*
| | *que en les teves mans correria un gran perill.*
| 8485 | *Diguem-ho tot! Ets esclau d'Euristeu, la cosa*
| | *és prou motiu perquè et foragiti d'aquí*
| | *a cops de pal."* I un cop dit això el va fer fora
| | del palau. Hèracles, ben calm, s'hi avingué,
| | però aquells mots ofensius el corsecarien
| 8490 | un llarg temps. Resulta que a mig camí, tornant
| | cap a Tirint, trobà un marxant de cavalls i eugues
| | que l'entabanà per comprar-li tot el lot.
| | El nostre heroi va acceptar, sense molt judici,
| | el tracte i ràpidament va pagar-ne el preu,
| 8495 | la torna vindria després. Mentre allà a Eucàlia
| | rere seu, Eurit havia estat alarmat
| | pel robatori de cavalls dels seus estables.
| | Tot apuntava a un famós lladre comarcal,
| | però ell li penjà tots els actes al nostre home,
| 8500 | mogut per la venjança, d'haver-li negat
| | el guardó. Tots els fills del rei, igual que el pare,
| | dolguts d'haver perdut la competició,
| | volien fer encalç de l'heroi. Tots no, menys Ífit,
| | que ja havia replicat al pare no haver
| 8505 | lliurat la germana al vencedor, amb la victòria
| | clara i justa. Aquest demanà avinença a Eurit

perquè el deixés tractar abans primer amb el suspecte,
donat que ell el creia, pel tarannà, innocent.
Així li ho fou concedit. Seguint les petjades
8510 de les cavalcadures es trobà el marxant,
fent la direcció contrària on anava,
i n'endevinà el paper, per anar a cavall
d'un dels poltres del seu pare. Varen ser els braços
del genet que li van cridar l'atenció
8515 prou fàcils de reconèixer per blanquinosos,
i en retingué la fesomia i prosseguí.
El rastre el dugué a Tirint i, resolt va entrar-hi,
va cercar i trobà Hèracles i s'hi presentà.
L'informà de la seva recerca, ocultant-ne
8520 aquelles sospites contra ell. L'heroi mostrà
tots els poltres, recent comprats, amb la qual cosa
el noi constatà que l'heroi era innocent;
a més, si bé el nombre d'exemplars, que el seu pare
li havia descrit a la perfecció,
8525 i deia havien estat robats, coincidia
amb aquells que li mostrava Hèracles, cap d'ells
se semblava en res als cavalls de casa seva.
Començà a témer no estar involucrats en jocs
de màgia divina. Segur va imbuir-li
8530 aquest raonament Hermes, sempre barrejat
i coneixedor de temes de lladronicis.
Però ben poc van durar els seus descobriments.
Hèracles, després de sopar, va convidar-lo
a passejar a les muralles de la ciutat.
8535 D'allí li brindà l'oportunitat de veure
i trobar el ramat que anhelava, entre tants caps
de bestiar que als seus peus, dòcils, pasturaven.
Resulta que Ífit sabia massa, segons
li semblava a Hera, de braços blanquinosos,
8540 i tornà a emprar Ate, per tal d'embogir
de nou Hèracles, el qual mai dels mais sabria
perquè prengué Ífit i el llençà, d'un plegat,
des de dalt la talaia altíssima on estaven.

	El jove morí romput als peus d'aquells murs
8545	i Ate abandonà el nostre heroi, com si cap cosa,

i ell sentí la culpa pesant, com una llosa,
sense comprendre ben res.

                                Hèracles colgat
de nou pels remordiments no trobava ajuda,
totes les portes se li tancaven davant.

8550   Aleshores optà per novament recórrer
a l'Oracle de Delfos, i es va presentar
amb tota la humilitat, davant Jenodea,
la pitonissa; aquest cop ella fou distant
i inflexible. Al·legà la seva resistència

8555   a ser esmenat que ara, a més, havia faltat
al sagrat deure que lliga ser hospitalitari
matant el seu hoste, i això el feia incapaç
de formular qualsevol consulta que fóra.
Hèracles perdé les formes, mogut potser

8560   per deixes de la follia recent encara,
i prengué ofrenes votives d'alguns dels murs,
i fins el trespeus, on només seia la pítia,
dient que si no el podien assessorar
ell fundaria el seu propi i personal oracle.

8565   Això fou la gota que vessà el got; del cel
davallà fuent un enfurismat Apol·lo
que es plantà davant l'heroi, tot ell carregat
d'objectes sagrats, com un jove fort i atlètic
reclamant les seves pertinences al punt.

8570   El nostre heroi s'estranyà de trobar aquell jove
tan decidit a batre's amb ell. Veié l'arc
que duia i li recordà tot plegat la volta
que ja s'havien vist amb la cérvola al bosc,
i li llençà un somriure cercant de complaure'l,

8575   mes l'altre fugí d'osques, amb fixacció
per donar-li un bon escarment, com es mereixia.
En un vist i no vist llençà un dels dards,
tocant-lo al canell, i el trespeus va caure a terra.

| | El cepat es refregà el canell adormit,
| 8580 | i premé les dents rugint, a punt d'embestida;
| | quan de sobte el Crònida intervingué amb un llamp,
| | l'embat del qual separà bruscament les formes
| | batusseres dels dos contrincants. Com llavors,
| | amb Ares, el pare amorós no suportava
| 8585 | veure dos fills seus enfarfegar-se a lluitar
| | per nimietats. I amb tot, Zeus va permetre
| | pronunciar-se l'oracle, després de tornar
| | els objectes manllevats a la pitonissa.
| | L'assassinat d'Ífit fou reprovable, i molt;
| 8590 | calia un càstig exemplar compensatori
| | i la sacerdotessa d'Apol·lo el va dir
| | a mode de sentència inapel·lable:
| | "Per a lliurar-te de la teva aflicció
| | et caldrà que siguis venut en esclavatge
| 8595 | d'un any sencer. A més el preu que paguin per tu
| | haurà de ser enter rescabalat als fills d'Ífit. "
| | "He, –rigué Hèracles- qui creus que voldrà pagar
| | per tenir-me com esclau? " "Veuràs, la reina Òmfale
| | de Lídia, et comprarà. "D'acord. M'hi avinc!
| 8600 | Més val ben lluny, com Lídia, que no propinc"
| | Ben aviat tot fou lligat.

                        Fou dut a Àsia,
i a càrrec d'Hermes, déu de les transaccions
importants; patí el menyspreu de l'esclavatge
i en palpà en carn pròpia la seva cruel
8605 vivència. En va pagar tres talents de plata
just el marxant personal del palau reial
de la reina Òmfale, molt hàbil en negocis
d'aquesta mena. Hermes prest va tornar a lliurar
tots els diners a Eucàlia als fills orfes d'Ífit;
8610 però el seu avi, el rei Eurit, va prohibir
que ningú prengués aquells sous fruit d'un gran greuge,
ans la família no en cobrés venjament.
Diuen que Hermes, ferm en qualssevol dels seus tractes,

8615   rescabalà, en moments crítics, aquells infants,
        al llarg de tota llur vida de forma anònima
        i misteriosa. Mentre, Hèracles entrà,
        aquest cop a un palau pel portal del darrere,
        dreçat al servei, senyal que d'altra manera
        seria tot en endavant.

                        Filla d'Iardan,
8620   dona i vídua de Tmolos, rei coronat de roure
        i fill d'Ares, i mare de Teoclimeu;
        d'aquestes tres suposances prèvies dites,
        les dues primeres no poden presentar
        Òmfale amb justícia perquè era una dona
8625   d'una potència extraordinària en si,
        a qui no calia descobrir com fins ara
        hem fet, en d'altres personatges femenins,
        amb la crossa del marit, o la de llur pare.
        Sempre havia marcat el seu propi perfil,
8630   i els ferrenys dogals de mascles no s'hi adeien
        ni per subjugar-la o treure-li humanitat.
        La de mare d'un fill és tota una altra cosa,
        l'obra de gestació natural, quan és
        fruit de l'amor consentit, la insereix de forma
8635   naturalitzada en l'engranatge humanal,
        com a ésser viu reproductor de l'espècie.
        Els altres dos supòsits són sobrevinguts,
        imposats socialment a través d'un pacte,
        on elles mai ben poca cosa han pogut dir.
8640   Òmfale, des de ben jove, que ja es negava
        a les convencions de tarannàs virils,
        i preferia marcar-se fites més pròpies
        que no aquelles que li poguessin imposar
        els mascles, "curts de gambals" (tal com ella deia)
8645   A part d'aquest fort sentiment tenia, a més,
        un gran embadaliment per les amazones
        a les que admirava en noves que es feia dur,
        fins i tot guardava, amb una gran estima,

	la destral d'Hipòlita, que havia rebut
8650	com a regal d'uns viatgers que hi van fer estada.

Li agradava pensar que personalment
li havia dat, en un gest vers ella atent,
fins que va saber-ne la mort.

                              I ara tenia
en poder seu l'home que era el seu assassí.
8655   Amb cura gens forçada féu que el col·loquessin
prop les seves cambres, per tenir-lo a mà
sempre que ho volgués, vigilat tota l'estona.
Observà que mostrava gran docilitat,
feia al punt totes les tasques encomanades
8660   i mai proferí cap queixa ni gest rebel.
Estranyament semblava tenir assumida
perfectament la seva actual qualitat.
Passats uns dies, no pas molts, no pogué estar-se'n
i començà a martiritzar el seu esperit
8665   d'una forma volgudament enrevessada.
D'entre tots els esclaus, com atzarosament,
el trià per fer-lo blanc de les seves burles.
Manifestà, cridant, que eren els seus esclaus,
sí d'una dona com les que, bé li constava,
8670   cadascun d'ells havia maltractat tan temps,
a les llars respectives, i allí ho pagarien.
"Sempre us burleu de la nostra fragilitat,
o la contempleu per forçar-nos amb escarni,
menystenint nostra complexió diferent;
8675   en tants aspectes som dispars! En la natura
el nostre cos us engendra i també us cuidem
quan més desvalguts sou, i tot i així, encara,
sembleu oblidar el nostre afecte i ens féu mal,
i us burleu tostemps d'aquells naturals aspectes
8680   que d'ús proporcionen la fertilitat,
i després us donen goig de la descendència.
Doncs ara que sou aquí, sota el meu poder,
jo us faré sentir allò que infligiu a dones

	per la condició de ser-ho. Vine aquí!
8685	*Sí, aquell que es tapa amb una burda capa*
	lleonina. Treu-te-la i posa't això!"
	Òmfale li donà un drap blanc amb una taca
	vermellosa que hi destacava ben vistent.
	"Lliga't aquest drap al cinyell, sota l'esquena,
8690	*damunt les natges. Vull que el portis sempre més.*
	I la resta vull que us en burleu quan passi.
	Aquell que no hi posi prou esperit serà
	el proper en portar-lo i qui el substitueixi.
	Tant burlar-vos del període menstrual
8695	*de les pobres dones, ara el patireu vosaltres!"*
	I tal dit tal fet. Des d'aleshores, llavors,
	Hèracles dugué aquell drap tacat i patia
	les humiliacions forçades, o no,
	dels companys de captiveri i els sentinelles
8700	de palau; no trigà gens Òmfale a afegir
	un matís humiliant per avergonyir-lo
	i engrescar, de retruc, companys i guardians.
	Proposà, seguint el mateix patró, que, en veure'l
	li cridessin floretes, sempre a viva veu,
8705	i els engrescava a aguditzar l'enginy per fer-les
	gracioses, rares, arteres i punyents.
	Doncs val a dir que el magí d'aquells pobres homes,
	sotmesos a l'esclavitud, es va esmolar
	a nivells lingüístics més que satisfactoris,
8710	creant fórmules agudes amb gran enginy;
	però la reina, encara no prou satisfeta
	d'aquell llampegueig de veus mascles dominants,
	incentivà les esclaves a superar-les
	amb llurs destres amoretes més convincents.
8715	En tot moment era ben fàcil poder conèixer
	on es trobava el nostre heroi, per l'enrenou
	que la seva presència ja provocava.
	Òmfale estava satisfeta del seus guanys
	sobre aquell odiat cepat, mes del principi
8720	tot ell prengué el tantsemenfotisme habitual

parant tot l'esment en cuidar-se de demostrar-li-ho.
Aquest engany el va mantenir animós
fins que fou descobert. I llavors la mestressa
va redoblar la inventiva, tot demostrant
8725   una viva capacitat per superar-se.
A partir del nou dia, i sense fer avinent
que coneixia el poc embat i el poc efecte
de les seves burles en aquell esperit,
decidí presentar-se davant tots i, en públic,
8730   clarament vestida d'home, dissimulant
tots els seus atributs verament femenívols.
Es presentà davant dels esclaus i exigí
que l'acompanyés el seu boc expiatori.
Hèracles la seguí mesell, també aguantant
8735   les conegudes befes constants i diàries.
Va ser conduït a una cambra on fou rebut
per un gran estol de noies que eren la guàrdia
més propera a la reina; un cos guerrer d'elit
dur i disciplinat, ben ensinistrat per ella,
8740   personalment, que realitzava treballs
de vigilància, incursions i escorta.
Tenien fama arreu de ser un dur regiment
que sabia imposar-se amb brillants estratègies.
Ara, aquí estaven en lleure, i amb gran humor
8745   i amb molt de gust, en veure l'heroi, el van rebre
amb rialles, xisclets i molt molt guirigall.
Van començar a despullar-lo, llençant la roba
amb cares de fàstic. Ell es deixava fer,
conscient que no hi havia perill a la vista.
8750   Les joves van riure molt quan li van llevar
el tapa natges tacat de vermell, i encara
van penjar-li unes floretes plenes d'enginy.
Tot seguit van treure unes robes femenines,
de teixits varis, de luxosos a banals,
8755   tots els models d'una amplada considerable,
i li van començar a emprovar seguint els crits,
els alirets, amb tot de constants provatures

que el cepat aguantà impertorbablement.
Un reflex d'un escut deia l'extravagància
8760 de les peces que li anaven canviant,
la majoria d'elles d'unes bigarrades
tonalitats, o de caients més o menys curts,
o amb més suavitats o més asprors al tacte.
Finalment va semblar que la unanimitat
8765 de criteri s'establia en la majoria,
i el van deixar d'amidar i de fer-lo voltar.
Llavors s'apartaren i es va poder veure Òmfale
que el mirava atentament. No havia perdut
cap detall de l'emprovament, ni la nuesa.
8770 Tenia una rialla prima i uns ulls lluents,
que mostraven viu interès tota l'estona
per l'escena. Vestida d'home el seu cabell
tan negre, recollit i premut, li donava
un aire despòtic, de tirà oriental,
8775 ben segur com d'un de real que coneixia;
parlà estrafent la veu amb un to molt més greu
del que ja tenia. Li va resultar fàcil
recitar fragments captats en mascles absurts,
per haver-los sentit arreu; totes les noies
8780 varen riure de complicitat; van sortir
unes quantes; tornant duien una filosa
i fils diversos; tot ho van parar allà al mig,
al centre de la cambra i, apartant els mobles,
van convidar a seure en un escambell baixet
8785 l'home guarnit amb els vestits estrafolaris.
Li va costar trobar la postura adient,
mancat de l'habitud, per la gelor i el ròssec
del seu seient. Mai no hauria ni sospitat
que tal molèstia devia ser diària,
8790 veient-ho fer normal. El seu neguit semblà
plaure la seva mestressa, amb una ganyota
de crua agror. Llavors una noia vingué
amb un cabdell vers ell i li mostrà una troca,
donant-li un munt de fuents explicacions

8795	de com passar un per ser recollit per l'altra.
Els seus dits es movien amb una eficaç
lleugeresa, impossible d'imitar a la primera.
Els ulls d'Hèracles els intentava seguir,
mes tots els passos que feien eren tan ràpids
8800	que resultava enrevessat de retenir.
L'explicació era maquinal, mecànica,
repetitiva; la noia ho va deixar estar,
en veure les dificultats del seu alumne
per retenir-ho, i prengué les armes de nou
8805	i ventà a un coixí un formidable cop d'espasa,
simulant desesperació. Tot seguit
una altra jove igual la lliçó repetia,
amb igual resultat i amb un igual final:
el pobre coixí ho pagava. i així una jove,
8810	rere jove el seu mestratge van impartir.
El nostre heroi es movia entre una frustrada
sensació d'inaptesa i d'habitual
calma resignada. Pensava que tot era
part d'aquell càstig merescut, i que a la fi
8815	pagaria la pena, i ell mateix es dava
ànims que tot allò sols duraria un any,
i llavors seria lliure. Passant estones,
llargues de temps, d'aquell aprenentatge en va,
compaginades entre altres treballs d'esclau,
8820	sempre guarnit d'estrafolària manera,
patint els menyspreus de la resta del servei,
arribà un dia que els seus dits molsuts i toixos
adquiriren ja la preuada agilitat;
sense saber com, les mans, els dits es movien
8825	obtenint el resultat, que es feia evident
en un tramat extens de fils quasi perfecte;
o així li semblava a ell. En la soledat
de l'ús del fus voleià la seva inventiva
i va començar a teixir un maldestre tapís,
8830	que l'omplia d'una satisfacció estranya,
desconeguda. El sojorn, aquella quietud,

l'habitud diària, la poca incertesa
dels esdeveniments daven tranquil·litat
a l'esperit tan bellugadís del nostre home,
8835   i la fascinació el va fer creatiu.
El desenllaç, dèiem, pràcticament artístic,
era un maldestre tapís que volia ser
el gravat gràfic de les veres aventures
que ell havia viscut durant tants i tants d'anys.
8840   S'hi veia l'Hidra, també el lleó de Nemea,
les aus estimfàlides, el brau cretenc,
amazones, argonautes, poltres caníbals,
tots en la seva grandesa però sense ell;
havia volgut recordar-los tots esplèndids,
8845   purs, incòlumes, immortals en el record.
No eren figures perfectes però les formes
tenien un vague record de les reals.
El fet d'haver concretat aquelles figures,
que raïen a la seva ment, el va fer
8850   enorgullir-se enormement com a persona,
i per primer cop, després tant temps, va estar en pau
amb ell mateix. Aleshores, quan la seva obra
estava realment avançada vingué
al racó del seu obrador Òmfale i seguici.
8855   La reina va interessar-se pel gran tapís
i algunes de les noies de la comitiva,
que n'havien viscut el procés, li van narrar
detalls de l'evolució i les incidències
més remarcables que s'hi podien copsar.
8860   Atentament la sobirana s'ho mirava
de dreta a esquerra, d'amunt a avall, tot el marc,
el dibuix, les figures. Amb les mans plegades
a l'esquena, palplantada i tibada en ferm;
val a dir que el seu vestit d'home li donava
8865   un seriós aire marcial imponent,
de cop, a mitja explicació, amb la mà alçada
vers un angle superior del tapís,
garfí un fil que sobresortia de l'obra

i el començà a estirar, ajudant-se de la mà
8870   esquerra. Els moviments foren tan ràpids,
i a mitja explicació d'una acompanyant,
que ella i tota la resta van fer un gran silenci,
per sentir sols com el fil s'anava escorrent,
mentre els dibuixos del tapís i les figures
8875   ràpidament perdien formes i colors
i del gran tapís, tosc i fins i tot maldestre
no quedava ben res, sols un fil desfilat
llarg i esprimatxat, fet un bolic als peus d'Òmfale.
Aquell silenci forçat de tots el trencà
8880   un sentit gemec continu de dents premudes,
fet d'una barreja de ràbia i dolor
creixent sorollós amb desesperació
provinents de la gola d'Hèracles.

Les llàgrimes
de l'heroi cepat, venint d'altre, haurien fet
8885   entendrir qualsevol, dur que fos, d'empatia,
però aquell lloc de duresa i càstig extrems
no s'ho podia permetre, i aquell seguici
de la reina esclatà en rialles i retrets.
Aquella forma humana, guarnida de dona,
8890   amb vestits estrafolaris balders i sobrants
convidava del tot a riure-se'n amb ganes.
Òmfale, en canvi, mirava l'home amb posat
seriós, els seus fins llavis, més i més foscos,
n'escrutaven els fets fins entrar al moll de l'os.
8895   Els ulls negres, en un punt, van tenir una ràpida
llampugada sobtada, que li transformà
la faç tibada i seriosa, i es tornà trista
i melangiosa. Així es muda el semblant,
quan entra al cor la tímida misericòrdia
8900   i veu el punt àlgid de l'expiació,
llavors si el cor és tendre i no refractari,
irromp la força humitejant que hi fa un estany
en calma, i creix un gran desig de compartir-ho

| | tot, pena i goig i bandejar la soledat.
| 8905 | Axò és precisament, llavors, el que va ocórrer
| | entre aquells dos éssers humans tan diferents.
| | Una va frisar per donar consol a l'altre,
| | sentint-se poderosa en l'exclusivitat,
| | i aquell, ben buit de dins, va deixar-la emplenar-lo,
| 8910 | fent-se gran novament i de nou ben segur,
| | mentre que ella d'ell en quedà tan amarada
| | que n'obtingué un canvi interior dintre seu,
| | aquell tercer supòsit, dit Teoclimeu
| | que l'engrandí en la tendresa.

                                              Tornat Hèracles

| 8915 | com l'havíem conegut, amb defectes greus,
| | però ara conscient de les seves mancances,
| | va complir l'any sota el jou d'Òmfale per fi,
| | quan van arribar unes noves davant la reina
| | que la van deixar aclaparada en el neguit:
| 8920 | la gent de les terres banyades pel Sagaris
| | estaven essent delmades per una serp
| | enorme, que a més devorava les collites;
| | raó suficient per tal que el recobrat
| | forçut heroi oferís prestar assistència,
| 8925 | dels seus poderosos braços als desvalguts.
| | Així, aconseguit el permís de la reina,
| | començà a preparar-se un poc d'impediment,
| | seguint els escassos informes que tenia
| | de les capacitats mortals de l'enemic,
| 8930 | que prevenien guardar-se'n de la metzina
| | del verí que escopia. Òmfale li brindà
| | l'armadura del seu antic marit que emprava
| | amb nous arranjaments dels seus experts ferrers.
| | Mentre li emprovaven va quedar a la vista
| 8935 | el seu cos nu, que havia romàs un xic menys
| | atlètic de l'habitual, per deixadesa
| | d'aquell passat temps estàtic empresonat.
| | Resulta que entre les forges s'hi amagaven

         una parella de nans, antics malfactors
8940   de Tessàlia, acostumats al lladronici
         per aquelles terres i ara, ben lluny d'allà,
         daven servei a l'equip de la ferreria
         de la reina. Aquells nans tenien el costum
         molest de ser escandalosament molt fotetes,
8945   i eren amants de fer bromes amb molt soroll.
         Eren fills d'Ocèan i Tia, germans d'Hèlios;
         per part de mare, una titànida d'Urà,
         la seva filla, entre altres. D'aquí llur ferrenya
         complexió, molt útil pel seu nou treball.
8950   Rebien el nom conjunt de Cercops, cap d'altre
         per definir-los separadament un i un.
         Previnguts per la seva mare, en to profètic,
         que es guardessin d'un tal Melàmpiges, algú
         que posaria fi a la seva carrera;
8955   i com aquest nom vol dir "natges negres", prou
         que solien tenir cura de no trobar-se
         una persona vestida de negre, amb por
         que es tractés del seu predestinat i fugien
         d'enterraments i endolats. Segurs així
8960   aquell dia varen abraonar-se amb Hèracles
         i van dir baixeses, en veure el seu cos nu.
         Un a l'altre s'esperonaven tot dient-ne
         de l'alçada d'un xiprer alt, sabent-lo fred
         i submís per tot aquell temps, quan suportava
8965   les burles de tota la cort, sens sospitar
         que aquell caràcter, aquell tarannà tan dòcil,
         havia passat a ser cosa del passat.
         Posats a fer, amagaren parts de l'armadura,
         cosa que al nostre heroi no li va agradar gens.
8970   Els prengué d'un plegat, amb sorpresa majúscula,
         i els penjà, un rere l'altre, a uns ganxos del cairat
         de la ferreria, de cap avall. Semblaven
         dos cuixots del rebost debatent-se i, en va.
         Passà tan ràpid i, malgrat llur corpulència,
8975   que no s'ho podien creure. Estant cap avall,

```
         com estaven, van poder veure el nostre home,
         que es guarnia l'armadura tranquil·lament,
         i en un moment donat li van veure les natges;
         ambdues ben recobertes d'un pèl espès,
8980     negrós fosc, que donava una aparença negre
         a la natgera. Els dos nans es varen guaitar,
         quan llurs rostres van fer coincidir llurs mirades
         en un dels giravolts, i van saber, per fi,
         que havien trobat el misteriós Melàmpiges.
8985     Tots dos a l'una es van esforçar en demanar
         perdó per haver ofès aquell corpulent home,
         que ara els mirava atònit del canvi sofert
         en tant poca estona. Primer, caut, s'ho va prendre
         com comèdia, i va pensar no estar entremig
8990     d'una burda i simple juguesca dels olímpics,
         però després, en sentir les seves raons,
         els va creure i va despenjar-los de la biga
         on es debatien. Molt li ho van agrair
         i van fer un ferm propòsit, tots dos, d'esmenar-se.
8995     Ben acabat. veié que no era propi d'ell
         anar contret amb una pesada armadura,
         quan mai en cap treball li havia calgut
         i, al capdavall era un caprici de la reina
         que patia perquè marxés ben protegit,
9000     i malgrat que els dos nans ara també insistien,
         l'heroi els deixà allí i en prengué comiat,
         encaminant-se a fer just igual amb la reina.
         Si bé els dos corpulents nans eren conscients
         que havien de refer llur passat, o pel Crònida,
9005     que els la tenia botada, res fóra prou
         i un càstig merescut els daria un dia,
         nostre heroi, en canvi, quan marxà, no sabia
         què creixia seu dins la reina.

                             Un altre cop
         al camí, trescant viaranys, passant muntanyes.
9010     En un respit va topar amb un pobre pagès
```

caritatiu que li va oferir la poca aigua
que es servava. Hèracles el va veure angoixat
i li demanà què era allò que l'amoïnava.
Llavors va saber de Litierses, i molt!
9015 Es feia dir amo d'aquelles terres grasses
i el seu delit era conrear uns camps de blat
que vigilava zelosament. Bé, cap cosa
diferent a cap altre pagès dels normals;
allò que diferenciava Litierses
9020 era que desafiava a tot nouvingut
a un combat, del qual vencedor sempre en sortia,
i obligava els perdedors a esmerçar el seu temps
de vida en conrear-li un dels camps, ja per sempre.
Però al cap d'un temps desapareixien tots,
9025 sempre en trobar-ne de nous, i res se'n sabia
d'aquells. La gent dels rodals en feia rumors
macabres: que els matava i en feia conserva,
o coses semblants. El pagès abaixà aquí
els ulls i va fer un llarg silenci, al qual Hèracles
9030 s'hi sumà posant-li a l'espatlla una mà.
Com imbuït així de la seva tristesa
li va dir uns mots apaivagadors, dels millors
del seu repertori i van acomiadar-se,
ell coneixedor que hauria de posposar
9035 el seu viatge, i el pagès amb la lliurança
de cor, que dóna explicar una pena que et cou.
No trigà en trobar els camps de blat de Litierses;
realment extensos. S'hi veia aquí i allà
algun treballador atrafegat; quan ja anava
9040 a acostar-s'hi s'interposà al seu pas, davant,
un home apersonat, cepat i amb la mirada
malèfica, senyal de maldat al seu cor.
Es presentà com exclusiu propietari
de les terres circumdants i li va exigir
9045 referències, com a nouvingut fresseta.
Fetes les presentacions va convidar
el nostre heroi a casa seva en acollença.

	Encara no al vespre va irrompre tot de cop
	Dafnis, un fill d'Hermes que estimava Pimplea,
9050	a qui havia seguit fins allà d'encalç,
	sabent-la raptada i venuda com esclava;
	l'assenyalà entre les noies del menjador
	que servien el sopar. Incapaç, Litierses,
	de negar-ho, davant de l'altre convidat,
9055	decidí reptar el jove; habitual sortida
	de l'hostaler per arreglar sempre els afers.
	El jove enamorat, d'ulls brillants, prest anava
	a respondre, amb frèndol, afirmativament,
	quan la veu tronadora i potent del nostre home
9060	féu emmudir tota la sala i s'imposà
	a l'atenció. S'oferí com a correcte
	primer hoste amb aquell dret, i davant del qual
	el suspecte hostaler no podia negar-se.
	De totes maneres, aquest últim, pensant
9065	que el jove ardent podia forçar una fugida,
	el va fer tancar a l'extrem oposat del mas,
	lluny, per tant, de l'abast de la seva estimada.
	Després d'aquell sopar, un xic accidentat,
	tothom va anar a jóc. A hores petites però
9070	l'hostaler es va llevar i baixà fins un estable,
	on prest va tancar la porta darrera seu.
	Nostre cepat heroi el seguí d'esquitllentes,
	i a través d'una fina escletxa del portell,
	va poder constatar, ben del cert, l'horrorosa
9075	certitud de les sospites de l'aiguader
	de la serra. Veié Litierses que omplia
	una banasta amb un cos humà desmembrat;
	el seu hostaler acompanyava aquella feina
	tot cantant una repetitiva cançó
9080	fúnebre, que posaria els cabells de punta
	a qualssevol testimoni, llevat d'aquell.
	Hèracles en va tenir prou i va allitar-se
	de nou, aquest cop, quan apagà el llantiol,
	no va poder reprimir una amargant ganyota

9085 que l'acompanyà com un darrer pensament.
L'endemà l'Aurora també va presentar-se
tenyint-ho tot de colors, aliena als fets
de la nit passada. Els implicats de la vetlla
es van trobar en un bladar pendent de segar,
9090 d'altes espigues. Litierses va fer entrar-hi
el cepat hoste, havent-li dat un esclopet
i una falç esmolada amb viu tall, com la seva,
i amb l'envit de ser el primer en segar una meitat
exacta del camp, mentre ell no fes tota l'altra.
9095 A un senyal convingut tots dos van començar;
aquí hem de dir que va valdre més la traça
que la força puix Litierses, més manyós,
enllestí la feina amb una clara avantatge.
Amb la seva meitat segada va mirar
9100 aquell seu oponent, amb un esguard malèfic
i una cínica rialla, s'eixuga el front,
i s'acostà cap a l'altre amb passes segures
taral·lejant repetitivament el cant
fúnebre de la vetlla, apartant les espigues
9105 darreres del trajecte; quan creia ja estar
a tocar l'altre, de cop, sentí una fregadissa,
i de darrere unes, encara sens segar,
va concórrer Hèracles, brandint la falç terrible
maquinalment tot fent el gest horitzontal
9110 de segar. Fou l'últim que veié Litierses
alhora que va sentir aquests últims mots:
"*Ai, no us he vist venir!*", perquè la seva testa
voleià lluny, fins un munt d'espigues de blat,
també totes segades. Així va acabar-se
9115 el malson de la contrada, assolint la pau
entre els seus atemorits aixafaterrossos.
Dafnis recuperà Pimplea i llibertat,
i es van quedar fent de reis amb més caritat,
mentre Hèracles continuà el camí.

               Sagaris
9120   és un riu intermitent, però el curs normal,
       si el veiéssim des de dalt, ens semblaria
       una gran serp ben enorme zigzaguejant.
       Quan Hèracles arribà en aquelles contrades
       això no ho pogué pas observar, però sí
9125   veié la comarca delmada, i moltes rases
       aquí i allà, com si hi hagués passat quelcom
       reptant, deixant un solc a mode de petjada.
       Els arbres estassats, molts grans rocs descarnats,
       segons semblava per llur llit originari
9130   de terra recent remoguda, esborrats
       camins antics per clenxes ondulants i fresques;
       cada cosa amb un rastre continuu i seguit.
       Tots allò era fresc, nou, de no feia pas gaire;
       no va trobar cap forma humana a qui inquirir
9135   algun report; llavors, darrere una pujada
       d'un pujol, rocós i erm per les dues vessants,
       veié al fons de la baixada una cabana,
       feta toscament, d'on sortia un fil de fum.
       El vent en contra li portà una suau flaire
9140   de menjar i ell ho rebé tot ensalivant,
       fent una ganyota. Rossolà per l'abrupta
       pendent de cul a terra, per ser un bon tall
       escarpat. Feines tindria en voler tornar-hi,
       si calia refer el camí. La borja en si
9145   estava feta de troncs estacats i tòries,
       més seques que no com hauria convingut,
       puix les ventades l'esbardellarien tota.
       Apartà una fina capa, que havia estat,
       i ara feia de porta. Entrà sense reserves,
9150   decididament i sense esperar permís;
       enmig d'aquella estança hi havia una dona
       asseguda a terra, remenant un perol
       petit i fumejant, que en un foc es coïa
       xauxinant un àpat, apetitós d'olor.
9155   "*Benvingut, Hèracles, fa temps que t'esperava*"

La veu que parlava tenia un deix segur,
ferm i majestàtic, avesat a expressar-se
i ser escoltada en públic. Primer el nostre heroi
pensà que es tractava d'un tripijoc olímpic,
9160 avantsala d'una entrada grandiloqüent
d'una deessa que no sabia ubicar-la;
observà si li veia alguns trets distintius,
però ho descartà, en continuar la conversa.
"No, veuràs, sóc humana com tu i, de fet,
9165 *si bé no ens hem vist mai abans, tu sí coneixes*
qui fou el meu marit. Viatjares amb ell
i amb altres mariners, dins d'aquella nau, l'Argos,
cercant el Velló d'Or. Hi va ser el capità,
per deliber vostre; sí, el seu nom és Jàson. "
9170 El nostre home es posà en guàrdia, sens mostrar
neguit. Sens cap dubte aquella dona llegia
els seus pensaments en formar-se dins del cap.
Calia estar alerta. *"Un bon noi, Jàson; esplèndid. . ."*
"Mariner?" Tallà la dona, enèrgicament.
9175 *"Anava a dir. . ." "Home? Ai no, Aquest concepte*
jo no te'l compro pas, sense afegir un matís;
parlo així perquè les meves referències
són contrastades i et puc dir que és un mesquí
traïdor. Com a home, vull dir. En tinc causa
9180 *perquè fou el meu. "* Els seus mots vessaven fel
plens de ressentiment, i el perol ho pagava,
i la cullera també. Ell provà de portar
la conversa cap a altres vessants, fent marrada,
però era difícil amb algú tan capaç
9185 de llegir els pensaments. *"¿Creus que és acceptable*
una lliçó d'un maltractador de mullers,
com ho ets tu?" Aquelles punxudes paraules
van ferir nostre heroi, i remoure-li dins
un pòsit sempre a punt d'amargar-li la gola.
9190 Restà cap cot. *"Has vingut a matar-me, fa?"*
"No. T'equivoques. Ni sabia que existies. "
"Portes la mort escrita al front i dins dels ulls. "

"No pas la teva. Vinc per la serp" "Ma germana"
"Què vols dir?" "Ella em pertany i anem d'un plegat"
9195 *"Però tu, qui ets? Digues-me el nom!" "Sóc Medea,*
princesa còlquide. Qui va trair els seus
perquè Jàson reeixís en la seva meta,
obtenint el Velló d'Or sense cap perill. "
"Per què faries tal cosa?" "Per una errada
9200 *que no és nova ni vella i sempre acaba igual:*
amb una amagada i flagrant mentida d'home. "
Dient-ho picà el caire del perol tan fort
que la cullera es trencà i caigué dins del líquid.
"Vols dir amor?" "Què fàcil és dir aquest mot,
9205 *i realment ni tu saps què significa. "*
L'àpat perillava anant per aquest camí,
ell, per salvar-lo, prengué la iniciativa,
i amb un pal es comprometé a remenar el brou,
mentre ella seguia la seva diatriba.
9210 *"La mentida eterna: el fals amor d'amant.*
Jo estrangera a Grècia vaig ser acollida
pel seu amor momentani, no pel país
del qui vaig rebre rebuig, sempre incomprensible.
Van ser deu anys prodigiosos, per a mi,
9215 *per a ell no, sempre covant adquirir puixança;*
sé què és això, pel pare sóc d'estirp reial;
a mi, de fet això, mai m'ha interessat gota.
Quan el vaig veure vaig comprendre i vaig saber
què era l'únic que volia. Estar amb ell, ser dona
9220 *completa i estimada; això em va fer sentir*
ell, abraçant-me i amb petons meravellosos.
Tot era fals. Primer volia el Velló d'Or,
i li vaig ajudar a aconseguir, trencant l'ànima
del meu pare. Perquè l'estimava d'amor.
9225 *Després, al seu país, també vaig ajudar-lo*
a desfer-se del rei, puix deia que el poder
d'aquell li pertanyia, per llei. Jo vaig creure'l,
cegament, i els morts li van aplanar el camí
que s'havia fixat. Sempre els retrets, les culpes

9230	*queien cap a mi, però jo no en feia cas:*
	tenia els seus petons que m'omplien de vida;
	ara suposo que era un efecte semblant
	a les plantes que m'ajuden a fer tasques
	remeieres. " "Ets bruixa?" "Ben segurament
9235	*pels homes ho sigui. Si un d'ells té coneixences,*
	com les que jo tinc, li diuen metge, altrament
	a les dones ens diuen bruixes. " "Però ells curen"
	"Jo també puc i ells també poden canviar
	la realitat, com jo. " "Mes no ho fan" "No saben
9240	*prou secrets de la natura, encara; veuràs*
	quan un dia els sàpiguen, jo em quedaré curta. "
	"Jo no en sé de remeis, ni d'herbes. " "Però sí
	de petons. Òmfale, prou te n'ha donat mostres;
	per'xò m'has de comprendre. Sí, sé molt de tu
9245	*perquè puc comprendre allò que dins teu treballa. "*
	"I amb tot, de Jàson, no en vas poder saber res?"
	"Vaig abandonar-me a ell. Tota vaig ser seva.
	Amb complaença, fins que va manifestar
	el seu afany de poder mascle. Per tal de créixer,
9250	*no en va tenir prou amb la vida conjugal;*
	jo li havia donat dos fills, també mascles,
	però l'afany del vostre gènere no es clou mai,
	i us heu cuidat de servar lleis que ho fan possible.
	Va voler ascendir, i com? Prenent filla de rei,
9255	*com havia estat jo. I amb lleis fetes per homes*
	la va poder tenir. I el seu pare i futur
	sogre, mascle també, em va donar un sol dia
	per marxar, altrament perillaria el meu cap.
	Un dia. Saps què puc fer jo amb un únic dia?
9260	*Doncs ho vaig fer. Vaig matar la meva oponent,*
	al pare i després, com tu, nostra descendència. "
	Hèracles amagà el seu rostre entre les mans,
	llençant un sospir provinent de molt endintre.
	Ella continuà. Tenia els ulls tots plens
9265	de llàgrimes que no li van mullar les galtes.
	"Sí. Que horrible, fa? I tot va ser per fer-li mal.

Per esborrar-ne el poder sobre meu, com home.
El seu país. El teu. Així us ho concedeix.
Les dones no hi tenim cap rastre. No se'ns compta.
9270 *La nostra empremta és, si ho és, insignificant.*
Les dones, els fills, tot seu: el poder, la casa
tot dels homes, com uns déus intocables que són;
únics en dretura amos de tota llicència.
Doncs el vaig ben desposseir de tot això.
9275 *Sí, va quedar viu, però sols per observar-ho*
i doldre-se'n, si n´és capaç. que no ho crec pas. "
El seu to de veu anà creixent, però no eren
les seves paraules les que ho sacsaven tot;
un intens tremolor removia la terra,
9280 al punt que algunes tòries d'aquell teulat,
tan mal collat, varen caure al mig de la cabana.
Ella no semblà adonar-se'n, nostre heroi sí.
"Hi tenia dret. La raó a la seva banda.
Si es pensaven que no en seria capaç,
9285 *que ploraria en un racó, per la família,*
pels sentiments. . . per l'amor; anaven errats;
creuen que és en ellssols la força i robustesa,
s'equivoquen, n'han vist poques dones fer ús.
Jo sóc jo. Jo no sóc ni com ells ni com elles.
9290 *Mira, ni Zeus ni Temis no van gosar*
mai contradir-me, perquè no seria justa
moure'n causa; en canvi a ell, que va faltar tots
els seus juraments conjugals. . . I no en va els cívics,
elaborats per homes, que priven dels drets
9295 *i la justícia a mitja ciutadania,*
aquests s'afanyaren a fer-ne escarafalls,
a penjar-ne tot de bàrbars costums foranes,
per poder justificar les meves raons;
esgrimint la vostra civilitat hel·lènica,
9300 *enfront d'estrangers que féu desconeixedors*
de vostra legalitat, de vostra justícia. . .
d'homes. " Una forta xiuladissa arrencà
Hèracles del seu seient, posant-lo en guàrdia,

	Medea continuava fent cas omís
9305	dels neguits del nouvingut. "*Quina gosadia,*
	jo li impedia perllongar la seva estirp.
	Oh, quina cosa! Es desfeia la quota
	perquè la ciutat pervisqués? Si ell, primer,
	s'avingué a que amb mi els fills al bandeig vinguessin!
9310	*Quin pare! Ah, sí, potser també eren estrangers,*
	fills d'estrangera. La dona nova, Creüssa
	ja li'n daria de nous. Grecs, potser sens ser
	uns mascles; és igual, serien grecs, amb norma!"
	Picava de peus a terra i el puny al pit,
9315	mirant absorta a l'infinit, perquè era. . . a Grècia!
	Amb tot la tremolor de fora no minvà,
	sumada a aquella xiuladissa ensordidora.
	"*No em va saber greu ser mare. Ja em va agradar.*
	Tot quant venia d'ell m'era bo. I em plaïa
9320	*perquè li dava felicitat evident,*
	però jo li deia que també són feliços
	els estèrils i no cal fer fills per haver
	felicitat, sols amb l'amor un matrimoni
	pot estar complert. Ho pensava, i ara igual,
9325	*ho penso. Creieu que el desig és cosa d'homes,*
	el nostre el feu desenfrenat, no natural,
	cal domesticar-lo, d'aquí el matrimoni;
	i enlloc d'amar per amar ens feu engendrar
	i renunciem al desig per fer de mares,
9330	*i pujar-vos els fills i fer-los ciutadans;*
	primer voleu nimfes, després sols ginesteres,
	exclusivament com cuidadores d'infants. "
	Arribats a aquest punt a Hèracles va semblar-li
	que la conversa es calmava i els tremolors
9335	havien cedit, posat dempeus va acostar-se
	a la burda cortina i, després de mirar
	uns segons Medea, abans prengués la paraula
	de nou, llençà un viu esguard a l'exterior.
	Mira que n'havia vist de coses horribles,
9340	però just allà fora, damunt de tot

             d'aquella rossola, d'on feia poca estona
             ell havia baixat de cul, un cap de serp
             enorme el mirava amb els ulls sesgats i fixos,
             ambdós verds lluents, de pupil·les verticals,
9345   que estaven tothora oberts i mai es tancaven,
             per poder veure-hi tot, sense perdre'n detall.
             La llengua bífida es movia compassada
             amb la calma de l'esguard, llavors nostre heroi
             se li va ocórrer pensar quan grossa seria
9350   tota aquella serp, en veure tan sols el cap,
             tan enorme. Del pas estant de la cabana
             notificà a Medea el que estava veient.
             "Sí, és meva. Jo l'he creada i ella em guarda.
             No et farà res mentre jo no li ho digui pas."
9355   "Abans ja m'has dit que era la teva germana.
             Què significa això?" "Les serps són molt fidels
             i dòcils, si saps tractar-les; hi pots conviure
             i fer-vos grans, com si es tractés d'un germà.
             Jo vaig tenir un germà" La cara va mudar-li,
9360   la veu anava creixent en intensitat.
             "Es deia Apsirt, era un jove de gran bellesa,
             sensible, dòcil... crèdul... i jo el vaig matar.
             Jo, durant la fugida, vaig donar la idea
             al mentider de fer-lo venir a parlar;
9365   ell segur del lligam, confià en la germana,
             com un minyó innocent prova un torrent d'hivern
             que ni els fadrins miren de passar; ella, falsa,
             l'entretingué i deixà que el seu amor, el fals,
             el colpegés, mentre ella sols es tapà el rostre
9370   amb la capa, que tot i així es tacà amb sang
             fraternal negra; després ell tallà aquells membres
             purs sens que ella li ho impedís ni protestés.
             Ella proposà llençar-los al mar, a trossos,
             fent un rastre menyspreable i sanguinolent,
9375   perquè llur pare atardés l'encalç, recollint-los.
             Zeus obligà al ver botxí, al natural,
             a purificar-se; Hera donà un vent favorable

	al seu protegit i tot quedà en un no res.
	Jo vaig dur el pes d'aquells actes execrables;
9380	i si llavors vaig ser capaç de consumar
	l'oprobi familiar, per què no podria
	perllongar-lo en els fruits del meu ventre pla?"
	Hèracles sentí tremolar tota la terra
	de nou, sota els seus peus, amb molt més ardiment
9385	i violència, i essent prop de la porta
	apartà la cortina i veié tot mig cos
	de l'enorme serp dreta, a frec de la baixada,
	amb l'aire amenaçador. Aliena a aquell fet
	inquietant, Medea tal qual prosseguia.
9390	Però pel nostre heroi era molt més urgent
	trobar l'entrellat d'aquells dos fets, que apuntava
	el sentit comú, estaven lligats, o bé almenys
	així ho semblava. "Medea, la serp; perilla
	nostra vida si rodola i ens cau damunt.
9395	Hem de sortir d'aquí. la cabana és molt feble."
	"Les herbes l'han fet gran, aplicades amb art.
	Saps quantes mudes ha deixat entre les roques?
	L'acant i panical, la ruda ho lliga tot
	i sempreviva, i de garrofer un xic l'escorça,
9400	tornant-li pols de garrofes. Amb tot plegat
	ella creixia turgent, robusta i ufana
	al punt de fer enveja a un cadell de gegant."
	"Però res no ha fet el fet com l'amor de mare,
	no és cert?" Hèracles jugava un joc perillós.
9405	Tocava un voraviu penjant d'un fil sensible,
	ignorant què passaria quan es trenqués.
	Aquell rostre el mirà amb una barreja d'odi
	i menyspreu intensos. "Què n'has de saber tu
	d'amor de mare?Ets un home. Res. Potser un dia
9410	us ve de gust engendrar, sols per allargar
	la vostra realitat o la vostra pàtria,
	perquè així ho heu establert. Podeu ignorar
	fins i tot que heu sembrat un fill una nit boja,
	i una vida es posa en marxa i no ho sabreu mai;

9415	com tu, que has fecundat el ventre de la reina
	Òmfale, desconeixent què se'n farà d'ell.
	Ella ho sabrà. Creu-me perquè el durà a la panxa,
	alimentant-se del seu ésser, fins al punt
	que se'n farà un lligam irrompible i per sempre,
9420	com un membre del seu cos que marxa pel seu peu.
	Tot això ho ignoreu. Què mires? Tots vosaltres
	creeu la realitat i en feu unes lleis
	a vostra mida, perquè teniu por, i tothora.
	I allò que no enteneu, allò que sí és cert,
9425	que conviu amb vosaltres: el món o les dones,
	la natura tota, la voleu sota els peus,
	menystenint-ho tot, perquè de fet se us escapa
	del vostre curt enteniment. Féu les mullers
	per ser mares, sense entendre què significa.
9430	La mare, des del primer moment que ella sap
	d'una vida dins seu comença ja a estimar-la;
	i n'estima el futur, la incertesa i pateix,
	sempre d'acord amb el propi caràcter,
	tants com mares pot haver; però de segur
9435	que sempre és un constant i ferm aprenentatge.
	Saps de força? Què has de saber? Vera força és
	saber acceptar, enfonsar-se i agafar l'empenta
	per continuar la vida. Viure entenent
	que els fills són altres persones, sabent donar-los
9440	el propi espai per a créixer i anar formant
	la seva personalitat, gens com la pròpia,
	o brins que sí que ho són però que malgrat tot,
	tu hi seràs dant-li suport. Això sí és força.
	Cal canviar si els fills ho marquen així.
9445	En el procés les mares, en veure'ls, tendeixen
	a creure'ls com els millors i ho han d'amagar;
	un xic va bé, els fa segurs, però massa els porta
	a no saber enfrontar-se a la vida tots sols.
	Costa trobar el punt; una pot equivocar-se
9450	i més quan un fill és dèbil, per la salut
	o falta de seny, llavors cal tota la mare

patint amb ell, provant que sempre està al costat,
amb un somrís que sempre ho fa tot més portable,
malgrat que ella es trenqui per dins. " Ell digué: "Prou".
9455 Ara ja la serp s'havia calmat. Com ella.
I ell repescà la idea que l'havia dut
a conèixer aquella dissortada existència,
i per no amoïnar-la cercà un comiat prest;
volia verificar aquella estranya calma,
9460 per tal de tranquil·litzar la gent dels rodals;
i tot i que sabia no seria fàcil
considerar el problema resolt, sense fer
una solució més dràstica, faria
el possible perquè aquell ofídid gegant
9465 no fos un perill, sense caldre eliminar-lo.
Medea va avenir-s'hi tot i havent llegit
dins del cap del nostre heroi el seu obscur propòsit.
I restà a la cabana tallant el dinar
amb el ganivet; ans de marxar, ell la va veure
9470 feinejar i admirà el seu atreviment
tallant la carn, quan, per tothom és evident
que això és sols exclusiu d'homes.

                                      I va enfilar-se
rost amunt; de llis que era, costava garfir
algun agafall per grimpar-hi. L'estona
9475 de pujada, hem de dir, que en alguns moments
va pensar en les cavil·lacions de Medea,
sobretot allò que l'afectava de prop,
però també, hem de dir, que poc neguit va moure's
dintre seu, massa arrelats tenia els seus furs
9480 d'home grec, civilitzat ben a consciència.
Ja a dalt, va veure lluny la serp a l'altre cim
del vessant oposat, lenta carenejava
amb la seva llarga forma tot el contorn,
val a dir, llarguíssim, i allí no gaire en sota
9485 li cridà l'atenció una peculiar
cavitat circular, en un dels rocs enormes

       que quasi coronaven el cim. Era un trau
       prou esbatanat per encabir-hi dos homes,
       potser tres, un al cim de l'altre. A través seu
9490   s'hi veia més enllà, com un espiell ample;
       tot ell era envoltat de rocs drets. Nostre heroi
       covà una estratègia i prest va dirigir-se
       cap aquell vessant, sota la serp, que ara just
       romania llarga i quieta a la carena,
9495   aliena a qualsevol mal, però expectant.
       Quan l'home va arribar al seu objectiu va prendre
       un dels rocs erets i, amb força el va descarnar,
       mirant de no agitar la pau de la muntanya
       i no alertar la serp. Ja fet el deixà
9500   amb cura prop del de la balma esbatanada.
       Quan va reprendre alè resseguí el cimal,
       on reposava llarga la gran bestiola,
       en direcció a trobar el seu cap verdós rom.
       En heure'l, i veure la roja llengua bífida
9505   fent llengots enervants, se sabé a l'objectiu.
       Llavors va fer una ganyota d'aquelles seves,
       i amb dos dits va doblegar la llengua i xiulà,
       xiulà amb totes les forces. Les dues oïdes
       de la serp, que eren dos traus als costats del cap,
9510   la posaren en guàrdia, i ben de seguida
       alçà mig cos, també el cap, i es posà a fer encalç
       a aquell impertinent home que ja refeia
       camí fet, a aquell lloc semblant a un espiell.
       Refiat del seu cop d'ull, per amidar coses,
9515   confià que tot sortiria bé i, ja al roc
       foradat, detingué la cursa, tot tombant-se
       de cara a la serp que, afuada com un llamp,
       s'abalançà vers ell amb la gola oberta,
       degotejant-li una espessa viscositat
9520   que deixava un viu rastre sulfurós a terra;
       en aquest moment Hèracles es penedí
       de no portar l'armadura de la reina Òmfale,
       però aguditzà els sentits i va saber bé

	rescabalar-se, davant d'aquella gran boca
9525	que mostrava ullals frisosos per queixalar,
	i una llengua que anava fuetejant l'aire,
	i aquells ulls verticals delerosos de sang.
	Tan afuada es llençava que, en tenir l'home
	ben a l'abast, no pogué aturar el seu frenesí
9530	quan la seva presa, amb un moviment, de sobte
	i precís, prest s'apartà del seu foll camí
	i tot plegat la va fer, pendent i embranzida,
	passar el cap i el coll ben bé per dins d'aquell trau
	com un espiell, per quedar-hi refrenada,
9535	i aturant la folla cursa, atrapada dins.
	Sense esperar que una de les fuetades
	que feia la serpassa la pogués per fi
	alliberar, el nostre heroi prengué aquella roca,
	descarnada abans, i l'arborà damunt del cap
9540	per estampar-la mortalment contra la testa
	tan verda i roma de la bestiola en ple.
	Ja es disposava a descarregar el mortal acte,
	quan un crit enorme ressonà en el seu cap,
	negant-li l'acció de seguir la proesa.
9545	Es retingué i, quan va tombar-se vers el punt
	d'on partia el crit, veié Medea plantada
	a l'altra carena, amb rostre desencaixat
	i els braços cap a ell estirats, en postura
	de súplica, mentre seguia cridant: no
9550	i, a l'encop que es posava de genolls, plorava
	a llàgrima viva remugant un llarg prec
	aital com: "El meu dolor. El meu dolor". Mil voltes.
	Hèracles comprengué que no podia pas
	deixar viu aquell monstre, que tant creixeria
9555	com el dolor insaciable de la muller
	de l'argonauta, despitada i marfonent-se
	en aquella soledat acusadora i gran,
	i tornà a tombar-se vers la serp atrapada
	i descarregà amb totes les forces i al cap,
9560	la gran roca descarnada que, amb cruixidera

seca i enorme esbardellà la circular
monstruositat, creada amb tal munt de penes,
que no tenia dret a seguir fent més mals.
La sang de la víctima, mentre s'escolava
9565 carena avall, alliberà amb plors i gemecs
la seva mare, per fi i fou tal correria
d'imatges que li van desfilar pel seu cap
que, reviure-les d'un plegat, tant seguit, totes
a l'encop, no ho pogué resistir i caigué al fi
9570 agenollada primer i, després, llarga a terra,
sens vida. I des de llavors Medea no erra
engreixant de penes cap monstre més.

                                                  Sabut,
sols per Hèracles, el lloc on va soterrar-la,
abandonà la conca del Sagaris lluny
9575 d'aquelles terres que creien reviscolar-se,
per fi, dirigint-se al ventall ple de camins
que és la mar, esperant trobar-hi un bon navili
que el dugués fins a casa. En una platja estant
veié el cos d'un jove, que era mort, a l'arena;
9580 el més estrany era que semblava caigut
d'una alçada tremenda, no havent cap cinglera
pels voltants; a més el cos, molt esbardellat,
tenia a l'entorn tot de plomissol i plomes
fent un conjunt, ara esquinçat, enganxat
9585 amb cera fosa, formant una mena d'ales
enormes com lligades als seus braços nus.
Ell no ho va saber llavors, i mentre es posava
a dignificar-lo, com cal, amb el procés
ritual d'enterrament, us direm la causa
9590 i qui era aquell noi mort, sino ho heu sabut.
Resulta que tot després d'haver ajudat Dèdal
a Pasífae, amb aquell enginy tan pervers,
Minos, el marit, rei de Creta, dictà un càstig
sever al constructor i a Ícar, el seu fill:
9595 els va fer tancar al laberint, bastit per Dèdal,

| | però amb l'agreujant d'haver-lo de compartir
amb el ferotge Minotaure. No cal dir-vos
que l'enginyós constructor també va idear
com sortir-ne, amb el seu fill. Construí unes ales,
9600   amb plomes d'aus fixades amb cera dels llums,
mercès a les quals, pare i fill, van envolar-se
i van fugir de Creta pels aires del cel.
Però es veu que altiu, Ícar, no fent cas al pare,
s'exposà, volant, massa a prop dels raigs del Sol
9605   el qual va fondre-li la cera i el noi, pobre,
va caure i morí destrossat a aquell indret
on l'havia trobat el nostre home. Ja fetes
les exèquies l'encomanà al déu dels morts.
I mentre deia el nom d'Hades va revenir-li
9610   al cap aquell encàrrec, fet per Meleagre,
a la riba de l'Aqueront i, ja per fi,
recordà qui el podia aidar: Deianira.

CANT QUINZÈ
Deianira

       Nostre heroi fixà el regne de Calidó en mira
       a Etòlia, regit per Eneu, hostatger
9615 sens màcula. Ho era tant que molt temps enrere
       va acollir Dionís, el nostre déu sortós;
       i, hospitalàriament, el rei brindà Altea,
       la seva dona, al déu. Dionís va agrair
       tant l'afecte que revelà secrets selectes
9620 sobre el cultiu del raïm, fins llavors ignots,
       a l'amable rei, pels quals n'obtingué collites
       envejables i es féu vinyater de renom,
       amb uns vins de suculent i exquisida aroma.
       D'aquella nit nasqué, com a regal al rei,
9625 Deianira, entroncada, per tant als olímpics.
       D'Altea, el rei, havia tingut ja dos fills,
       d'un d'ells, Meleagre, en sabem prou bé la tràgica
       dissort: condemnat al regne d'Hades dels morts,
       sense obtenir passatge per sortir de l'Èreb
9630 ni pagar a Caront, després que la mare d'ell,
       venjativa, l'hagués fet morir i tragués l'òbol,
       preu reclamat pel sever barquer de l'infern,
       de la boca, en harver-li posat Deianira,
       en un gest fraternal de germana com cal.
9635 Altea li tragué l'òbol i va amagar-lo,
       però els remordiments la varen corsecar
       i es penjà en un dels ganxos del celler, penedida,
       sense haver explicat mai on l'havia amagat.
       Hèracles arribà, temps després d'això, sempre
9640 amb l'esperança d'ajudar al mort dissortat.
       El rei, tot ell bonhomia, acostumava
       a mostrar els cellers als convidats nouvinguts.
       N'estava tant cofoi que en feia bona guia;
       però aquell convidat, la fama del qual
9645 el precedia, no mostrà interès per caves,

ni cellers, ni vinyes, sinó més aviat
veure el rebost reial, en concret les saleres
on hi mantenien els cuixots a servar.
Eneu s'estranyà de l'hoste i dels seus capricis
9650 i canvià la ruta; Deianira ensems
va mirar-se el nouvingut amb uns ulls suspectes,
decebuda pels anhels que n'havia fet.
L'home, un cop al rebost, preguntà, cosa estranya,
a quin garfi Altea s'havia penjat.
9655 Estranyada la comitiva va respondre
mostrant-li'n un, i mentre el rei plorava un xic,
recordant-ne la imatge, Hèracles, aleshores
es dirigí a la salera, just als peus
del ganxo aquell, i hi va entrar el seu braç fins al colze.
9660 Tocà un parell de cuixots, salant-se tranquils
i va trobar allò que buscava, fent ganyotes
de satisfacció. Van quedar esmaperduts
tots els del seguici, però més Deianira,
quan Hèracles li donà un diner ben lluent,
9665 tot acompanyant el gest d'aquestes paraules:
"Aquest és l'òbol de Meleagre, ja saps
què és allò que cal fer." Ella badava la boca
i Eneu plorava a raig. Ell somreia content
d'haver acomplert la seva ferma promesa,
9670 per fi. Aquell mateix dia van tancar
el dol obert, després de tant temps i d'espera.
Eneu, com alliberat, uns mesos després
refeu la vida casant-se amb Peribea,
de qui va tenir un nou fill, el petit Tideu.
9675 Deianira, havent satisfet tots aquells deures
a la tomba del seu germà, va anar a trobar
l'heroi madur i li demanà per casar-s'hi.
Hèracles no es sorprengué de l'atreviment
inavesat, i agraí el gest de la jove,
9680 pensant que si Afrodita hi tenia res
a veure, allò no havia de ser mala jeia,
si ho mirava amb les coneixences més recents.

	S'hi avingué i prompte es van fer les esposalles;
	però llavors va tornar un antic pretendent
9685	que, per refusat tants cops, ja ningú hi comptava.
	Aqueloos, que així es deia, va tornar
	i reclamà Deianira altre cop. La noia
	n'estava horroritzada, perquè realment
	era un déu fluvial i també multiforme:
9690	o era tot ell un brau alçat, com home i dret,
	caminant horrible amb les potes del darrere,
	cosa que li donava un embalum brutal;
	o bé era un drac o serp, de pell tornassolada,
	repulsiva per qualsevol noia mortal,
9695	o bé era també un home, conservant la testa
	de brau, més reduïda, a joc amb tot el cos.
	De les tres aparences emprà la tercera
	per reclamar el dret a la noia que, amb neguit
	per ella, assegurava tenir. El nostre home
9700	s'hi va interposar, i alçant la veu, tot mirant
	ara Eneu, adés Deianira, va penjar-se,
	cosa que sempre odià, que essent ell marit
	de la princesa present, ella, tant tindria
	no sols Zeus com a sogre, sinó l'orgull
9705	de tots els seus treballs i fama guanyada.
	No era propi d'ell però s'estava fent gran
	i volia recloure's i formar una casa.
	Aqueloos no es quedà curt, també es va vantar
	de tenir per pare el déu de les aigües gregues;
9710	veient-li el degotall líquid que sovint
	li regalimava per l'espessa barbeta,
	així ho confirmava; i ho reblà tot dient
	que estava arrelat a la terra, no com Hèracles
	que era un cul de mal seient i, a més foraster
9715	i errant; que a ell sí l'afavoria l'oracle
	de Dodona, i que en tenia profits
	de tots els fidels. Això darrer va commoure
	els devots presents, prenent-s'ho com drets potents,
	però va continuar, i tot se'n va anar en orris.

9720 Va insinuar greument i gruixuda al nostre heroi:
"*O bé no ets fill de Zeus, o bé, una de dues,
ta mare és una adúltera, sense remei.* "
"*No tinc per costum rebatre beneiteries,
se'm dóna molt més bé, habitualment, lluitar!*"
9725 Dit i fet ambdós es posaren a la lluita
acarnissadament, dels forts cops de puny d'un
passaven a les brutals cornades de l'altre;
regalimava tot de calenta suor
amalgamant-se amb tot de freda torrentera,
9730 i els assistents tenien por del bramular
furient d'aquest i l'escarritxar de l'altre,
fins que un mastegot sorollós va trobar el cos
del cepat amb cap de brau i el tombà d'esquenes
al sòl. Llavors el meitat home i animal
9735 es convertí en serp de pell freda i lluenta,
tota virada i s'esmunyí ràpidament
del nostre home, el qual digué amb la ganyota seva:
"*Bah! De serps ja en matava al bressol quan mamava.
Veuràs si t'enxampo, no trobaràs recer!*"
9740 Ja refet, el déu riu, fill d'Ocèan i Tetis,
aprofità la distància per mudar
sencer en un brau grisós, de tarannà tot cafre
que de seguida va envestir, amb el cap cot,
el seu oponent, qui ja palplantat, l'esperava.
9745 Amb peus enrere, braços endavant, prengué
d'embat, les dues banyes, així com venien
i, malgrat l'embalum i el pes del furient,
tant bon punt hi topà es plegà, i alçant braços
voleiant tota aquella mola damunt seu,
9750 la tornà a estavellar insensiblement a terra.
Aquest cop un cruiximent sec estrepitós
va sentir-se i l'heroi va veure com tenia
garfida, en un dels punys, una banya del brau,
com una lluna creixent tota blanca i dura,
9755 que acabava d'esquerdar-se amb un espetec
anguniós. Llavors Aqueloos va rendir-se

i cedí la noia a aquell cepat vencedor,
que encara estava en guàrdia a l'expectativa.
Veient la seva sincera rendició,
9760 Hèracles va tornar al vençut aquella banya
trencada i el perdedor li cedí, pel gest,
la banya mítica de la cabra Amaltea,
que obrava al seu poder, i era un regal preuat
perquè va alimentar de nadó a Zeus pare.
9765 I el nostre cepat vencedor la passà al sogre
Eneu, com present de noces i, aquest, més tard
la va regalar a les Nàiades que en farien
l'objecte capaç de concedir, fos quin fos,
el desig, al seu successiu propietari;
9770 facultat adquirida emulant tots aquests
canvis de mà en mà, com un pòsit de franquesa.
Per fi es va poder celebrar el casament
i Hèracles n'obtingué llar, dona i, de moment,
una pau per abraçar-la.

                       Per dissort seva
9775 no li estava destinada per molt temps,
per l'ús del seu poder de forma irresponsable.
De fet van ser tres anys de gran tranquil·litat,
la parella hagué dos fills: Hil·los i Macària.
Hèracles recuperà el vell deix paternal,
9780 que pensava havia perdut i romania
intacte. Ella, Macària, era molt audaç
i temerària, ja des de molt petita
tot ho volia fer sola i pels pares seus
era un neguit constant; Hil·los, ben al contrari
9785 fou molt manyagó en la infantesa, el frenesí
apareixeria més tard dant-li problemes,
quan els pares ja van faltar. Tot va rutllar
en el matrimoni puix ella tingué l'home
de jeia calmada, tot ell apaivagat,
9790 sempre a disposició, tant que acostumar-se
a la seva presència li va crear

           una dependència, cap a ell, molt forta,
           que en cobraria factura, més endavant.
           Passat aquells anys l'avi Eneu féu un àpat
9795   convidant-hi alguns parents i el seu germà.
           Aquest tenia un fill molt jove que frisava
           per conèixer Hèracles i, encara més de tot,
           les seves conteses narrades per veu pròpia;
           per'xò a l'hora del repàs es va fer pesat,
9800   insistint en que l'heroi n'expliqués alguna.
           Com un corcó burxà treure'n un bon relat,
           mentre servicial també li oferia aigua,
           substituint l'aiguader; tant burxà i burxà
           que el cepat heroi, com qui aparta una mosca
9805   emprenyadora, va aplanar l'aire amb la mà,
           i aquest moviment innocent va convertir-se
           en mortal per al jovenet que, enlloc d'un gest
           com qui no vol, rebé una forta plantofada
           i sonora que el va fer voleiar ben lluny
9810   de la taula i els convidats, per anar a raure
           a l'empit d'un finestral amb el coll trencat.
           Tothom del menjador decaigué en un silenci
           llarg de paraules, i en un encreuament curt
           de mirades espantades. De la bullanga
9815   festiva es va passar a una planera estupor,
           només trencada uns últims instants per la inèrcia
           de l'anar i venir de la cuina dels cambrers,
           que servien taules per, de cop, afegir-se
           a la inacció general, amb llurs esguards
9820   atònits. Aviat Eneu reconduïa
           la situació convertint tot l'afer
           en causa domèstica i privada, notòria
           pels comensals aliens a l'àmbit proper.
           Entre família es redreçà tota la cosa
9825   i s'acordà considerar-ho un accident
           sense culpables, però en viu desacord Hèracles
           decidí acollir-se a les antigues lleis,
           i amb els seus s'imposà el dur càstig de l'exili;

9830 tot i que, consultant l'oracle allí, també
se li va prescriure aquesta mateixa pena:
va afegir-s'hi, a tall profètic, que mai més
no en tornaria, puix la mort li esperava
a mans d'un que ja seria mort temps abans
que ell. Tot i que va insistir molt el rei d'Etòlia,
9835 que a més era pare, avi i sogre, no aturà
en el jove el determini, quan se sentia
afligit responsable i ja estava resolt.
Deianira s'acomiadà del seu pare,
de la seva nova mare i del seu món oriünd,
9840 tenint certesa que mai més no els reveuria;
flanquejada pels fills en premia llurs mans,
sense poder reprimir l'amarga plorera,
els premia tant que Hil·los en va protestar,
però Màcària, Màcària es mirava
9845 fix la mare, escrutant-ne tot l'interior.
Deianira va prendre sols l'indispensable,
l'Hèracles les armes i la pell de lleó
i els quatre es van posar de camí, en renglera,
sense dir-se res, mirant endavant, no enrere
9850 que aviat va quedar ben lluny.

                         De dret al nord,
al país dels doris, nord de Grècia i Tessàlia,
allí el nostre home es posà al servei del rei,
puix considerà que per tots dos fóra idoni
establir aliança; pel rei disposar
9855 de la seva força contra el poble lapita,
els seus enemics; i del rei Egini, ell
tenir ben guardada al seu palau la família,
el nombre de la qual, amb el temps i a remolc
de les anades i vingudes del nostre home,
9860 s'engrandí amb tres membres tots masculins:
en Cterip, Glenos i l'Ònites que absorbien,
repartits, l'enyorança tant com la llet materna
podien engolir. Hèracles amb gran goig

9865 deixava per segurs els seus mentre complia
l'haver contret. El rei Egini, més enclí,
li brindà una recompensa en cas de victòria.
La campanya mantingué tots dos ocupats
durant tres anys perquè la cosa s'allargava,
encavallant-se amb un i altre conflicte nou.
9870 Al punt que un dia Deianira s'hi va veure
involucrada, i hagué d'armar-se, de prop
que va sentir el perill rondar la canalla.
Llavors reclamà al marit buscar un altre lloc,
on els infants creixessin de forma tranquil·la.
9875 Abans de marxar, el rei Egini va voler
complir el seu tracte, donant la part tercera
del seu regne dori al nostre esforçat heroi;
aquest ho agraí però va refusar-la,
en favor que la reservés per als seus fills,
9880 en un futur. El rei va voler dar-ne mostres
d'agraïment fent una celebració
per adoptar Hil·los, i emparaulà aquelles terres
que rebrien tant ell, com els seus propis fills.
Fets els comiats va començar un llarg viatge
9885 fatigós, que Deianira veia sens fi;
la sort era que estaven junts tots set, i sempre.
La mainada van demostrar amb escreix ser durs;
i ja acarats vers l'oest van parar una mica,
van reposar i estrenar les provisions,
9890 i, havent fet un mos i caminat més estona,
van trobar la primera dificultat greu:
el riu Evèn baixava cabalós i a dojo,
al punt que el nostre heroi veia molt complicat
passar els infants i la dona fins l'altra riba
9895 d'un plegat, o bé fer-ho en varis intents,
cosa que el feia dubtar de la seva traça
natatòria i, diuen, que va desitjar
haver tingut, aquell cop, una edat més ufana
que li hagués permès salvar les circumstàncies
9900 insalvables d'aquell destret. Van resseguir

la riba, cercant un gual o bona passera,
però al cap d'una estona no en varen trobar cap;
i ja anaven a refer camí, quan van veure,
pres per branques a la riba, un enorme niu
9905 de cigonyes, surant. Va covar la idea Hèracles
d'embolcallar-lo amb la capa de lleó,
per fer-lo confortable i passar la canalla
surant, a l'altra riba empesa per ell.
Deianira, primer, no semblava conforme
9910 quan veieren acostar-se, trotant de lluny,
un estrany cavall que resultà ser un centaure.
Nessos, que venia rabent, es presentà
com un centaure, autoritzat pels déus olímpics
a fer de passador públic, en aquell punt
9915 del riu Evèn. Hèracles no va sorprendre's,
al contrari, pensà que un déu benefactor,
dels que altres tants cops l'havien ofert ajuda,
ara mirava també pels seus, i tal qual
els informà i en confirmà la confiança.
9920 Macària i Hil·los estaven exultants,
compartint del cert realment una aventura
com les que tants cops el pare els havia narrat.
Nessos mostrà molta rectitud informant-los
que el seu servei no era de franc, que per pagar
9925 ho podien fer un cop arribats a la riba
oposada d'allí. Hèracles agraí
la confiança i comptà amb la seva paraula.
No pas Deianira que va estranyar-se, i molt,
d'aquell massa innocent oferiment a cegues.
9930 El nostre home deixà a terra la clava i l'arc
i prengué al redós del seu braç el petit Hil·los,
que mirava el riu obrint uns ulls com taronges;
i amb l'altre braç, el cepat heroi es penjà
a l'esquena Macària, tota agafada,
9935 fortament, al coll del pare amb els dos bracets.
Prengué amb el seu lliure el niu, on les criatures
petites dormitejaven càndidament;

                la seva extensa abraçada el cloïa tot,
                i es disposà a entrar a l'aigua amb tota aquella càrrega,
9940   sota la mirada fixa de la muller.
                Així van acordar amb Nessos que ell portaria
                Deianira damunt del seu fort llom equí,
                confiats amb la seva força, home i centaure,
                que salvarien el corrent. Vingué el moment
9945   i l'home, amb la canalla, entrà resolt a l'aigua.
                Era freda, glaçada, davallava enmig
                d'un gran terrabastall eixordador i frenètic,
                no li deixava sentir els crits dels fills grans,
                arrencats de la por per la torrencial força,
9950   mes l'espant mateix els feia agafar més fort
                el cos del seu pare, el qual ara amb horror veia,
                que entre el flux d'aigua davallaven grans troncs
                arrencats de soca-rel dalt de les muntanyes.
                Un de gros enorme, descabellat d'arrels,
9955   topà amb l'espatlla lliure de nens de l'home
                valerós, però ni l'aürt no aconseguí
                refrenar les seves braçades vers la riba,
                que aviat va guanyar, amb un titànic esforç
                darrer. Allà va deixar el nen del braç i es va treure
9960   la nena abraçada encara amb els ulls tancats;
                quan ja la mainada van fer peu, el seu pare
                mirà el riu i l'aigua d'on havien vingut,
                esperant trobar Nessos, portant-li la dona;
                al seu costat la canalla estava saltant
9965   i dient-se detalls viscuts de l'aventura,
                cridant alhora i amb viva excitació;
                quan van veure el seu pare que de cop tornava
                al riu i s'hi llençava rabent de caps.
                Es veu que el riu no duia ni dona ni Nessos,
9970   en canvi els va veure cavalcant ben lluny
                i, encara ben clar, Deianira debatent-se,
                mirant on ell havia arribat amb els nens,
                movent els braços, talment com desesperada,
                per cridar-li l'atenció. Ell va nedar

9975	com si li anés la vida, molt més de pressa
	que no abans; cap obstacle no el pogué frenar,
	i ràpidament guanyà la riba d'origen
	i va córrer vers on havia deixat l'arc
	i la clava; mirant vers aquell fet escàpol,
9980	que havia perdut la presa al sòl,
	degut al frèndol del trot. Nessos reculava
	quan Hèracles abastà les armes, per fi.
	El felló centaure, en tenir ja Deianira,
	no perdé el temps tornant-la a carregar al llom,
9985	s'abalançà sobre ella, esquinçant-li la roba;
	tot seguit la llençà damunt l'herba del prat,
	i es disposava a forçar-ne la seva feblesa
	i la virtut. S'hi abraonà damunt seu,
	i el contacte de la pell molt més va excitar-lo,
9990	quan de cop, l'aire corromput per l'acte aquell,
	va ser fendit per un dard mortal, i el silenci
	es va fer; la dona callà i els gemecs d'ell,
	que volien ser de plaer, van convertir-se
	en un esbufec, com quan algú perd l'alè;
9995	i el centaure caigué, de costat, ample a terra,
	i, mentre perdia la vida, de primer
	es va preguntar com, de tant lluny, aquell home
	el podia haver tocat amb un dard mortal;
	després es mirà Deianira i va parlar-li:
10000	*"Infant del vell Eneu, escolta el gran profit*
	que en trauràs d'haver-nos saltat aquest peatge.
	Tu ets la última que hauré dut i, si fas cas,
	seràs l'única que en sortirà amb benefici:
	cull ara sang meva, que és barrejada amb sang
10005	*de l'Hidra en el dard, mescla-la amb el meu esperma*
	del terra i amb oli, barrejant tot plegat,
	fes un ungüent que en un futur et serà útil;
	tot i que ara et sembla que no hi ha cap raó,
	prou sabràs quan et cal més; tu unta una roba
10010	*d'Hèracles i no voldrà més dona que tu."*
	Acabats aquests mots expirà i, sens trigança

           arribà el marit i prengué la muller amb sang
           a les mans i, tapant-la, l'estrenyé als seus braços.
           Quan ja varen reunir-se tots dos amb els fills,
10015   al cap d'un temps de fer-se petons i abraçades
           varen reprendre el camí, de nou vers l'oest,
           i abans del mar van trobar gent acollidora;
           la família de Ceix, a Traquis ciutat.
           Ell vivia amb Alcíone, dels seus fills mare
10020   amorosa i ambdós, sempre ben amatents
           un de l'altre. Tal era la franca harmonia
           que bastien entre els fills i la seva llar
           que entre ells s'autoanomenaven Zeus i Hera;
           ella a ell i ell a ella. Aquest motius devots
10025   el Crònida, pare amorós, els tolerava
           però Hera en feia espina clavada a dins,
           esperant l'ocasió més avantatjosa.
           Aquí van arribar Hèracles, amb tots els seus,
           i van rebre mostres de ser acollits amb joia.
10030   Un temps d'harmonia va fer-los oblidar
           els recents tràngols passats. Més res dura gaire
           en el nostre cepat heroi i, a contracor
           direm, que un fil de fets li va fondre el tresor
           que a l'entorn tenia.

                              Des dels fets del centaure
10035   Deianira revivia tostemps l'atac,
           dins del seu cap, fent-li refusar el tracte
           amorós del seu marit, i el paper de muller
           a ella. Ja ni les manyagues no suportava.
           Es trobava apartant Hil·los, més enganxós,
10040   i àvid sempre del seu afecte que Macària,
           més independent. Hèracles dormia sol
           moltes nits i, per qualsevol estranya excusa;
           tot plegat els agrejà el caràcter als dos;
           a ell, pensant si s'havia equivocat de vida
10045   sedentària, i a ella li van sortir
           rares coloracions blanques als dos braços,

que ningú sabia explicar. És més, sumem
que se li va manifestar, en desmesura,
una gelosia exacerbant pel marit.
10050 Veia les seves mirades a les esclaves,
o a Alcíone, la seva hostatgera feliç,
com tot d'esguards de luxúria inconfessables,
i motius per renyar el seu marit constantment.
Això encara feia lluir més l'harmonia
10055 dels conjugues masovers, tan habituats
a un gran ventall d'afalacs empallegosos,
sempre sovintejats i diàriament,
i per contra encendre, com de retruc, la ira
d'ella, fins que fou difícil de suportar.
10060 Llavors arribaren unes noves de fora
que varen posar totes les coses a lloc.
Es tractava d'un desafiament d'Augias;
des d'allà l'Èlida, el seu regne, va llençar
l'acusació que Hèracles era un falsari
10065 quan, fent-se passar per fals heroi, va raptar
el seu fill Fileu de la seva llar paterna.
I ara es vantava de tenir-ne una amb nous fills,
després de robar els dels altres. De fet la cosa
no havia anat així. Nosaltres ho sabem:
10070 Augias havia estat un rei ple d'incúria,
deixat, destraler envers el seu poble i, a més
perjur, perquè havia negat tota la feina
de netejar els seus estables al nostre heroi;
i a més, volgué implicar, com a fals testimoni
10075 dels tractes establerts amb l'heroi, al seu fill;
sort que aquest es va negar a seguir les mentides
del seu pare, el qual el va castigar al bandeig
perpetu dels seus regnes, juntament amb Hèracles;
negant-li cap dret a defensar-se per llei
10080 justa en un judici. Per'xò cal recordar-ho,
i amb tot nostre home acceptà el desafiament,
malgrat fer un fort tuf de ser una trampa maldestra.
Per tant fou sols llavors quan tots dos van topar,

	després de la gesta de netejar els estables
10085	d'aquell rei malcarat i sempre traïdor;
	no és cert que s'haguessin trobat com argonautes,
	com diuen uns, Augias mai marinejà,
	el seu fill Fileu sí, però per altres coses;
	i potser per'xò aquests confonen el pare amb el fill.
10090	Que no veuen que després de com va tractar-lo
	al seu regne, encabir-los tots dos en una nau,
	hauria estat ben explosiu per a la resta
	de viatgers del passatge i la missió?
	Malgrat saber-ho un parany, van organitzar-se
10095	les milícies d'arcadis i de tirints;
	perquè de molts llocs de Grècia van venir-hi
	a lluitar, per defensar l'honor del seu grec
	il·lustre. Entre tots aquells vingué el germà d'Hèracles,
	Íficles, que havia temperat la rancor
10100	envers el seu germà; perquè el temps tot ho cura,
	i en el seu cas n'havia necessitat molt;
	finalment va tenir aquell generós acte
	que provoca, no se sap com, l'amor fratern,
	on un dels dos ha de rebaixar tot el pòsit
10105	malèvol que queda en una relació
	per un accident, tingut per greu, que fragmenta
	d'una forma insalvable, o així ho pot semblar,
	dos caràcters diferents, de dues persones
	dispars que, malgrat tot, sols poden ser germans,
10110	un lligam que no es tria i tendeix sempre a unir-los.
	La trobada fou plena de retrets d'ambdós,
	de precs reclamant enteniment un de l'altre;
	van estar-s'hi molt i se'ls va deixar parlar,
	esplaiar-se, després tant de temps, perquè calia
10115	per tal que una acció conjunta sortís bé;
	i s'apaivagà la tempesta perdurable
	i se'ls va veure aviat posar-se d'acord
	amb tàctiques per tots dos ben complimentades
	que van meravellar els generals més experts.
10120	i la coalició sortí cap a l'Èlida;

el nostre heroi va acomiadar-se dels seus;
l'adéu era dur, puix per l'oracle d'Etòlia
sabia que mai més tornaria allí viu.
No rebé el vistiplau de Ceix, sempre pacífic,
10125 tendre i dolç, però ho respectà, per diferent;
temps després, aquella llar tan ben avinguda
seria fita de la ira d'Hera en si;
perquè no suportava que la mencionessin
amb el joc d'aquell matrimoni, fent-se dir
10130 com ella i el seu marit; puix li recordava
cada dia, a cada moment i constantment,
la tan poca felicitat conjugal pròpia,
i un model de fidelitat en ella absent.
Deianira encara continuava intractable,
10135 i fou del tot impossible que el comprengués,
barrejant suposicions de gelosia,
sense solta. El comiat dels nens fou més pla,
com marxaven tant d'hora encara tots dormien,
i resulta menys traumàtic; fet ja a la nit
10140 anterior, amb llur somnolència enganxada,
després d'una excitada diada de grans
novetats per tots ells. Beneïts per les mans
de nostre heroi, els besà i marxà.

                                    Per Augias
la cosa era clara: atraure l'heroi dels grecs,
10145 que havia mudat l'amor del seu regne en odi
i recel vers ell, i que l'havia obligat
a bandejar el seu fill de les pròpies terres.
Per'xò va ordir un agut parany que l'atragués,
i ell es faria acompanyar d'una defensa
10150 excepcional, que li donaria el triomf.
A part d'haver unes muralles inexpugnables
tenia un exèrcit llargament preparat
pel cas, molts eren de la pròpia família
nombrosa, i guanyant-ne així gran fidelitat;
10155 d'entre tot aquests destacaven els Molíons,

fills del seu germà; dos éssers units en un.
Com us dic, sí eren siamesos simètrics,
units pels malucs, però tan ben preparats
per a la batalla que s'hi feien temibles;
10160 sols veient-los brandint armes a quatre mans
pagava la pena; de lluny estant, i estalvis,
per no rebre'n un cop mortal! Els fan nascuts
d'un ou de plata covat a la mar salada
per Posidó, potser per la talla tan gran
10165 que plegats tenien; doncs el cas és que Augias
els tenia de part seva, i no sols a ells,
comptava amb la seva filla gran Agameda,
que coneixia els poders de plantes i flors
i que en feia beuratges, ungüents i bullides
10170 que vinclaven les voluntats a favor seu;
tant seus eren els verins que el món alimenta.
Resulta que aquesta, en un perol avesat
a les seves coccions, guisà una mixtura
amb herbes i minerals i un tros de teixit,
10175 que havia hagut de portar, durant el judici
a l'Èlida, Hèracles, i que el seu pare, caut,
havia servat esperant l'avinentesa;
tal era el temps que Augias havia ajornat!
Doncs Agameda no va decebre el seu pare
10180 i amb un dard, llençat per un arquer als assaltants
disposats davant la seva ciutat de Pilos,
la noia escampà amb un flascó, que es va trencar
just als peus d'Hèracles, una estranya potinga,
tots els vapors de la qual, el van afectar
10185 només a ell. Un cap-rodo, des d'aleshores,
tant intens el va deixar fora de combat,
amb un esvaïment que va durar les hores
de la batalla. Així, sense ell, els ciutadans
de Pilos varen poder assolir la victòria.
10190 En efecte la coalició patí
una vergonyant derrota, a més van deixar-hi
la vida tres-cents seixanta-dos cleanencs,

i força cabdills; entre ells hi va morir Íficles,
per dissort, quan conciliat amb el germà,
10195   podien reprendre l'antiga convivència.
Segons testimonis, els Molíons van ser
qui el van matar, com igualment a molts d'altres.
Els vencedors van passejar el seu triomf
i van acceptar dels vençuts la Treva Ítsmica.
10200   Llavors es va recuperar Hèracles i res
va poder fer per revertir les circumstàncies.
Una treva era sagrada, a ambdues parts.
La ira va colgar-la sota tota la pena
d'haver perdut el germà, un cop ja retrobats;
10205   amb cura el cadàver va ser tornat a Arcàdia,
i allí fou enterrat amb honors com d'heroi,
com els altres morts. L'agror, mala consellera,
omplí de ganes de venjança el nostre cepat;
i, tot sol, d'amagat, anà a trobar els Molíons.
10210   Era temps del Tercer Festival Ístmic, quan
els d'Èlida hi feien el seu pelegrinatge
ritual. A la vila de Joncosa, prop
del riu Alfen, que és ben bé als defores de Pilos,
els pelegrins van disposar-se a fer un banquet;
10215   allí Hèracles els caigué al damunt, de sobte,
i en un vist i no vist va reptar als comensals,
que un cop van estar recobrats de la sorpresa,
trobats sense armes, com el provocador intrús,
varen respondre fatxendament als seus reptes
10220   i van lluitar, tant breument que molts van morir
a mans d'aquella gran fúria desfermada.
Van caure-hi els Molíons, i també un germà
d'Augias, a més a més d'un munt d'altres homes.
Apaivagada la ràbia, el nostre heroi
10225   va anar d'esma a Tirint, on tenia la mare;
però Euristeu, en saber-lo a la ciutat,
l'acusà de voler-lo deposar i més coses
i n'ordenà el desterrament, d'ell i Iolau,
i també d'Alcmena, com els parents més pròxims

10230	i proclius a la insurrecció contra d'ell.
Defensar que una anciana i un vell auriga
no oferien perill, no li serví de res.
Finalment tots tres van abandonar l'Argòlida.
Àctor, pare dels Molíons, sols passar això,
10235	demanà a Euristeu reparació dels greuges
que havia patit amb la pèrdua dels fills.
Però aquest dissortat pare terrer dels monstres
siamesos, hagué d'entomar com el rei
Euristeu d'Argòlida se'n desentenia,
10240	al·legant que ja no en tenia cap poder,
després d'haver acomplert totes les seves tasques,
i havent-lo desterrat. Àctor el maleí,
a ell i als argius, i prohibí tenir-ne cap tracte
en el futur als seus èlides, ni pels Jocs!.
10245	I mentrestant per allà on Hèracles passava,
aplegava un exèrcit poderós i encès
vers la seva causa, que era retornar a l'Èlida
i lluitar contra Augias; aquest cop cloent
de forma definitiva la seva fama.
10250	Deixà a l'Arcàdia estalvis mare i nebot,
no volia perdre més membres de família,
i emprengué la conquesta del seu enemic.
Acabà amb Augias i els de la seva casa,
i atorgà el regne de l'Èlida al desterrat
10255	fill d'aquell monarca, Fileu, molt més insigne
que no el seu pare. Llavors, a precs dels guerrers
que l'havien acompanyat a la batalla,
organitzà uns jocs d'honor i entreteniment
que varen anomenar Festival Olímpic,
10260	en honor a Zeus. Fixà que cada quatre anys
se celebressin, contribuint-hi tot Grècia.
Aquells primers, en els quals ell participà,
burxat pels seus, hi va vèncer en totes les proves;
com que ningú s'atrevia a encarar-se amb ell,
10265	en el pugilat s'hi presentà el mateix Crònida.
Aquí molts diuen que va acabar en empat;

```
            sigui com sigui Zeus mateix va mostrar-se,
            abans de desaparèixer, i fou aclamat
            perquè, essent estiu, va foragitar les mosques
10270       que havien envaït el recinte del riu,
            vora l'estadi. D'aquí que a Zeus s'invoqui,
            a més a més del seu gran poder, per aquest,
            encara ara, per tal d'esbargir-les com sia.
            Aquella nit la lluna brillà com de dia,
10275       mostrant el seu enorme goig.
                                        Posats a fer
            Hèracles estava desfermat, enyorava
            aquella pau de la llar que havia tingut;
            sabia del malestar de la seva dona,
            i que ben segur no podria tornar més
10280       per recuperar-ho tot, així que deixava
            amarar-se de fúria i, veient la fi,
            per l'oracle, volgué arreglar totes les coses
            que havia deixat embastades fins llavors.
            I dirigí el seu destí retornant a Eucàlia,
10285       per fer pagar el rebuf del rei Eurit, per fi.
            S'hi personà amb un exèrcit entusiasta,
            reclutat entre admiradors del seu llegat,
            delerosos de cobrar quelcom al monarca;
            que sempre sol ser fàcil trobar descontents
10290       i àvids de riqueses allà on els reis cauen.
            Ell, sense saber per què, volia obtenir
            Iole, però era més que poder cobrar-se
            el premi del concurs d'arc que havia guanyat,
            i que ella representava. Oh, sí, era encara
10295       quelcom més; d'ençà que allí ell l'havia vist
            s'havia encès una flama que amb Deianira
            pensava estava apagada, a dins, ben endins,
            però amb els menyspreus de la muller tot semblava
            haver revifat, cremant-li l'interior
10300       més intensament, com més s'hi s'acostava.
            No podia ser, aquell corroïment, desig
```

```
              que sent un home per una dona; en prou feines
              li havia sentit la veu, però aquell foc
              li feia idealitzar aquella forma vague
    10305     que encara romania dins la seva ment,
              donant-li'n una d'excelsa, més del que no era,
              o podia recordar. Va prendre el seu nom
              com avocació de dolor, de sorpresa,
              d'esperança o, simplement, per encetar un fil
    10310     de pensament diari. Durant les darreres
              campanyes l'havia invocada sens pensar;
              era una paraula que l'enfortia amb calma,
              i poc a poc s'hi va començar a obsessionar.
              Com era un bleix, exhalat des de la seva ànima,
    10315     en deia el nom cridant a un o altre company,
              que, de sentir-lo, s'estranyaven i dubtaven,
              de fet, d'haver-lo sentit. Pocs, sabent real,
              després aquell nom, lligaren caps de cap forma.
              El setge i l'assalt conseqüent de la ciutat
    10320     fou ràpid i fulminant perquè, ¿qui podia
              imaginar que una acció de venjament,
              d'uns fets tant allunyats cobressin tal rancúnia?
              Efectivament, Hèracles s'hi esmerçà
              de valent i aviat la ciutat, a Demèter
    10325     consignada, caigué sota l'embat del seu foc
              i rapinya. El resultat: tota la família
              del rei Eurit, fins i tot ell, hi van ser morts
              davant dels ulls d'Iole qui, esgarrifada
              pel que havien vist, va voler anar-se a llençar
    10330     des de dalt de tot de les muralles en flames,
              davant l'estupefacció dels assaltants
              que guardaren, en llur ninetes, una imatge
              de foll heroisme com mai havien vist.
              Cap paraula, cap mirada farcida d'odi,
    10335     res, només buidor existencial pel futur;
              sols això previ a l'envol d'aquella noia;
              després el balç, el fregadís de l'aire caient,
              dempeus amb la negra cabellera ben plena
```

                de vent i els vestits omplint-se-li, primer
10340   de suau brisa i, després arremolinant-se
                una enèrgica ventada celeste dins
                del bombament, omplint l'envol de la faldilla,
                i apaivagant la seva caiguda a suau
                planejament, damunt la terra acollidora.
10345   Iole decebuda arrugà el front, i content
                Hèracles deixà la clava i anà allà on l'aire
                la dugué i l'ajudà a alçar-se. No es van dir res,
                llurs esguards van sondejar el més profund de l'altre
                i a ella no li va agradar què hi va trobar;
10350   després d'aquell dia no acceptaria cosa
                diferent a elogiar qui li permetés
                venjar-se'n. Sí, el nostre heroi perdé la parla,
                i simplement manà que tingués preferent
                el tracte dels captius. Doncs aquell mateix vespre
10355   disposà a Licas, el seu fiat confiant,
                de portar-la amb el grup de la resta d'esclaves
                a Traquis i lliurar el lot, estalvi i complet,
                a Deianira, la seva muller, amb anunci
                de la seva arribada imminent. Realment
10360   un rau-rau el corroïa, i tan sols volia
                forçar-la a reaccionar, i també que sortís
                d'aquell entotsolament malaltís que feia
                una convivència nefasta entre els dos.
                Si hi havia res més no ho sabem, pel galdós
10365   resultat d'aquella ambaixada.

                                    Deianira
                esperava el retorn del marit feia temps.
                Quan li van dir que en pocs dies tornaria
                intentà tenir una alegria com abans,
                però la taca a dins, deixada pel centaure,
10370   li recordava allò que podia esperar
                d'aquella tornada. Puix, sempre es repetia,
                segons el seu parer. Altre cop l'home al damunt,
                àvid de sexe, d'entrar-li dins, posseir-la,

	perquè en tenia dret, sense afecte ni zel.
10375	Ella volia parlar-li, fer-li entendre
	el dany que sentia, des d'aquell incident.
	Necessitava afalacs, atenció i cura,
	no servir de boc expiatori pels durs
	treballs que ell s'hagués imposat, com a penyora.
10380	Doncs ara era ella que volia miraments;
	com un infant que vol consol tant com manyagues.
	I estant així vingué l'emissari i el grup
	d'esclaves ecàlies, amb cares marcades
	de tristesa. Licas, el troter més fidel
10385	al nostre heroi, exposà el missatge a la dona,
	fil per randa i, un cop dit ella les mirà
	i es commogué tota ella de la seva pena.
	Llavors remarcà en Iole, que dintre del grup
	ressaltava, no sols per la seva bellesa,
10390	sinó per una mirada plena d'aplom.
	Deianira preguntà i el troter es féu l'orni.
	No quedava pas en les seves funcions
	saber tota cosa d'unes vulgars esclaves,
	i tant bon punt pogué es va fer fonedís.
10395	Un dels esclaus, a més de criat, de la casa,
	explicà a la dona d'Hèracles uns rumors
	que havia escampat aquell troter que marxava,
	abans d'entrar a la casa del seu amo Ceix.
	Deien que la noia era Iole, veritable
10400	causa de la darrera guerra de l'heroi.
	Que n'estava encaterinat i cada dia
	pensava amb ella en veu alta. Aquí la muller
	del cepat guerrer féu que fessin tornar Licas.
	I així fou. I un cop va tornar l'esquiu troter,
10405	ella, hàbilment, va saber com interrogar-lo,
	i que digués allò que havia omès, abans.
	Sabut Deianira mira amb altres ulls Iole.
	Passa de pena, a indiferència i dolor,
	pel deshonor que ara li porta aquell desastre.
10410	Però no li fa cap retret ni que d'amor

l'hagués seduït; pensa: ella no és culpable;
la bellesa, per maca, li ha arruïnat
la vida, fent-la esclava i malmetent la pàtria.
En canvi a Licas li retreu mentir,
10415 i ell, que n'és conscient, al·lega no ferir-la
amb la veritat, però com ella la vol
Licas buida el pap: que abans que cap treball, Hèracles
la posa primer; que mou el braç sols per l'amor
a aquesta noia, i l'ha vençut de totes totes.
10420 La dona el sent, veu que Afrodita l'ha rifat,
a ella i als déus, ni el Crònida ho esperava;
però una cosa és vèncer els déus, diferent
serà vèncer Deianira, ara. Pel cor s'esqueixa
i es diu: "*Massa són dues esperant al llit*
10425 *que un home ens abraci sota una igual flassada.*
Quina paga m'envia per guardar la llar!
Què vol? que comparteixi l'amor amb aquesta?
Es que pot una dona compartir-ho tot?
Ai caram! El seu ull cull la flor que té una
10430 *i aparta amb el peu l'altra a dins del gineceu.*
D'això temo que d'espòs vulgui anomenar-se,
però essent de la nova l'home manifest!"
Tot això, com llampecs de sobtada tempesta,
corria pel seu cap, formant-ne pensaments.
10435 Però no hi retronava pas gens cap cabòria
de rebotir, d'estomacar, de fer algun mal,
al contrari, tot era un apressat discórrer
i de com recuperar allò retrobat. S'adonà
que li havia tornat el desig de dona
10440 i la posseïa tota completament.
Il·lusionada, pensà que calia, havia,
podia fer que el seu home tornés de nou
a fixar-se amb ella. Sí, ho veia ben possible
i tenia un mitjà, per fer-ho, poderós.
10445 Recordà l'ungüent d'aquell odiós centaure,
i manà a Licas que esperés un breu moment,
puix volia oferir al marit un obsequi

| | de valor perquè lluís en entrar triomfant
| | a la ciutat. Al poc retornà Deianira
| 10450 | amb una arqueta tancada i la donà
| | al troter, amb tot un llarg enfilall de precises
| | indicacions. *"En aquesta arqueta tinc*
| | *una fina túnica plegada, tu digues*
| | *al fill de Zeus i Alcmena que és un regal*
| 10455 | *que jo faig al meu marit. Has entès? Escolta!*
| | *Recomana-li que cap mortal, abans que ell,*
| | *la vesteixi; no l'ha de veure ni una sola*
| | *lluentor del sol, ni flama o claror d'un ble,*
| | *abans que ell mateix l'hagi mostrada als olímpics;*
| 10460 | *perquè jo he fet el vot que si mai ben salvat*
| | *el veia retornar a casa, abillat vindria*
| | *amb aquesta túnica, i provaria als déus*
| | *la seva apoteosi de fidel per sempre*
| | *devot, marit i consort meu i pare excels*
| 10465 | *de fills esplèndids. Ho has entès?Però escolta!"*
| | *"Tot ha quedat fixat, mestressa, ben igual*
| | *que amb el teu alè m'has dit les teves paraules."*
| | *"Doncs sigues veu meva, davant de l'home aquell*
| | *que jo m'estimo!"* *"Ni Hermes podrà assemblar-se*
| 10470 | *al zel precís del meu recte i pulcre treball."*
| | Dit això el troter sortí rabent vers nostre home,
| | ignorant que duia un mortal enviament
| | forjat per venjança d'un ésser no vivent,
| | igual com resava l'oracle.

                                   Al seu darrere
| 10475 | Hil·los i Macària, els fills grans de l'heroi,
| | acudiren a aquell lloc per confirmar noves
| | que avisaven que el seu pare estava arribant;
| | com havien avançat alguns de la casa.
| | En saber, de boca de la mare, el proper
| 10480 | adveniment de llur pare van oferir-se
| | d'anar-lo a esperar, als límits de la ciutat.
| | Sols li va ser permès al noi de poder anar-hi;

| | Macària fou requerida a preparar
| | la festa de celebració. Entretant Hil·los,
| 10485 | que s'havia fet un xicotot espigat
| | i ardit, massa ardit, no sols travessà la franja
| | sinó que s'arribà a dins del mateix campament
| | de les hosts retornadores victorioses.
| | Però tornem a la seva mare, la por
| 10490 | l'havia pres, només entrar en aquella cambra
| | on preparà la túnica amb aquell ungüent.
| | L'havia untada amb un davanall d'ovella,
| | que veié quan entrà a la cambra, a frec del sol
| | que es filtrava per la finestra. Sols tocar-li
| 10495 | un raig de llum totes les fibres del teixit,
| | com prenent la lluminària del nou dia,
| | es van encendre amb un viu refulgent esclat,
| | que el consumiren en un no res, fent guspires.
| | El cor de Deianira saltà anguniós.
| 10500 | I si això passava al conjunt de la túnica?
| | Remembrà el gest del centaure com gratuït,
| | i ben pensat, llavors ella ja va estranyar-se
| | de la benvolença d'aquell que feia poc
| | l'havia ofès, i moria per causa seva.
| 10505 | Per què, després, fer-li un bé? I precisament
| | un remei per la por que té qualsevol dona:
| | perdre tot favor del seu amor. Malhaja ell!
| | S'esfondrà damunt d'un seient enlloc de terra,
| | amb els ulls esbatanats, suor freda i por,
| 10510 | molta por. Era ben bé allò. Aquell deforme monstre,
| | i llefiscós pudent, l'havia utilitzat
| | per agredir mortalment al qui el matava,
| | per salvar-la a ella. Llavors, tot d'un plegat,
| | recordà què li havia dit el seu home
| 10515 | d'un oracle, anunciant el seu no retorn,
| | per morir lluny de casa a mans d'un mort previ,
| | de la qual cosa cap dels dos en va fer cas.
| | En aquest punt s'arrupí i plorà amargues llàgrimes,
| | tapant-se amb les dues mans la cara ben fort.

10520	Així la trobà Macària i va arraulir-se
	a la falda, mirant de trobar el rostre amb precs.
	Quan la seva mare es calmà pogué mirar-la
	tendrament, d'un esguard no exempt de trets severs
	inquisitius. "Jo he fet un eventual bàlsam
10525	que havia de llimar asprors entre el teu pare i jo,
	per retrobar-nos, seguint les pautes dictades
	pel centaure aquell, un seu ferotge enemic,
	i em temo que jo li he dictat, sens saber-ho,
	la mort per la venjança. Què serà de mi?"
10530	"I nosaltres, mare?Quedarem sols a expenses
	de qualsevol enemic seu viu, que són molts!"
	"Però, com podré viure, i dir-me dona i mare
	d'uns fills als quals he mort al pare, sens saber
	que estava en mans d'un àvol pla malvat macabre?"
10535	"Contra els qui han errat, sense voler, segur
	que hi ha una ira més blana. la que tu mereixes"
	"Parla així qui no és al crim ni té un pes al cor"
	En aquest punt tornà Hil·los del front, amb la cara
	completament desencaixada, ben suat
10540	i els ulls llagrimosos; i amb una veu esqueixada,
	de to canviant adolescent, va narrar:
	"Mare el meu pare ha mort i he vist que era obra teva.
	He acomplert el teu designi. M'he presentat
	al seu camp i he vist com l'horror el devorava.
10545	Licas ha seguit les teves ordres, pobret.
	Ell ha lliurat al pare en mà la teva túnica.
	El pare se la posa; tal com has prescrit,
	ell ha estat el primer en veure-la de l'arqueta,
	i se l'ha posada; el segon ha estat el sol,
10550	però, ai quan aquest l'ha vista! L'ha feta encendre
	amb una flamarada ardent i molt brillant,
	així com estranya i molt, molt misteriosa.
	Quasi al moment la flama, com suor amunt,
	d'aquella que et pren de l'interior i s'enfila,
10555	li puja a la pell, com una estàtua, i no en té prou,
	desfent la carn, li entra als ossos dislocant-los,

	com un verí d'escorpí l'ha anat devorant"
	"No segueixis, si us plau. Prou!" "No, si jo t'informo
	de l'èxit del teu present" "Prou, prou!""Ha cridat
10560	a l'infortunat Licas, de genolls agònic.
	I a ell, que no en tenia cap culpa, ha demanat
	quines maniobres l'havien dut a fer-ho,
	com si ell fos el culpable! L'altre ignorant,
	ha refet, que jo ho he sentit, les teves ordres,
10565	i el pare, en sentir-les, amb el mal ja als pulmons,
	que es notava en els seus bleixos, quan respirava,
	l'ha agafat per on el peu fa el joc i, de cop
	me'l llença davall del penya-segat on érem,
	que ha xocat contra un niell. Mare, jo ho he vist!
10570	Després, retorçant-se pel sòl crida, i udola,
	i es rebolca per terra i crida i maleeix
	de tot cor el llit nupcial que a tu l'unia. . ."
	"Si us plau" "Hil·los. . ." "Sí, després m'ha cridat a mi,
	i amb llàgrimes i mals m'ha fet servir de crossa,
10575	perquè el dugués ben lluny de qualsevol mortal.
	Jo, incapaç, he cridat l'oncle, que ple de llàgrimes
	seguia la seva ranera un xic enllà,
	i amb el seu carro l'hem dut al mar, a una barca
	on l'hem estès enmig d'espasmes i allà ell,
10580	talment com desferra humana, m'ha fet prometre
	casar-me amb Iole. Iole? Sí. Mare, qui és?"
	Quan Deianira sentí això va trencar-se
	per dins tota, i vessà, com aigua d'un flascó,
	tota la seva essència, i va sortir ben ràpid
10585	deixant allà els seus fills. I prengué un ganivet,
	abandonat en un pedrís on no es devia,
	i es va tallar la vida amb tota l'energia,
	òrfena de tot amor.
	Per concloure-ho tot
	direm que es construí una pira funerària,
10590	per consumir el cos d'Hèracles, però ningú
	gosava encendre-la. Un pastor que passava,

	recollint el ramat, fou requerit, en part
	de franc a calar-hi foc, guanyant l'arc i les fletxes
	infalibles del difunt, amb el requisit
10595	que en soterrés les cendres en un lloc recòndit,
	i que no el digués mai a ningú. En Peant,
	que així es deia el pastor, passà aquell arc i fletxes,
	en morir-se, al seu fill Filoctetes, també
	aquell lloc secret; el noi tindria importància
10600	en el futur perquè, tot i un cop quasi dir
	on era l'emplaçament tant indivulgable
	ho callà, en mossegar-lo una serp d'Hera al peu;
	un fet que el faria cabdal per guanyar Troia,
	per un oracle que li atorgava aquest dret,
10605	si hi intervenia amb l'arc i les fletxes d'Hèracles.
	Anà allí, però en queixar-s'hi tant, d'aquell mal
	al peu, se'n desfarien. Fins que el vell oracle,
	que queda intacte al llarg de generacions,
	seria recordat i ell requerit, i amb súpliques,
10610	pel gran valor que hi havia d'executar.
	S'hi féu present, i d'un mal s'obtindria Troia.

CANT SETZÈ
Els Heràclides. Tres esplets i tres ulls.

"*Ningú no sap del cert, senyor, on és la monjoia*
que fa de túmul; és un lloc secret i incert,
on diuen es guarden les darreres restes d'Hèracles.
10615 *Se sap que morí d'un dolor immens, això sí. . ."*
"*Torna a explicar-me el seu sofriment!*" "*Doncs, altesa,*
del gran hermetisme que plana en tot l'afer,
uns pocs han fet córrer que morí per la màgia
impregnada, no se sap com, en un vestit
10620 *que portava per fer als déus les seves ofrenes.*
Diuen que s'inflamà de cop i s'arrapà
a la seva pell primer, i després, en carn viva,
va anar-li consumint tota fins entrar a l'os.
Es veu que el seus crits descrivien l'agonia
10625 *que patia en tot moment. . ."* "*M'agrada aquest tros*
que ve ara." "*Diuen que el dolor insuportable*
va fer que tombés els altars; ningú gosà
acostar-se-li. Ho rebotia tot. Xiulava
i feia bombolles la pròpia sang,
10630 *com quan es trempa un metall en aigua glaçada.*
La túnica que duia s'havia enganxat
a la carn, i per desfer-la'n de tal frissança,
s'arrencava trossos de totes dues, carn
i vestimenta, deixant descoberts els ossos,
10635 *blancs com d'esquelet, plens tots d'esquitxos de sang.*
Pel dolor anà a terra, es rebolcà en un bassa
i el verí encara li cremava molt més.
Llavors va córrer i es trobà un troter dit Licas,
precisament, diuen, aquell que havia dut
10640 *el vestit malèfic, i ocult rere una roca;*
l'enze mirà de disculpar-se, però res,
el vostre cosí li agafà braç i cama,
i el féu giravoltar tres cops damunt del cap
i el llençà al mar, i en un niell va esbardellar-se.
10645 *Llavors veié el propi fill i el va requerir*

per dir-li quelcom, després aquell noi cridava
al nebot del seu pare, que el segueix per tot,
i plegats es van endur la desferra humana
del vostre parent, mar enllà. " "D'acord molt bé.
10650 L'important és que és mort i ara tinc via lliure
per acabar amb tots els seus parents vius propers.
Prepareu-ho tot. Em vaig a vestir de gala.
Això ho hem de celebrar. Feia temps que no
rebia unes notícies tan i tan bones."
10655 Euristeu deixà la sala cuita-corrents
i el seu nou herald, abans de formar la guàrdia,
parlà amb un criat que va entrar i era un parent.
"Suposo que no li has dit res del que diuen"
"Què et penses, que vull que em matí?" "Doncs molt millor
10660 per tots plegats. Per ell això és una alegria
si sabés. . . " "Calla, vols que ens enxampi, o què?"
"Ha marxat als estables, en prepara alguna,
per tant és lluny. Podem parlar!" "Saps què m'han dit?"
"T'escolto" "Encesa la pira funerària,
10665 amb Hèracles jaient, la clava com coixí,
i encara el foc no li havia tocat ben gota
que van començar a caure-hi molts llamps i seguits,
tants que varen trinxolar aquella pira en cendres.
I el cos va desaparèixer amb elles, també."
10670 "Zeus ens valgui. És obra seva!" "I segura
que n'és! No diguem res, que de tot fa conjura
nostre rei i perillem!."

                      No trigà Euristeu
en presentar un herald a la ciutat de Traquis,
davant Ceix. Amenaçant tothom i exigint
10675 que en acabat li fossin lliurats els fills d'Hèracles.
El tarannà d'aquell rei, sempre tan moderat,
el va fer inclinar a permetre'ls desaparèixer,
durant l'espera, abans d'encarar-se al poder
del tirà argòlida. Així aquells indefensos
10680 infants, de la mà de Macària, més gran

        d'entre tots ells, van abandonar Ceix i Alcíone,
        fugint d'esquitllentes, mentre Hil·los, el major,
        se'ls avançava per cercar el cosí i l'àvia,
        per tal d'allà on fossin poder-se aplegar amb ells.
10685   Retrobats uns i altres varen entrar a Atenes,
        cercant aixopluc. Mentre Zeus furiós
        amb Ceix, per l'abandó als fills del seu predilecte,
        cedí a Hera el càstig del marit i muller,
        per totes aquelles innocents amoretes
10690   que ella no podia sofrir. Doncs Hera així
        infongué un neguit al rei, que cercà en l'oracle
        un aclariment d'aquell obscur entrellat,
        que el martiritzava. Hagué d'anar fins a Claros
        puix el de Delfos, més proper, estava encerclat
10695   pels flègies. S'embarcà, a contra cor d'Alcíone,
        que no les tenia totes. Al mig del mar
        s'alçà un tràngol on Ceix i altres van ofegar-se.
        Ceix, arran de la mort, va dir el nom real
        de la seva dona, just quan ella pregava
10700   a Hera la seva divina intercessió.
        Colpida Hera no va poder suportar veure
        aquella dona pregant pel seu marit mort,
        i va enviar Iris a cercar el Son per calmar-la
        aquella nit. Un somni va simular Ceix
10705   inclinat al llit, tot plorós i revelant-li
        a la muller la seva mort. S'alçà del llit,
        plena d'angoixa, aquesta i se n'anà a la platja;
        allí, aigua pioc, va cridar el nom de fons,
        també del seu marit, llavors unes onades
10710   varen portar-li el cadàver ran de peus.
        Diuen que Hera, havent-los sentit per fi cridar-se
        amb sengles noms reals, cedí i transformà
        Alcíone en blauet, aletejant per sobre
        de Ceix el qual, al seu torn en quedà mudat
10715   en un altre. Expliquen que Eol, el pare d'ella,
        els permet aparellar-se, durant l'hivern,
        uns dies concrets. Zeus, ple d'amor patern,

n'està tot conforme.

Iolau, amb la vellesa
avançada, poca cosa podia fer
10720　per defensar tota aquella innocent canalla.
Alcmena, encara molt més gran que no pas ell,
n'era pla molt menys apta; tots dos incapaços
de fer front a un veritable exèrcit hostil,
fustigats per un rei enemic implacable.
10725　Així que varen trucar les portes de gent,
vilatans, que tenien la fama de justos:
els atenesos. De fet Iolau contemplà
una vaga esperança perquè allà a Atenes
hi regnava un dels fills d'en Teseu, en Demofont.
10730　Aquell vell oncle havia elogiat el pare
del rei, explicant-li'n mil increïbles fets
conjunts, en els llocs més distants i extraordinaris;
i amb tot també li havia mig explicat
munts d'actes decebedors viscuts amb monarques
10735　que havien faltat a la justícia, amb ell
o amb els seus súbdits, per'xò no va refiar-se'n
i aplegà els seus exhausts protegits als graons
del temple de Marató, consagrat a Atena.
Marató, termenal d'Atenes, com el lloc
10740　més allunyat d'aquelles forces enemigues
que els feien encalç. Allí algun dels devots
els llençà algun mos, veient aquelles carones
espantades i extenuades d'ulls oberts;
cosa que aviat corregué a caritatives
10745　autoritats, sempre en direcció ascendent,
envers les més altes entitats ciutadanes.
Mentre es realitzava aquest trajecte oral,
arribà fins els mateixos peus d'aquell temple
l'herald implacable i cruel, com el seu rei
10750　perseguidor, i encara que sol, exercia
la seva voluntat, tal com si fos present,
de forma tirànica. Posant-ho en pràctica,

           des del mateix instant d'arribar a aquells graons,
           va prendre de cop, d'aquelles manetes, tantes
10755   com les seves manasses en varen garfir.
           I com a primera nosa va apartar Macària,
           que quedà asseguda als graons amb un patac;
           després esbargí, d'un plegat, amb males traces,
           Iolau que s'havia posat al seu davant.
10760   El vell auriga caigué rodolant per terra,
           segurament més masegat que en joventut,
           però no pas menys decidit a tornar a alçar-se.
           Alcmena va optar per agafar-se als vestits
           de l'herald, arrossegada sens pes, pel marbre.
10765   En aquell moment un petit redol de gent,
           sortida d'arreu, davant l'herald va formar-se,
           com un humanal mur del tot encuriosit.
           I el van farcir de preguntes, per ell molestes
           i impertinents. Fins que un, que ho havia vist tot
10770   preguntà a Iolau: "I ara, vell, qui t'ha fet caure?"
           "Aquest, bona gent! Deshonrant els vostres déus,
           d'aquests graons de Zeus m'ha arrencat per la força."
           Després desgranà d'on venia; fins quan un més
           li demanà qui era ell i aquella canalla.
10775   "Sóc Iolau, el camarada d'Hèracles viu,
           fill del seu germà Íficles, també el seu auriga.
           D'això fa temps. I la patuleia d'aquí
           són els meus misers cosins; tots són fills d'Hèracles.
           Aquella, pobre, és la seva mare, Alcmena, patint
10780   el menyspreu d'aquest herald." "No us convé ben gota
           ni contradir ni interrompre el meu feinejar,
           sinó voleu caure en la ira del meu monarca
           i senyor, Euristeu, rei de l'Argòlida i més."
           "Herald, estàs ben lluny del seu gran territori."
10785   "Qui sou vosaltres dos que goseu parlar així,
           i que aquesta gent sembla brindar tant respecte,
           fent-vos pas amb reverències?" "Som els fills
           i hereus de Teseu, el rei pretèrit d'Atenes.
           Nostres noms te'ls diré: Demofont i Acamant,

10790	el meu germà, aquí present. I ara a tu et toca
explicar, sense ronsejar, què hi fas aquí?"
"Aquests fugitius del meu país, vinc a endur-me
perquè tenen decretada la mort per llei,
dictada pel príncep Euristeu de Micenes
10795	i Argos; com membres d'un Estat en tenim dret,
per la qual cosa és millor que no t'hi oposis,
ni miris llurs discursos o escoltis llurs plors,
perquè haurem de passar l'afer a les llançades,
puix no deixem pas aquest litigi, faltat
10800	de l'ajuda dels ferrers que piquen l'enclusa.
I talment massa caiguts morts tu portaràs
a la consciència, perquè uns soldats tristos
et serien aquests vells amb aquests infants,
i creu-me, fer més llarg l'instant de liquidar-vos,
10805	no el farien gota extens. Per tant conserveu
l'estat actual del vostre Estat, sense heroiques
accions que no engrandeixen el vostre honor."
"Què saps tu del nostre honor? Com tots, tenim deutes
amb els que ens han precedit;, d'encerts i errors
10810	en som deutors. La felicitat obtinguda
sempre és obra d'un esforç guanyat pels d'abans.
Hi ha gestes, que els futurs hereus no comprenen,
però mentre són fetes prenen tot el sentit.
El meu germà i jo hem intervingut a Troia;
10815	en un futur, tal vegada, no s'entendrà
i l'orgull que ens ha donat, si és el supòsit
que es compleix així, serà per no haver sabut
trametre'l a tots aquells que ens venen darrere.
Doncs creu-me, pel que fa al meu pare, no és el cas.
10820	El seu orgull, d'haver estat navegant amb Hèracles,
junt amb els argonautes; el deute adquirit
d'haver estat rescatat per ell del regne d'Hades,
la resta de vida que amb això n'obtingué,
ens fou tramès, i nosaltres no en farem befa,
10825	abandonant cap brot del plançó de l'heroi;
ni la mare, ni el nebot, ni fills, no ens demanis

que faltem al seu llegat. " "Doncs així entenc
que aquí és un bon refugi de malvats" "Mira'ls
amb ulls com nosaltres, simples refugiats;
10830 o més planer, com escales d'un santuari
dedicat als déus que brinden acolliment
als febles perseguits. " "Com herald tinc el ceptre
sagrat al qual fins un rei ha de respectar. "
"Temo més la ira dels déus reclamant justícia. "
10835 "Així me'n vaig amb les mans buides; tornaré
amb una gran host d'argius, tots coberts de bronze
i les mans plenes d'armes. Sentiu atenencs?
El vostre rei ha donat permís explícit,
al meu, per fulminar-vos. Agraïu-li-ho bé!"
10840 Iolau i Alcmena no tenien prou paraules
per agrair als atenencs l'acolliment.
Quan marxà l'herald les fàcils llàgrimes d'ella
s'aplegaren amb les promptes també del vell.
Demofont va recomanar a tots els heràclides
10845 refugiar-se a casa seva, on va manar
donar-los bon recapte, però Iolau, sembla,
preferí l'aixopluc d'aquell temple sagrat,
i deixà que el rei i el seu germà preparessin
les forces defensives de bronze i acer.
10850 No van passar lentes hores que ja l'exèrcit
argiu, amb Euristeu al davant, van posar
setge a la ciutat. Llavors Iolau tornà a rebre
Demofont, aquest cop amb un evident gest
d'angúnia marcat al seu resolut rostre.
10855 No trigà en fer avinent a l'altre el neguit
que el corsecava. "Tenim l'enemic defora,
acampat dalt d'un penyalar; tot ben normal,
això no em preocupa gota, puix nostre exèrcit
ho té tot ben a punt per resistir-ne l'embat.
10860 Atenes s'ha bolcat vora els altars i ofrenes
per demanar la seva derrota, així com
nostre triomf. He estat amb els cantors d'oracles
que han fet vaticinis favorables a tots,

	però essent tants i diferents tots coincideixen
10865	en el mateix sentit: que caldrà degollar
	una verge de noble estirp per tal de fer-nos
	nostra la victòria. " Seguit confessà,
	amargament, com l'evidència apuntava,
	que no manaria pas mai sacrificar
10870	la seva pròpia filla, essent noble i verge;
	i que aquell oracle l'havia superat,
	perquè així admetia ser incapaç de vèncer,
	si de fet comportava aquella innocent mort
	que mai permetria. Amb tot, quant significava,
10875	Iolau comprenia aquell pare adolorit.
	No es podia canviar i permetre la vida
	d'uns infants, si un altre, igualment innocent,
	la perdia. No era just! I allò comportava
	perdre la batalla abans d'haver començat.
10880	Aquell jove rei, fill d'avantpassat il·lustre,
	encara afegí unes quantes raons de més,
	que l'honoraven certament com a monarca.
	"Com jo no puc matar una filla, tampoc puc
	que mai cap dels meus pobres ciutadans ho faci.
10885	*Car no sóc rei de bàrbars per obrar com vull,*
	puix sols si obro amb justícia, justícia
	trobaré. " Dit això girà cua, cap cot,
	i se n'anà a revisar les seves milícies.
	Iolau quedà allí per notificar als infants
10890	la seva desesperació: *"Del naufragi*
	semblàvem salvats, entrant a costa clement,
	i els vents ens tornen a empènyer en mar embravida.
	Els oracles assenyalen coses que un rei
	amorós i acollidor, com el qui aquí mana,
10895	*no pot complir. L'oracle demana la mort*
	d'una jove verge i noble per tal de vèncer
	la guerra. Ell no ho farà i no en forçarà ningú,
	ni de casa ni de cap ciutadà d'Atenes. "
	Llavors es va alçar d'entre els infants, somrient
10900	Macària; l'ombra que l'havia amagada

va desaparèixer quan es posà dempeus.
Abans de parlar va fer petar una ganyota
que a tots ens sonaria com familiar.
"Si és per'xò no cal alarmar-se tant, oncle.
10905 Hem vingut a una terra on la gent és lleial,
àvida de justícia, quelcom que ens sona
vagament a aquells que no l'hem tinguda gens.
És molt difícil trobar ocasió a la vida,
he pogut veure, on prendre causa justa un moment,
10910 quan se't presenta, i fer-la valer amb tota força,
com han fet la gent avui d'aquesta ciutat
admirable. Em sembla que si topes amb una
cal fer-la valer amb la lluentor que mereix.
Tots en trobem; rarament, però se'ns presenta;
10915 tu i l'àvia l'heu trobada, en defensar
a tort i a dret uns infants que molt us estimen;
com diuen que fan les mares davant destrets,
per grossos que siguin. L'important és la justa
manera de trobar-hi en tot l'entrellat.
10920 Jo crec que ara l'he trobada, o així se'm brinda.
Imbuïda estic per tants models al voltant:
vosaltres, els ciutadans atenencs, la forma
que ho ha expressat aquest home que els fa de rei.
Tinc entès que sóc noble, així va conformar-me
10925 la parella de progenitors que em dugué
a la vida. Verge ho sóc, no tinc la recança
de cap ulls que s'hagin trobat mai els meus,
i me'n senti atreta per donar-m'hi tota.
No encara. M'hauria agradat saber com és,
10930 però potser és massa il·lusió de canalla;
tant és el temps per'xò, el temps ara constreny,
i no és provable. Doncs aquí em tens segura
i aspirant perfecta al sacrifici que cal."
"No. Ni ho somiïs! Això no ho puc pas permetre.
10935 Ets una nena. Una noia encara no ho ets.
Tot i que quan parlaves he vist el teu pare,
després i arrauxat, davant qualsevol perill;

això no és un joc, parlem de perdre la vida. "
"Precisament la prova és que d'ell sóc com sóc.
10940   Tota l'essència en formar-me ja apuntava
a semblar-m'hi un xic; tu que el coneixies tant,
ho veus. Ell va tenir moltes avinenteses,
jo en tinc ara una davant, la primera i, a més
l'última, però quina més extraordinària:
10945   us salvo a vosaltres, als meus tres germans
i a tota la gent atenenca preparada
per lluitar ferm per nosaltres, que ara obtindreu,
i gràcies a aquest personal sacrifici,
la preuada victòria final, que en si
10950   serà causa justa i sempre recordada,
i feta un model. Per tant no em vulguis llevar
aquest paper, que sols a mi em ve a mida."
Dit això besà la clova dels seus germans,
la galta de l'àvia, callada i plorosa,
10955   i, per fi la de l'"oncle", com deia al cosí.
Aquest estava esmaperdut i no sabia,
si per'xò, ara no la podia retenir,
o per tantes xacres de vell que el dominaven;
el cas és que Macària es tombà i entrà,
10960   sola, amb pas ferm i orgullós, de dret dins del temple.
Mentre va deixar darrera seu, als graons,
un mar de plors que haurien inundat la plaça,
si tot ciutadà hagués ofert el seu en massa;
mes tot passà desapercebut.

                                        Temps després,
10965   no sabem quant, llevat que la llum declinava
vers un capvespre sobtadament preciós,
arribà un servent als endolats de l'escala
que enfosquien, amb el seu ànim molt més prest,
la part de dia que restava. Va adreçar-se
10970   als dos adults, tot i que els tres infants, llavors,
n'havien adquirit, a contra cor, les traces.
"Què feu jaient a terra amb l'ull posat tant trist?

	Us ajudo a alçar-vos. Així. Com és que encara
	no em reconeixeu? Cap dels dos?" "Un rostre gai,
10975	*com el teu avui, ens resulta més difícil*
	reconèixer. " "Sóc un home d'Hil·los, germà
	d'aquests infants i Macària, sa germana,
	que ara no veig. Què he dit que el front se us ha enfosquit?"
	"El teu cabdill no ens en perdonarà la falta. "
10980	*"No n'ets culpable. Però per ella fas tard!"*
	"Potser ella n'ha accelerat la vostra arribada,
	amb el seu sacrifici. " "Potser tens raó,
	tia, i és trist si la tens. " "De quin sacrifici
	parleu, venerables?" "L'oracle havia dit
10985	*que volia una verge noble per guanyar-nos*
	la victòria contra els nostres assetjants,
	i ella s'ha ofert, sens poder frenar el determini,
	quan els atenencs cap altra no n'han brindat. "
	"Covards! Miserables! Quina gent més poruga!"
10990	*"No. No diguis coses que t'hagin de recar.*
	Aquesta gent és valenta. Valenta i justa.
	No podíem exigir-los més del que han fet.
	S'han encarat al nostre enemic, per nosaltres,
	i és un enemic implacable, àvid de sang,
10995	*al qui no importen ni vells ni criatures. "*
	"Així perdó. Ho trametré com dius al teu nét"
	"El meu nét és aquí!" "Sí, molt a prop. I acampa,
	posant ordre al gran contingent que ara ha reunit.
	Juntament amb el que he vist aquí farà un nombre
11000	*formidable!" "I tot per una nena amb vigor*
	com el seu pare. Vaig a pregar-li al temple
	que ja la trobo a faltar!" "Posa'm a mi
	entre els teus precs que ara no puc encomanar-m'hi.
	Cal que parli d'afers de guerrers amb aquest
11005	*herald del teu nét. Au, fillets, entreu amb l'àvia*
	que avui ja no heu de sentir més coses de grans"
	"Pobres, quin greu, haver de patir tanta pèrdua. "
	"`Per'xò hem de continuar entre tots el combat
	i aturar el tirà que no té fre; per nosaltres

11010	avui, demà per uns altres, tots hi valem"
	Dit això el vell demanà al jove l'impossible,
	i el jove, ple d'horror, primer s'hi va negar,
	però després, l'admiració pel coratge,
	en van vinclar les reticències del seny
11015	i entrà al temple d'Hebe, per tal de no trobar-se
	amb Alcmena que pregava al d'Atena, més lluny,
	i no el pogués titllar de foll, veient què feia.
	Els devots d'Hebe, com ja hem vist un altre cop,
	feien ofrenes al temple, segons les seves
11020	diverses ocupacions de llurs passats,
	tant artesans, mercaders, guerrers, com pagesos;
	entre molts Filoctetes, que ja hem conegut,
	quan va poder tornar de la llarga campanya.
	Doncs, ara, aquell jove hi cercava el demanat.
11025	D'allí tornà amb un capmall, un escut, gamberes
	i un arc amb fletxes; veient-se o no molt salat,
	o si la seva admiració pel coratge,
	que sempre l'havia portat a admirar en tots,
	des de nen, li feien cercar allò: l'impossible.
11030	Que un vell com aquell l'hagués obligat, plorant,
	a ajudar-lo a vestir per anar a la guerra;
	guarnint-lo, li va fer pensar que era ben foll.
	Però ho féu, segur que mogut d'aquella dèria
	i a temps, perquè, un cop li posà aquell capmall,
11035	tornà Alcmena de l'altre temple demanant-li
	pel vell Ioalau, al qui cap dels petits infants,
	tenint-lo al davant, no va conèixer el rostre,
	dins d'aquell casc. Amb un pretext convincent,
	aconseguí allunyar-los, i tots dos homes
11040	varen dirigir-se al combat. Deixat el vell
	entre els aurigues, el jove anà a la feina
	que ell tenia encomanada, sense saber
	jamai res més d'aquell vellet de cor serè,
	del qui admirà el coratge.

                                                         Ja la batalla

| 11045 | esclatà, arribada l'Aurora; mes després,
que és allò que a nosaltres ens interessa,
en portà just el resultat un herald atenenc
que, entre els conveïns, cercà només Alcmena.
Així que la té davant comença el relat:
| 11050 | "Tinc expressament encomanat un missatge
a la teva persona. Avui en el combat,
he sentit dir, i als bons resultats em remeto,
que el teu nét Hil·los, al capdavant de tothom,
ha proposat al cap dels exèrcits contraris,
| 11055 | del rei ofuscat de Micenes, deixar en pau
el país dels atenencs amb la generosa
oferta d'entaular un combat sols, cos a cos:
el noi contra el rei, amb la sola conseqüència
que si el jove hi moria prengués els nens
| 11060 | que tens sota el teu càrrec. No. Estigues tranquil·la.
Escolta'm fins la fi. O, si donat el cas,
era l'hora d'aquell rei, que deixés les ordres
de que ell rebés l'honor de poder recobrar
el casal patern. De fet termes de justícia.
| 11065 | I així ho ha expressat la nostra host, amb tot el goig,
pel què significava d'estalvi de vides.
Però Euristeu ho ha refusat i ha llençat
les seves forces contra les nostres ben prompte.
El meu rei ens ha brocat, com conciutadans
| 11070 | a qui demanava nostre ajut, per l'oprobi
a la república que podíem salvar,
amb nostre esforç col·lectiu. I un cop la batalla
ha començat cadascú ha pres el seu lloc.
Jo no et puc explicar com ha anat als altres.
| 11075 | Em centraré amb què he viscut jo, que és el més cert,
i et serà proper com persona interessada.
Sóc un simple llancer dels aurigues prohoms.
Avui me n'ha tocat un que ha resultat destre
com cap altre. T'he de dir que ha emprès el combat
| 11080 | invocant Hebe, a viva veu; que pocs la imploren
aleshores, durant l'embat. No és somni pas,

	dos astres brillants, llavors han pres nostre carro,
	sobre el jou del tir, tot ell ha quedat cobert
	d'un núvol fosfòric, i nosaltres d'un frèndol
11085	inusual, que ens ha fet carregar de dret
	contra el d'Euristeu, salvant les topades d'altres;
	els cavalls nostres semblaven tots posseïts,
	i els hem deixat envestir, de dret als cinc poltres
	de l'argòlida, estimbant-los de l'Esciró,
11090	que és alt; però el rei, no romput per la caiguda,
	ha patit nostres destrers, quan l'han trepollat.
	Llavors l'he estacat i, quan anava a pujar-lo
	amb nosaltres dalt del tir, encara brillant,
	he vist, t'ho ben juro, que el meu company auriga
11095	es treia el capmall i era un vell; precisament
	aquell que era amb tu assegut a les escales.
	Sí, no em miris així. Ell mateix m'ha ordenat
	venir-t'ho a dir, i avançar-te que ara et porten
	Euristeu; després vindrà ell, si tota l'host
11100	el deixa, puix l'aturen tots per aclamar-lo.
	Et deixo perquè el vull tornar a felicitar.
	Ve de seguida!" El relat no va sobtar Alcmena;
	tot i que havia de reconèixer que mai
	abans no creia que el seu infant, el nostre home,
11105	tingués tracte amb els númens, ara aquell relat
	el provava. Li va costar dibuixar al rostre
	un esforçat somrís, havent perdut tant temps
	l'hàbit, així com tantes coses estimades.
	Ho va fer mirant el cel i, ja en davallar
11110	la vista tot el rostre va tornar a enfosquir-se-li,
	topant amb els ullets dels infants arraulits
	prop seu; pensà en el sacrifici de Macària,
	i li va entrar una ràbia de prémer les dents;
	just quan arribaven uns servidors de sempre,
11115	portant Euristeu, tot ell estacat, nafrat,
	i amb els ulls extraviats. Ella el titllà de monstre,
	retraient-li que la justícia per fi
	li havia cobrat tots els seus antics deures,

	contrets després tant temps afligint el seu fill.
11120	I de com li havia pres del costat, sempre
	enviant-lo a matar lleons, també dracs,
	per tal que es rebaixés, com foll, martiritzant-lo;
	que ella en faria un compte massa llarg
	i segur endebades. Li féu mirar els rostres
11125	dels nens, espantats pel nafrat o per tants crits;
	li va reclamar si en veia faltar alguna
	i parlà de Macària, tot bavejant;
	el fel que duia dins l'omplia de bavalles.
	Li recordà la por que havia fet passar
11130	a aquella canalla, i a uns vells gens perillosos,
	que, del seu foll encalç, se n'havien tornat.
	I ara el tenien, gràcies a uns homes lliures
	que no l'havien temut. Li penjà mil morts
	que mereixia per tant dolor, i penes tantes
11135	com havia obrat en sa vida. I el va garfir
	i els servidors, com van poder, van aturar-la.
	Li van dir que llurs senyors havien prescrit
	que un presoner, capturat viu a la batalla,
	no havia de morir. I en cas d'incompliment
11140	seria anar en contra del país. Quan Alcmena
	els sentí afluixà la presa a contra cor.
	Moment que aprofità Euristeu per badar boca.
	"Aquesta llei jamai l'hauria feta jo.
	Està feta per gent de terres massa dèbils
11145	*i sense imaginació, cosa que tinc,*
	i n'he donat sovint munt de proves sobrades.
	Tu més que ningú, vella xaruga, ho saps bé.
	¿Saps quan m'escarrassava per les feines
	que el teu fort fill, persistent, havia de fer,
11150	*per purgar les seves crueltats i maleses?*
	Sempre de nits n'infantava treballs feixucs,
	per calmar-li l'esperit, i a més, sempre,
	per allunyar-lo de mi, tant temps o tant lluny
	com fos possible, a fi de no veure el seu rostre,
11155	*que em resultava tremendament enutjós.*

           ¿Que hauries permès que un lleó et rondés les terres
           de la rica i estimada Argos? Oi que no?
           A vegades he pensat que me'ls inspirava
           la mateixa Hera, farcint-me de febre el cor,
11160   enviant-lo a trescar difícils conteses,
           fruit d'un gran enginy, digne d'elogi total.
           I amb tot doncs, pel que sembla, aquí sí que ho entenen;
           els atenencs m'han eximit i perdonat
           i jo, si moro a mans teves, com puc veure't
11165   a la pregonesa dels ulls, els brindaré
           un oracle antic: caldrà per'xò que m'enterrin
           al temple d'Atena, a Pelena, que és l'entrant
           al nostre Peleponès, i accés també a Atenes;
           des d'allà, en agraïment al vostre costum
11170   de perdonar l'enemic, -i es girà als que el duien-
           malgrat la mort, us protegiré d'aquests nens,
           brots vius del meu enemic, puix caldrà estar alerta
           quan aquests, que ara protegiu, retornaran
           i us acometran amb les armes, com a paga
11175   per tota la bondat que ara els esteu donant.
           Llavors jo, com a dic de contenció d'heràclides,
           aturaré el seu embat fins al tercer esplet,
           tal com resa l'oracle. Així us seré ben útil,
           i per ells ben danyós, bo i mort. Ho puc jurar!"
11180   "Ja n'he tingut prou i massa! Jo seré útil
           també a la ciutat: et mataré i donaré
           el teu cadàver a aquells que llavors me'l reclamin;
           d'aquesta forma obeiré a aquest país
           i tu, amb la mort, em pagaràs el vell deute."
11185   Dit això Alcmena actuà sense remordiments.
           Uns diuen que el va matar ella, i també d'altres
           que uns servidors. Jo em demano quins servidors
           serien si no en tenia. Sigui com sigui
           Euristeu morí i els atenencs van complir
11190   la seva voluntat. Alcmena sancionada,
           amb no gens severitat, tornà a Tebes on
           finiria la seva senectut. El Crònida

| | ordenà Hermes saquejar el taüt de mort
| | i substituir el cos per una gran pedra.
| 11195 | Ja a l'Hades, i a l'Illa dels Benaventurats,
| | es reuní amb Radamant del qui era dona
| | en vida; així ho decretà tot Zeus celest;
| | mentre Iolau recuperà l'estat decrèpit
| | d'ancià, i al poc morí, i fou considerat
| 11200 | un heroi. Se li erigí un bell santuari
| | on encara els amants fan vots de llur enllaç
| | amb un tir de jou, en nom d'Hèracles i Hebe,
| | divina. En quant als Hèraclides, sense gleva,
| | ara us direm què se'n va fer.

| | Hil·los, el gran,
| 11205 | s'arribaria a casar amb Iole, seguint l'ordre
| | del seu pare moribund; va arrelar al país
| | de la seva dona, entre aquells doris d'Egini,
| | el pare d'ella. Força temps després, reunint
| | els seus germans, ja crescuts, van fer el ferm propòsit
| 11210 | de recobrar tota l'Argòlida i, d'allí
| | obtenir el Peloponès, que els pertanyia,
| | amb la mort del tirà. Durant tot un llarg any
| | lluitaren de ciutat en ciutat, guanyant terres,
| | llevat d'Argos. A la península, llavors,
| 11215 | va escampar-se una terrible pesta assassina
| | que, un cop consultat l'oracle, els fou avinent
| | que ells sols n'eren els culpables, donat que encara
| | no tenien dret al retorn. Obedients
| | van abandonar el conquerit i tornar a l'Àtica,
| 11220 | establint-se, en concret, a Marató.
| | Hil·los frisava per l'herència del pare
| | i consultà l'oracle de Delfos; rebé
| | per resposta una obscura i estranya proclama:
| | "Per aconseguir el vostre fi, espereu
| 11225 | el tercer esplet i vostra serà la tornada."
| | Ell interpretà aquell obscur enunciat,
| | per tres collites anyals abundants. Ja fetes

les dues veremes deixà passar un estiu
i es plantà al Peloponès amb un nou exèrcit.
11230 Entrà amb tot l'empeny, i just a l'istme mateix
l'esperava Atreu, recent fet rei de Micenes,
al tron bacant que Hil·los pretenia per dret;
hi comandava un poderós exèrcit múltiple
d'aqueus. El cas és que Hil·los el desafià
11235 a un combat personal, per estalviar vides,
com en tenia costum, mes qui recollí
el repte fou Èquem, un rei que cavalcava
amb les forces contingents d'aquell enemic.
Hil·los, segur que l'oracle l'afavoria,
11240 hi anà confiat; n'estava ben errat,
en el combat personal hi va perdre la vida;
diuen que al rostre li quedà marcat i etern,
com esculpit, un evident gest de sorpresa,
que expresava, un cop mort, la incredubilitat.
11245 Els germans, amb els doris que els acompanyaven,
van retirar-se al nord. Allí varen recordar
a Egini la vella promesa, feta a Hèracles,
de compartir un tros del seu regne amb els seus fills.
Van passar cinquanta anys, i el fill d'Hil·los i Iole
11250 reprengué amb un renovat frèndol, l'objectiu
familiar. Es deia Cleudeu i el desastre
el va acompanyar, com al pare. El fill d'aquest,
Aristòmac, obtingué un colofó en l'oracle
que deia: *"Els déus us daran el triomf, passant*
11255 *pel sender de pas estret."* I ell retornà a l'istme,
i com l'avi va perdre la vida en l'intent.
Trenta anys més tard els fills d'aquest darrer heràclida:
Temen, Cresfont i Arístodem, abans del pas,
van fer-se recapitular aquesta sentència,
11260 demanant més concreció. Tant van burxar
que la pítia ho va aclarir d'una vegada:
"El vaticini no es refereix a un esplet
de la sembra sinó a la tercera nissaga.
I encara més, com a pas estret, no vol dir

| 11265 | passar sols per l'istme sinó per una estreta
llenca marina que hi ha al vostre costat dret,
en fer-hi camí" Sabut això els tres germans, àvids
com els seus avantpassats, van anar corrents
a Locros per construir-hi vaixells frisosos
| 11270 | de salpar. Pel poble tot era un trafegar
sens descans. D'aquell lloc ara se'n diu Naupacte,
que vol dir drassana, de famós que el van fer.
El més petit dels germans, en tenir la flota
a punt, caigué fulminat per un estrany llamp
| 11275 | solitari. Deixà dos fills bessons i vídua,
Argia, es deia, i ells Euristenes, el gran,
i Procles el petit. Per reblar la sentència,
que intentaven trametre'ls els déus, va arribar
un savi dotat amb poder diví profètic;
| 11280 | malfiats els bessons, pensant que el nouvingut
era un espia sabotejador de flotes,
tramès pel Peloponès, van fer que un arquer
el matés amb una fletxa, així que venia.
És clar els déus es van irritar i s'ho van cobrar
| 11285 | fent que moltes naus de l'esquadra s'enfonsessin,
i la tropa a peu patís una estranya fam;
cosa, per tot plegat, que demostrà la falta
de suport dels olímpics, i que va arribar
a posposar de nou la persistent empresa.
| 11290 | I Temen reprengué l'oracle novament,
per comprendre més bé aquella nova desgràcia:
"Ha estat el càstig pel sacrilegi infligit
a un agent dels déus amb esperit d'ajudar-vos:
com l'heu mort caldrà desterrar el seu assassí
| 11295 | durant deu anys, i a més posar l'exèrcit sota
les ordres totals de l'home viu dels tres ulls."
Si bé la primera part era del tot clara,
i s'envià a l'exili l'assassí confés,
l'altra part, com era habitual, era obscura.
| 11300 | Temen i els bessons van debatre molts cops
si trobarien l'entrellat a aquell enigma,

i tots tres sols es preguntaven on trobar algú
amb tres ulls per guiar-los. Com totes les coses,
on els déus tutelars hi estan implicats,
11305   un encadenament extern es presentava.
Òxil, temps enrere, havia mort, d'accident,
el seu germà Termi i ara ell tornava a casa,
després d'un llarg i penós exili imposat.
Òxil era borni, de ferida de fletxa,
11310   i quan els heràclides van veure'l venir
van saber que era el seu home, puix cavalcava
una mula que el guiava amb els seus dos ulls
ben sans. Van aturar-lo i van proposar-li
l'estipulat. Ell s'hi avingué, sempre en ment
11315   poder-se quedar la terra natal de l'Èlida.
L'acord fou acceptat per totes dues parts
i aquest cop, el seu nou cabdill, va dirigir-los
pel mar, allunyant-se del seu país nadiu,
que volia salvar de l'espoli. Una flota
11320   nova de trinca i uns guerrers nous reclutats,
van donar el triomf, tant enyorat, als heràclides.
Per fi van ocupar sencer el Peloponès,
i bastiren tres altars per lloar als olímpics,
agraint haver vist aquell dia arribar;
11325   es van disposar repartir-lo en tres trossos
llaminers: ço és Argos, que era el més disputat,
Lacedemònia el segon, després Mesènia.
Per fer el sorteig, al mig dels altars, van posar
una peculiar urna ben plena d'aigua.
11330   Cadascú hi havia de llençar un mineral,
amb el seu nom escrit. Temen hi llença un marbre;
els bessons, que anaven junts amb un vot conjunt,
hi llençaren l'escrit en un tros d'antracita
i Cresfont, que Mesènia li era prou,
11335   hi va llençar una gleva que va diluir-se,
enfangant del tot el líquid mediador.
Quan van treure els minerals les conseqüències
del resultat no van produir cap destret:

	Argos fou per Temen i la Lacedemònia
11340	pels bessons, mentre que Cresfont el romanent,
	com havia pretès, de l'inici, obtenia
	la Mesènia. Òxil rebé la seva part
	i es va fer un bon nom com estrateg formidable:
	la resta, de com hi varen regnar als llocs respectius,
11345	tant ells com els seus descendents, no és una cosa
	que vulguem escatir. Tant sols ens resta dir
	que per fi passà als legítims propietaris
	tot el pàis d'Electrió, guanyat a tants,
	d'ençà dels fills de Pterelet, que ja al principi
11350	havien posat en marxa el present relat.
	I Hèracles, des del cel dels olímpics on era,
	lloà la seva descendència fidel,
	quan ell, per pacient, fou posat per exemple
	que en front treballs impossibles cal resistir.

ÈPILEG

11355 Per acabar i no haver de passar per mesquí,
 direm ja què se'n va fer, un cop mort, del cos d'Hèracles.
 El Crònida va permetre que es consumís,
 per eliminar aquella carcassa mundana,
 i envià a la pira els seus llamps fulminadors
11360 a destruir-ne del tot tota pelleringa;
 en realitat el seu propòsit ocult
 era esborrar qualsevol semblança amb Alcmena,
 per poder-lo dur al cel sense que aixequés
 suspicàcies en la seva muller Hera.
11365 Fet això el traslladà amb el seu carro lluent,
 tirat pels seus quatre cavalls d'estampa esplèndida;
 duent les regnes personalment tot cofoi,
 somreia joiós en traspassar el mar de núvols;
 i arribats a la brillant plaça de l'Olimp,
11370 tots els déus els esperaven a les escales,
 de les que en davallà, amb el pas ferm i orgullós,
 la seva filla Atena; amb un somrís del pare
 prengué de la mà la forma espiritual,
 equivalent al nostre home, igual de cepada,
11375 i l'acompanyà, pujant els graons divins
 olímpics. Repartits entre l'escalinata
 els dotze déus principals el van aclamar.
 Alguns amb menys tremp que altres, com per exemple Hera,
 de la qual el seu marit no perdia gest.
11380 Ares tampoc no fou pas gaire entusiasta,
 si més no en aquell moment, però poc després,
 Hefest li va recordar totes les proeses
 militars que havia dut a terme, i minvà
 el record dolent de les mútues baralles
11385 d'antany. Zeus, amb veu potent, llençà un avís:
 "*Si a algun dels presents li reca el meu propòsit,
 de divinitzar aquest meu fill, s'ho pot llevar*

11390   *del cap, sigui déu o deessa, li agradi
o no; sinó vol perdre el seu estat diví
d'entre els dotze fonamentals.* " Hera sabia
que anava per ella i, dels nervis es gratà
tant el braç dret que es féu una ronxa vermella,
que hi ressaltà en aquella blancor habitual.
Però Zeus encara guardava una argúcia,
11395   per llimar totes les aspereses dels presents.
Requerí la seva filla Hebe, la deessa
que té consagrada l'eterna joventut,
i anuncià el seu casament, davant la sorpresa
general, com tant li agradava, amb nostre home,
11400   que ara era una entelèquia divina.
Hera, la mare de la núvia, veié
assuajar-se la seva feresa de sempre,
i es mirà el gendre, pel cas, com un bon partit.
Es bolcà en els preparatius de les noces
11405   i poc a poc el veié amb uns ulls més petits,
i aleshores recordà, com al Pla de Flegra
aquell "odiós engendre" del seu marit,
l'havia salvat de ser brutalment agredida
per aquell "repugnant" gegant. I amb tot plegat
11410   li començà a agafar afecte, veient la filla
joiosa al seu costat. Es mirà de reüll
el Crònida, i va admirar-ne la gran aptesa,
en barrinar els efectes d'esdevenidors
concluents. Direm que foren noces magnífiques,
11415   i des d'aquell dia, Hèracles compaginà
tasques de porter celestial amb l'estada
al bell mig del cel, com a constel·lació
nocturna. El podem veure entre les estrelles,
brandant la seva clava entre l'ordre celest.
11420   Sols resta dir que la nit de noces van cloure
una acció en comú amb la seva muller:
l'hem vista no fa gaire. Hebe i ell van recórrer
a sengles formes, de dos astres rutilants,
rejovenint Iolau i guarnint el seu carro

11425   amb un tir invencible, quan va capturar aquell seu màxim enemic, rei i tirà.

FI. -

Índex de noms

Abas, 157, 158
Abder, 118, 119
Abila, 156
Acamant, 315
Àctor, 300
Admet, 86, 120, 121, 122, 123, 124, 125
Admeta, 127, 182, 205
Afrodita, 85, 175, 206, 207, 214, 220, 284, 305
Agameda, 298
Agri, 98
Aidoneu, 212, 236
Alcestis, 120, 121, 125
Alceu, 5
Alcides, 6, 12, 35
Alcineu, 240
Alcíone, 294, 295, 313
Alcioneu, 95
Alcmena, 5, 6, 8, 9, 11, 25, 32, 53, 118, 299, 306, 314, 315, 317, 322, 323, 324, 325, 326, 333
Alèsia, 167
Alfen, 299
Alps, 168
Altea, 283, 284
Amaltea, 287
amazona, 131, 133, 220

amazones, 127, 128, 129, 130, 131, 132, 135, 136, 219, 235, 254, 260
Amfitrió, 5, 6, 10, 12, 13, 14, 21, 22, 23, 25
Amimone, 53, 54
Anaxo, 6
Anceu, 82
Androgeu, 117
Antemunt, 160
Antimatxa, 27
Antíope, 132, 134, 136, 137, 219
Apol·lo, 13, 14, 34, 35, 64, 68, 97, 117, 120, 123, 138, 249, 250, 252, 253
Apsirt, 274
Apúlia, 177
Aqueloos, 285, 286
Aqueront, 211, 225, 281
Aquerúsia, 247
Aquil·les, 68, 75, 84, 128, 183, 206, 207
Arcàdia, 170, 299, 300
arcadis, 173, 296
Ardea, 169
Ares, 97, 98, 118, 129, 152, 158, 184, 253, 254, 333
Argia, 329

argius, 7, 9, 12, 37, 170,
300, 317
Argòlida, 178, 205, 300,
315, 327
argonautes, 81, 82, 87,
88, 120, 130, 151, 163,
260
Argos, 25, 33, 53, 82, 83,
86, 87, 91, 111, 116,
117, 151, 205, 269,
316, 326, 327, 330, 331
Ariadna, 219
Arístodem, 328
Aristòmac, 328
Àrtemis, 60, 64, 97, 120,
220
Ascàlaf, 215, 238
Asclepi, 120, 217
Àsia, 253
Atamant, 81, 87
Ate, 8, 9, 152, 206, 226,
251, 252
Atena, 7, 8, 9, 10, 11, 53,
83, 85, 92, 95, 97, 117,
134, 176, 206, 224,
225, 227, 228, 231,
234, 235, 237, 240,
244, 245, 314, 322,
326, 333
atenencs, 317, 319, 321,
323, 326
Atenes, 128, 136, 151,
218, 244, 313, 314,
315, 317, 318, 326
Àtica, 327

Atlant, 182, 196, 197,
198, 203, 206, 210, 223
Atreu, 328
Augias, 100, 101, 103,
104, 180, 295, 296,
297, 298, 299, 300
Aurora, 83, 195, 267, 323
auruncs, 169, 174
ausetans, 164
àusons, 169
Automedusa, 25
bastetans, 164
bèbrices, 130, 164, 165,
192
Bèbrix, 165, 166
bistons, 117, 118, 119
Bòreades, 91, 151
Bòreas, 151, 152, 167
Bòsfor, 130, 136, 148
Cacus, 170, 171
Cal·línoe, 159
Calais, 151
Calidó, 283
Calpe, 156, 162
Canent, 170
Capadòcia, 129
Caront, 211, 221, 227,
228, 239, 283
Castàlia, 34, 35
Càstor, 13
Caucàs, 129
Ceix, 294, 297, 304, 312,
313
centaure, 68, 69, 70, 71,
73, 291, 292, 293, 294

centaures, 67, 68, 69, 70, 71
Cèrber, 55, 209, 211, 221, 224, 243, 245, 246, 247
Cercops, 263
Cerínia, 60, 61, 63, 67, 123
cessetans, 164
ciclops, 120
Cicne, 184
cil·leni, 230, 240, 244
Cipris, 85
Circe, 170
Cízic, 87, 88
Claros, 313
cleanencs, 298
Cleòpatra, 151
Cleudeu, 328
Cliti, 97
Còlquide, 81, 270
contestans, 164
Copreu, 36, 52, 67, 100, 104, 105, 109, 116, 117, 128, 136, 137, 179
Cos, 152, 153
Creont, 24, 26
Creòntides, 25, 29
Cresfont, 328, 330, 331
Creta, 111, 116, 117, 122, 211, 219, 280, 281
Creüssa, 273
Crisaor, 159
Crònida, 9, 44, 153, 154, 183, 184, 188, 211, 253, 264, 294, 300, 305, 326, 333, 334
Cronos, 197, 212
Cterip, 289
Dafnis, 266, 267
Dànae, 5
Dèdal, 112, 113, 280
Deianira, 226, 248, 281, 283, 284, 285, 289, 290, 291, 292, 293, 294, 297, 301, 303, 304, 305, 306, 307, 309
Deicoont, 25, 29
Delfos, 33, 34, 184, 252, 313, 327
Demèter, 98, 212, 213, 214, 215, 216, 218, 238, 302
Demofont, 214, 314, 315, 317
Diomedes, 117, 118, 119, 122
Dionís, 53, 97, 219, 283
Dodona, 83, 285
dolíons, 87, 88
doris, 289
Dotio, 212
Èac, 211, 231
Ebre, 164
ecàlies, 304
edetans, 164
Èdip, 24
Eetes, 81
Egini, 289, 290, 327, 328
Egle, 189, 190

Electrió, 5, 331
Eleusis, 214, 216, 218,
    220, 222
Èlida, 100, 295, 296, 298,
    299, 300, 330
èlides, 300
èlims, 176
eliscicis, 164, 167
Elisi, 211, 212
Eneas, 170
Eneu, 283, 284, 285, 287,
    288, 293
Enfialtes, 97
Enserune, 164
Èquem, 328
Equidna, 55, 159, 209
Èreb, 225, 239, 283
Ergi, 21, 22, 23, 24, 25
Erícia, 190
Eriction, 212
Erimant, 67, 68, 76, 77,
    78, 79
Eris, 206
Eritea, 137, 157
Èrix, 175, 176
Eros, 92, 96, 112
Esciró, 324
Esciros, 244
Èson, 82
Esònida, 83, 86, 88, 91
Esparta, 222
Estènel, 8, 9
Estimfal, 105, 106
estimfàlides, 106, 107,
    109, 260

Estix, 183, 210
Eteòcles, 24
Etòlia, 283, 289, 297
Etrúria, 169
etruscs, 169
Eucàlia, 249, 250, 253,
    301
Eumolp, 13, 14, 151
Eurició, 158
Eurídice, 24, 210
Euristenes, 329
Euristeu, 9, 25, 26, 27,
    29, 36, 37, 38, 48, 49,
    50, 51, 52, 53, 59, 60,
    64, 67, 68, 81, 91, 99,
    100, 102, 104, 105,
    106, 111, 116, 117,
    118, 127, 128, 137,
    158, 178, 180, 182,
    187, 204, 205, 206,
    207, 222, 246, 247,
    250, 299, 300, 312,
    315, 316, 317, 323,
    324, 325, 326
Eurit, 13, 97, 249, 250,
    253, 299, 301, 302
Europa, 111, 231
Evandre, 170, 173
Evèn, 290, 291
Faleron, 218
Fats, 120
Fedra, 219, 220
Felicitat, 19
Festival Ístmic, 299
Festival Olímpic, 300

Fileu, 101, 104, 295, 296, 300
Fills de la Terra, 87
Filoctetes, 310, 322
flègies, 313
Flegra, 21, 94
Folos, 69, 71, 72, 75
Frixos, 81
Ganimedes, 137
gargareus, 129
Gea, 181, 182, 183, 196
gegant, 55, 94, 95, 96, 97, 98
gegants, 21, 29, 37, 55, 81, 92, 93, 94, 95, 98
Geríon, 137, 151, 153, 158, 159, 160, 161, 162, 209
Glauc, 91
Glenos, 289
Golafreria, 19
Golf de Lleó, 167
Gortina, 112, 113
Gratió, 97
grec, 177, 277, 296
Grècia, 19, 24, 25, 34, 78, 163, 166, 174, 177, 180, 249, 270, 273, 289, 296, 300
grecs, 129, 170, 207, 273
Hades, 21, 24, 123, 159, 210, 212, 213, 215, 216, 220, 221, 224, 230, 231, 233, 234, 235, 236, 237, 238, 239, 240, 241, 242, 243, 245, 247, 281, 283, 316, 327
Harpàlic, 13
Harpàlice, 13
harpies, 119, 152
Hebe, 22, 138, 322, 323, 327, 334
Hècate, 97, 215, 216
Hecatonquirs, 196
Hefest, 49, 73, 85, 97, 138, 152, 333
Hel·le, 81
Hel·les, 87
Hel·lespont, 87, 130, 151, 219
Helena, 207, 219
Helicó, 38
Hèlios, 92, 101, 153, 154, 155, 156, 162, 203, 215, 263
Hemo, 152
Hera, 5, 7, 8, 9, 10, 11, 12, 22, 28, 38, 49, 60, 61, 82, 87, 92, 97, 127, 138, 151, 152, 153, 167, 168, 181, 182, 183, 188, 197, 201, 205, 206, 212, 249, 251, 274, 294, 297, 310, 313, 326, 333, 334
heràclides, 317, 326, 330
Hermes, 13, 97, 118, 138, 215, 223, 224, 225, 227, 228, 230, 233,

234, 235, 237, 240,
244, 251, 253, 266, 306
Hesíone, 139, 141, 142,
143, 145, 148, 149
Hespèrides, 154, 181,
182, 184
Hèsperis, 197
Hèstia, 98, 212
Hidra, 53, 55, 56, 57, 58,
59, 60, 71, 72, 128,
134, 156, 158, 180,
260, 293
Hil·los, 287, 289, 290,
291, 294, 306, 307,
308, 309, 313, 321,
323, 327, 328
Hilas, 78, 79, 81, 83, 84,
86, 87, 89, 91, 92
Hipòlit, 97, 219, 220
Hipòlita, 128, 129, 130,
131, 133, 134, 136,
219, 255
Hipsípila, 84, 85, 86
Hores, 154
Iambe, 214, 218
Iardan, 254
ibers, 164, 165, 192
Ícar, 280, 281
Idas, 82
Idmon, 82
Ificles, 6, 32, 33
Ífícles, 11, 25, 54, 140,
178, 216, 296, 299
Ífit, 250, 251, 253
ilercavons, 164

Ilissos, 217
Illa dels Benaventurats,
211, 229, 327
indigets, 164
Iocasta, 24
Iolau, 25, 32, 33, 34, 36,
54, 55, 56, 57, 59, 60,
67, 128, 134, 136, 140,
141, 143, 145, 147,
156, 163, 177, 178,
190, 216, 248, 299,
314, 315, 317, 318,
327, 334
Iole, 249, 301, 302, 303,
304, 309, 327, 328
Iris, 28
istme, 87, 328, 329
Jàson, 68, 82, 84, 85, 88,
269, 270, 271
Jenodea, 252
Jocs, 300
Jolcos, 81
Joncosa, 299
La Vermella, 157, 159,
162, 237
Lacedemònia, 330, 331
lacetans, 164
Laci, 169, 174
Ladó, 182, 191, 192, 195,
196, 201, 204
laietans, 164
Laodemont, 138, 141,
142, 145, 146, 147,
148, 149
Laomedont, 138, 140

Iapita, 289
Lemnos, 84, 86, 152
Lerna, 53, 61, 71
Leuce, 212, 248
Líbia, 153
Licas, 303, 304, 305, 308, 309, 311
Lico, 130, 148
Licomedes, 244
Lídia, 253
lígurs, 167, 168
Linos, 14
Lisa, 28, 30, 31
Litierses, 265, 266, 267
Llatí, 170
llatins, 169
Lòcrida, 174
Locros, 174, 329
Macària, 287, 291, 294, 306, 307, 308, 312, 315, 318, 320, 321, 324, 325
Malea, 70
Mar Negre, 128
Marató, 117, 314, 327
Mare Terra, 88, 92, 181
Mareotis, 129
Marica, 170
Medea, 270, 273, 274, 275, 277, 279, 280
Medusa, 226, 244, 245
Mègara, 24, 25, 27, 29, 30, 112
Melàmpiges, 263, 264
Melani, 249

Meleagre, 226, 248, 249, 281, 283, 284
Menelau, 207
Menesteu, 244
Menetes, 159, 160, 161, 162, 237, 238
Mesènia, 330, 331
Micenes, 8, 28, 29, 316, 323, 328
Mimant, 97
Minos, 111, 112, 116, 117, 122, 130, 211, 219, 231, 280
Minotaure, 113, 116, 117, 211, 281
Mísia, 130, 148, 151
misis, 89, 91
Molíons, 297, 299, 300
Molorque, 40, 41, 50
Muses, 38
Nàiades, 287
Naupacte, 329
Nemea, 27, 37, 48, 51, 52, 158, 260
Nerèida, 206
Nerèides, 183, 184
Nereu, 91, 183, 185, 186, 187, 188, 192
Neronken, 164
Nessos, 291, 292, 293
Nit, 123, 152, 163
Notos, 87
Novena Barca, 164
númens, 125, 324

Ocèan, 153, 155, 156,
157, 162, 212, 229,
263, 286
Oceànides, 213
Oicles, 148
Olimp, 7, 8, 37, 70, 73,
92, 137, 138, 152, 174,
206, 216, 236, 244, 333
olímpics, 63, 70, 72, 75,
92, 96, 120, 152, 157,
177, 181, 183, 239,
264, 283, 291, 306,
329, 330, 331, 333
Òmfale, 253, 254, 256,
258, 260, 261, 262,
271, 276, 278
Ònites, 289
Orcomen, 21, 23, 25
Orfeu, 13, 83, 84, 210
Orítia, 151
Ortre, 158, 209
Ortros, 37
oscs, 174
Òxil, 330, 331
Palant, 97
Palanteu, 170
Palatí, 170
Pan, 170
Paris, 206, 207
Paros, 130
Parques, 98, 230
Pasífae, 112, 113, 280
Peant, 310
Peéon, 236
Pelena, 326

Peleponès, 326
Peleu, 68, 75, 128, 139,
146, 183, 206, 211
Pèlias, 81, 82
Pelió, 70, 71, 83
Peloponès, 327, 328,
329, 330
Peribea, 284
Persèfone, 212, 213, 214,
215, 216, 218, 220,
221, 223, 232, 234,
237, 238, 247
Persèides, 7, 9
Perseu, 5, 8, 226
Picus, 170
Pilos, 298, 299
Pimplea, 266, 267
Pirene, 118, 165, 166,
192
Pirítous, 128, 219, 220,
221, 235, 236, 244
pítia, 35, 36, 252, 328
pitonissa, 252, 253
Pla d'Asfòdel, 123, 210,
211, 229
Pla de Flegra, 223, 334
Plana Pedregosa, 168
Platja del Judici, 228
Po, 184
Podarces, 139, 149
Pòl·lux, 13
Polifem, 90, 91
Pontine, 53
Pontos, 183
Porfirió, 96, 97

Posidó, 111, 112, 113, 128, 138, 142, 147, 151, 183, 212, 220, 298
Príam, 129, 149, 151, 206
Procles, 329
Prometeu, 67, 70, 74, 75, 77, 183, 196, 197
Pterelet, 5, 331
Quimera, 37, 43, 44, 47, 48, 49
Quione, 151
Quiró, 68, 70, 71, 72, 73, 84
Radamant, 14, 32, 40, 53, 118, 211, 230, 327
Rea, 197, 212
Roig, 166
rútuls, 169
Sagaris, 262, 268, 280
Samos, 127
Selene, 92
Sicília, 174
sintis, 84
Sísif, 210
Son, 123, 151, 152, 313
sordons, 164, 165, 166, 167, 192
Tànatos, 124, 210
Tàntal, 130, 192, 210
Tàrtar, 92, 210, 216, 221, 229
Tebes, 5, 21, 23, 24, 25, 81, 326
Telamó, 91, 128, 142, 143, 145, 149
Temen, 328, 329, 330, 331
Temis, 272
Temiscira, 130
Tènar, 222, 223, 248
Teoclimeu, 254, 262
Terímac, 25, 29
Termi, 330
Termodont, 128, 129
Teseu, 117, 128, 132, 134, 136, 137, 219, 220, 235, 237, 238, 244, 314, 315
tessali, 60
Tessàlia, 120, 263, 289
Tetis, 68, 75, 183, 184, 185, 186, 187, 188, 206, 207, 286
Tia, 263
Tici, 210
Tideu, 284
Tifó, 37, 43, 46, 48, 55, 158, 210
Tifoida, 48
Tiodamant, 77, 78
Tirèsies, 6, 21, 94
Tirint, 25, 64, 104, 127, 246, 250, 251, 299
tirints, 296
Tità, 70, 72, 74, 75, 196, 197, 200, 201, 202, 203, 204, 206
titànida, 263
Titans, 70, 72, 83, 92, 196, 197, 210

Tmolos, 254
Toant, 98
tràcia, 210
Tràcia, 84, 85, 97, 117
Traquis, 294, 303, 312
Treva Ítsmica, 299
Trezè, 220
Triptòlem, 214, 216
Troia, 86, 127, 129, 137,
 138, 139, 148, 149,
 170, 185, 206, 310, 316
Tros, 137, 151
Turn, 169
umbris, 169
Urà, 196, 263
Vell del Mar, 183, 185,
 187, 188, 191, 196
Velló d'Or, 81, 82, 86, 91,
 269, 270

volques, 164
volscs, 169, 174
Zetes, 151
Zeus, 5, 6, 7, 8, 9, 10, 12,
 22, 25, 33, 34, 35, 38,
 40, 70, 72, 73, 74, 75,
 81, 83, 91, 92, 97, 98,
 111, 120, 125, 137,
 138, 151, 152, 158,
 168, 181, 183, 196,
 197, 206, 210, 212,
 213, 215, 216, 229,
 237, 240, 250, 253,
 272, 274, 285, 286,
 287, 294, 300, 301, 306,
 312, 313, 315, 327,
 333, 334

ÍNDEX

CANT PRIMER 5
   La nit més llarga 5
CANT SEGON 13
   La cruïlla 13
CANT TERCER 25
   La Follia 25
CANT QUART 37
   El lleó de Nemea 37
CANT CINQUÈ 53
   L'Hidra i la Cérvola 53
CANT SISÈ 67
   El senglar, centaures i Prometeu 67
CANT SETÈ 81
   Entre argonautes i gegants. 81
CANT VUITÈ 99
   Fems 99
CANT NOVÈ 111
   El Brau i les eugues. D'hostes i hostalers. 111
CANT DESÈ 127
   De les amazones a Troia 127

CANT ONZÈ 151
   Geríon 151
CANT DOTZÈ 181
   El jardí de les Hespèrides 181
CANT TRETZÈ 209
   Cèrber i de bocamolls diversos. 209
CANT CATORZÈ 249
   A la pell de les dones 249
CANT QUINZÈ 283
   Deianira 283
CANT SETZÈ 311
   Els Heràclides. Tres esplets i tres ulls. ... 311
ÈPILEG 333
Índex de noms 337
ÍNDEX 347

HERACLES, FILL DE DÉU
d'Enric Perers i Sunyer

PORTADA I IL·LUSTRACIÓ:
Carles Roman Pinar

EDITAT A LULU

2022

Col·lecció TASTETS DE POESIA NARRATIVA, núm. 3

Núm. de Dipòsit Legal:
DL GI 1772-2022

ISBN: 978-84-09-47401-1

www.ingramcontent.com/pod-product-compliance
Lightning Source LLC
Chambersburg PA
CBHW071651160426
43195CB00012B/1424